Pesquisa Qualitativa
e Subjetividade

Dados Internacionais de Catalogação na Publicação (CIP)
(Câmara Brasileira do Livro, SP, Brasil)

González Rey, Fernando
  Pesquisa qualitativa e subjetividade : os processos de construção da informação / Fernando González Rey; [tradução Marcel Aristides Ferrada Silva] - São Paulo: Cengage Learning, 2022.

  7. reimpr. da 1. ed. de 2005.
  Bibliografia
  ISBN 978-85-221-0477-2

  1. Pesquisa qualitativa 2. Subjetividade I. Título

05-1948   CDD-001.4

Índice para catálogo sistemático:

1. Pesquisa qualitativa 001.4

Pesquisa Qualitativa e Subjetividade

Os processos de construção da informação

Fernando González Rey

Tradução: Marcel Aristides Ferrada Silva

CENGAGE

Austrália • Brasil • México • Cingapura • Reino Unido • Estados Unidos

CENGAGE

Pesquisa Qualitativa e Subjetividade – Os Processos de Construção da Informação

Fernando González Rey

Gerente Editorial: Adilson Pereira

Supervisora de Produção Editorial: Patricia La Rosa

Editora de Desenvolvimento: Danielle Mendes Sales

Produtora Editorial: Ligia Cosmo Cantarelli

Produtora Gráfica: Fabiana Alencar Albuquerque

Tradução: Marcel Aristides Ferrada Silva

Copidesque: Fernanda Isabel Bitazi

Revisão: Carla Montagner e Luicy Caetano de Oliveira

Diagramação: Know-how Editorial

Capa: Ana Lima

©2005 Cengage Learning Edições Ltda.

Todos os direitos reservados. Nenhuma parte deste livro poderá ser reproduzida, sejam quais forem os meios empregados, sem a permissão, por escrito, da Editora. Aos infratores aplicam-se as sanções previstas nos artigos 102, 104, 106 e 107 da Lei nº 9.610, de 19 de fevereiro de 1998.

Esta editora empenhou-se em contatar os responsáveis pelos direitos autorais de todas as imagens e de outros materiais utilizados neste livro. Se porventura for constatada a omissão involuntária na identificação de algum deles, dispomo-nos a efetuar, futuramente, os possíveis acertos.

Para informações sobre nossos produtos, entre em contato pelo telefone **0800 11 19 39**

Para permissão de uso de material desta obra, envie seu pedido para **direitosautorais@cengage.com**

©2005 Cengage Learning. Todos os direitos reservados.

ISBN 13: 978-85-221-0477-2
ISBN 10: 85-221-0477-8

Cengage Learning
Condomínio E-Business Park
Rua Werner Siemens, 111 – Prédio 11 – Torre A – Conjunto 12
Lapa de Baixo – CEP 05069-900– São Paulo – SP
Tel.: (11) 3665-9900 – Fax: (11) 3665-9901
SAC: 0800 11 19 39

Para suas soluções de curso e aprendizado, visite
www.cengage.com.br

Impresso no Brasil
Printed in Brazil
7. reimpr. – 2022

APRESENTAÇÃO

Este livro excepcional constitui um avanço para o campo da psicologia, imprimindo-lhe a paixão de um manifesto. Estimula e energiza o leitor propondo-lhe a nova tarefa da compreensão do trabalho da mente, à medida que esta se confronta com o mundo, por meio da exploração da subjetividade e da consciência.

A psicologia proposta por Nietzsche como "a ciência mestre", à qual todas as outras deveriam submeter-se (*Além do bem e do mal**), transformou-se, sob o domínio do positivismo, em uma paisagem árida que tem desviado muitas mentes brilhantes.

Esse império do tédio também tem sido ignorado pelas Ciências afins, como a história, a filosofia, a sociologia e a antropologia, e também pelo campo literário. Ao mesmo tempo, a necessidade de conhecer os fenômenos psicológicos que perpassam todos esses campos mantém-se. Como resultado desastroso, a psicanálise foi adotada como representante de toda a psicologia.

Curiosamente, por um século os sinais de alarme têm estado presentes – a exemplo disso, podem-se mencionar os últimos trabalhos de Husserl e Lev Semenovich Vigotsky. O primeiro perguntava-se na sua obra *Krisis* por que o campo da *subjetividade*, que deveria ser considerado o objeto da psicologia, havia sido totalmente ignorado pelos psicólogos. No caso de Vigotsky, a crítica incisiva ao positivismo, desenvolvida em seus últimos trabalhos, manteve-se oculta até recentemente por seus tradutores para a língua inglesa. No Ocidente, somente os trabalhos iniciais e mais tradicionais de Vigotsky sobre o desenvolvimento infantil estavam disponíveis.

Nesta obra apresenta-se a Epistemologia Qualitativa como primeiro esforço abrangente no estudo científico da subjetividade. Mas o que é a subjetividade? O professor González Rey a descreve:

---

* Nietzsche, F. *Além do bem e do mal*. Tradução de Paulo César de Souza. São Paulo: Companhia das Letras, 1992. (N.E)

A subjetividade não substitui os outros sistemas complexos do homem (bioquímico, fisiológico, ecológico, laboral, saúde etc.) que também encontram, nas diferentes dimensões sociais, um espaço sensível para seu desenvolvimento, mas transforma-se em um novo nível na análise desses sistemas, os quais, por sua vez, se convertem em um novo sistema que historicamente tem sido ignorado em nome do subjetivismo, do *mentalismo* e do individualismo (p. 14).

Ou seja, o principal objeto da psicologia foi eliminado quando esta área ficou sob o dominação do positivismo.

Uma das vias pelas quais o positivismo tem construído seu império foi pela invenção e a aplicação ilimitada do dogma da cientificidade. Aos estudantes de psicologia foram e ainda são ensinadas as regras que eles chamaram de "ciência dura", e esse dogma foi passado de geração a geração. Eles foram levados a crer que estavam fazendo o mesmo que os médicos: coletar e medir evidências observáveis e replicáveis. Seguindo essas regras, o mistério da psicologia seria, um dia, resolvido. Como esse dogma é falso, não surpreende que o positivismo não tenha conseguido cumprir essa promessa.

O positivismo evitou tratar do problema epistemológico que consiste em saber qual é o modelo de ciência apropriado ao estudo dos fenômenos psicológicos. Dada sua natureza como expressão da *subjetividade* humana, como se pode construir teorias e desenvolver métodos apropriados à compreensão dos fenômenos psicológicos?

Para entender o que está em jogo, pode-se comparar a construção imaginativa do que se requer para estudar *cientificamente* a natureza dos fenômenos psicológicos que este livro nos apresenta com a "*jóia da coroa*" do positivismo, o conceito de construto hipotético. Murray, na introdução de seu livro sobre Personalidade (Themy A. Murray e C. Kluckhohn, *Personality in nature, Society, and culture*, Nova York, Alfred A. Knopf, 1953), descreve esse construto como ficção útil. Seria realmente útil? Pode uma ciência se construir baseada na ficção? De forma pomposa, a produção de construtos hipotéticos tem sido descrita como *abstração generalizada*. O que isto quer dizer? Observam-se algumas ocorrências empíricas no nível mais superficial; e seguida, inventa-se um nome que capture algo comum entre essas ocorrências: necessidades, motivos, atitudes etc. Assim obtém-se o construto hipotético. Isso é uma ficção, se mantêm vias instrumentais para medi-lo e transforma-se essa ficção (reificação) em algo que se crê real. Isso não é fazer ciência, mas espalhar uma estranha religião que se crê útil. Útil de que forma? Um historiador da psicologia tem argumentado que a razão pela qual o positivismo é aceito universalmente na psicologia é porque permite profissionalizar a área fornecendo regras simples que possam ser assimiladas pelo aluno médio.

Esse fato permitiu criar departamentos de psicologia que ofereciam a seus alunos formas de ganhar a vida em uma variedade de domínios aplicados desta disciplina, algo que não se poderia sustentar se ela se confrontasse com a complexidade de seu próprio objeto.

Ao introduzir o conceito de medida, poderia ser invocada uma relação com a ciência; assim, os instrumentos de medição foram importados da área da engenharia agronômica. Fisher, seu inventor, promoveu grande *lobby* nos departamentos de psicologia para que esses instrumentos fossem adotados. A. Newell e A. Simon (*Human Problems Solving*, Englewood Cliffs, N.J., Prentice-Hall, 1974) perguntavam-se por que, para construir a psicologia, os pesquisadores voltavam-se para os modelos da agricultura, e não, por exemplo, para a neurobiologia ou mesmo a meteorologia. O contexto histórico evocado pode ser a resposta.

A pesquisa qualitativa emergiu como meio de romper com o ponto de vista estreito e opressivo do positivismo, no entanto, nem sempre tem-se confrontado com a necessidade de desenvolver uma fundamentação epistemológica sólida. O professor González Rey argumenta com razão que os problemas surgem quando os investigadores aderem à pesquisa qualitativa sem consciência epistemológica. Se esse for o caso, a perspectiva positivista tradicional, todavia, será dominante na condução da pesquisa qualitativa. O autor afirma:

> A revitalização do epistemológico é, pois, uma necessidade diante da tentativa de monopolizar o científico a partir da relação dos dados com a validade e a confiabilidade dos instrumentos que os produzem. Esse instrumentalismo corrompeu o objetivo da ciência e levou à reificação do empírico, provocando profundas deformações ao usar a teoria. Por esse motivo, falar de metodologia qualitativa implica um debate teórico-epistemológico, sem o

qual é impossível superar o culto instrumental derivado da hipertrofia que considera os instrumentos vias de produção direta de resultados na pesquisa" (p. 3).

Neste livro, fornece-se uma epistemologia baseada em uma profunda preocupação por descrever o que é necessário para construir uma ciência da psicologia realisticamente fundamentada, uma psicologia que possa ter sentido para as ciências afins e as humanidades e que interaja criativamente com elas. A esse respeito, deve-se observar que o autor acertadamente enfatiza o erro que implicou o fato de a psicologia se afastar do ponto de vista epistemológico-filosófico ao pensar suas próprias questões epistemológicas. Assim, ele se posiciona em relação a um dos aspectos da subjetividade: a *complexidade*. Quanto ao fato de a epistemologia qualitativa estar relacionada com a complexidade do seu objeto de estudo, o autor escreve:

É impossível falar de complexidade em abstrato. As características gerais de um sistema complexo devem adquirir valor heurístico para construir o conhecimento dentro do campo por nós estudado (p. 17).

Ele enfatiza ainda:

A complexidade expressa uma tensão constante entre organização e processo, entre continuidade e ruptura, que rompe com o determinismo mecanicista (p. 18).

A Epistemologia Qualitativa representa um modo totalmente novo de conceber os princípios gerais de uma perspectiva metodológica apropriada ao estudo dos processos psicológicos.

Ao reconhecer que a realidade "é um domínio infinito de campos inter-relacionados", tem-se de pensar o conhecimento como imbuído de um caráter construtivo-interpretativo, conforme o professor González Rey afirma:

(...) quando nos aproximamos desse complexo sistema por meio de nossas práticas, as quais, nesse caso, concernem à pesquisa científica, formamos um novo campo de realidade em que as práticas são inseparáveis dos aspectos sensíveis dessa realidade estudada. São precisamente esses os aspectos suscetíveis de serem significados em nossa pesquisa. É impossível pensar que temos um acesso ilimitado e direto ao sistema do real, portanto tal acesso é sempre parcial e limitado a partir de nossas próprias práticas (p. 5).

Por orientar-se pela complexidade dos fenômenos psicológicos, este livro oferece uma visão inspiradora a todos aqueles que se preocupam com essas questões, propiciando *insights* sobre como comunicar o esforço criativo do estudo do funcionamento da psique. Novos conceitos são introduzidos, e cada um deles poderia constituir um novo domínio de pesquisa. Temos, por exemplo, as idéias de *sentido subjetivo* e de "*zona de sentido como espaços de inteligibilidade produzidos na pesquisa científica*".

O pesquisador não deve guiar-se por respostas fáceis:

> A única tranqüilidade que o pesquisador pode ter nesse sentido se refere ao fato de suas construções lhe permitirem novas construções e novas articulações entre elas capazes de aumentar a sensibilidade do modelo teórico em desenvolvimento para avançar na criação de novos momentos de inteligibilidade sobre o estudado, ou seja, para avançar na criação de novas zonas de sentido (p. 7).

Tampouco pode depender de regras simples, que possam ser ensinadas às massas:

> Onde há pensamento devem existir especulação, fantasia, desejo e todos os processos subjetivos envolvidos na criatividade do pesquisador como sujeito. Creio que o perigo não está na especulação, mas sim na sua separação em relação ao momento empírico, na reificação do especulativo (...) (p. 8).

Sobre o aspecto metodológico, o autor, de forma muito importante, enfatiza "a legitimação do singular como instância de produção de conhecimento científico" (p. 10). Neste ponto, ele faz eco aos argumentos introduzidos por Newell e Simon (op. cit.) em favor da aproximação ideográfica ao objeto de estudo, em contraste com a aproximação nomotética do positivismo, na qual o indivíduo aparece somente como fragmento em uma compilação estatística. Só uma aproximação ideográfica permite o acesso aos processos psicológicos, e a complexidade inerente a essa tarefa não pode ser negligenciada.

Ao propor a fundação de uma nova psicologia, este livro oferece uma maneira criativa de colocar o *perspectivismo* de Nietzsche em ação. Estou me referindo ao que o professor González Rey chama de *construtivo-interpretativo*:

> Ao afirmar que nosso conhecimento tem um caráter construtivo-interpretativo, estamos tentando superar a ilusão de validade ou a legitimidade de um conhecimento por sua correspondência linear com uma realidade, esperança essa que se converteu, contrariamente ao que pensam e sentem seus seguidores, em uma construção simplificada e arbitrária a respeito da realidade, ao fragmentá-la em variáveis suscetíveis de procedimentos estatísticos e experimentais de verificação, mas que não possuem o menor valor heurístico para produzir "zonas de sentido" sobre o problema que estudam, afastando-se, dessa forma, da organização complexa da realidade estudada (p. 6, Cap. 1).

Outra questão que presumivelmente propiciará intensas trocas no campo da psicologia é o lugar que se atribui à comunicação na Epistemologia Qualitativa ao se considerar a pesquisa como *processo de comunicação*:

> Considerar a comunicação um princípio epistemológico conduz a reconsiderar o espaço social da pesquisa em sua significação para a qualidade da informação produzida. O instrumentalismo ingênuo, que tem caracterizado a pesquisa social e sido criticado por diferentes sociólogos, psicólogos e antropólogos (Bourdieu, Touraine, Ferrarotti, Koch, Gergen, Ibañez, Spink, González Rey e outros), considerou que a validade, a confiabilidade e a padronização dos instrumentos, em determinada população, era condição necessária suficiente para legitimar essa informação; portanto, a legitimação produz-se por processos instrumentais padronizados, nos quais o intelecto do pesquisador intervém pouco. Essa representação instrumentalista não se ocupou nem do sentido que tais instrumentos têm para as pessoas a

quem se aplicam, nem do cenário social em que essa aplicação se realiza. Os processos subjetivos e sociais implicados na pesquisa foram totalmente desconhecidos, o que caracterizou não apenas a pesquisa científica, como também os diferentes espaços institucionalizados de produção e aplicação do conhecimento, como saúde, escola e os diferentes tipos de instituições da vida política e social (p. 16).

Num momento seguinte, o autor mostra seu real interesse pela dialogicidade, interesse que não tem sido acompanhado por uma reflexão epistemológica relevante na literatura sobre o tema. Por exemplo, há muita ênfase sobre o dialogismo como constitutivo de uma ontologia humana. Porém, o intuito de investigar essa questão tem consistido em observar o intercâmbio dialógico, mas não o observador interagir com os dados, a partir de seu próprio ponto de vista. Tampouco o sujeito pode se reduzir a um fragmento de um intercâmbio. Nesse campo, ainda aberto e em desenvolvimento, o livro proporciona uma profunda reflexão, como no trecho:

> A Epistemologia Qualitativa (...) é precisamente o ato de compreender a pesquisa, nas ciências antropossociais, como um processo de comunicação, um processo dialógico, característica essa particular das ciências antropossociais, já que o homem, permanentemente, se comunica nos diversos espaços sociais em que vive (p. 13).

Também a Epistemologia Qualitativa reconsidera a bandeira fatal do que tem sido chamado, provavelmente de forma inapropriada, construcionismo social, caracterizado pela "desconsideração do sujeito como produtor de pensamento e sentido, deixando-o reduzido à convergência de vozes ou 'efeitos' discursivos de uma sociedade reduzida a uma metáfora discursiva". Essa perspectiva que tem sido apresentada em si mesma como uma alternativa ao positivismo tem suprimido a mente não só como objeto de pesquisa, mas também como realidade. Para um behaviorista, a mente era uma caixa-preta impossível de ser decifrada, e para um construcionista social ela simplesmente não existe. Façanha que não foi sequer sonhada pelos behavioristas.

Outro importante conceito introduzido nesta obra é a *epistemologia da resposta*, o que é:

em realidade, uma reprodução, em termos epistemológicos, do princípio estímulo-resposta dominante durante toda a primeira metade do século XX na construção do pensamento psicológico (...) A Epistemologia Qualitativa procura subverter tal princípio e converter a produção do sujeito, o complexo tecido informacional que este produz por diferentes caminhos, no material privilegiado para construir o conhecimento, rompendo assim com um dos princípios mais arraigados do imaginário da pesquisa ocidental: o fato de compreender a pesquisa, em sua parte instrumental, como a aplicação de uma seqüência de instrumentos, cujos resultados parciais serão a fonte do resultado final (p. 14-5).

Este livro nos oferece também uma nova visão do que significa ser pesquisador. Como a construção da teoria é um processo vivo, "o pesquisador converte-se em um núcleo gerador de pensamento que é parte inseparável do curso da pesquisa" (p. 34). O autor diz ainda que:

a recuperação do teórico não é uma abstração, ela passa pela recuperação do pesquisador como sujeito. Um dos elementos que definem a condição de sujeito é a reflexão, isto é, a capacidade de produção intelectual permanente no curso da vida e, nesse caso, no processo de pesquisa (p. 36).

Na afirmação a seguir seremos conduzidos pelo caminho oposto à idéia do pesquisador como alguém que aplica regras, a despeito do sentido dos vários contextos nos quais o fenômeno estudado esteja inserido.

A produção teórica na pesquisa faz o pesquisador comprometer-se de forma permanente, implicando sua reflexão constante sobre as informações que aparecem nesse processo. O pesquisador como sujeito não se expressa somente no campo cognitivo, sua produção intelectual é inseparável do processo de sentido subjetivo marcado por sua história, crenças, representações, valores e todos aqueles aspectos em que se expressa sua constituição subjetiva (p. 36).

Já esta outra afirmação nos conduz a uma visão de mundo completamente nova, e o autor tem razão quando diz:

O reconhecimento do caráter ativo do pesquisador não é apenas um fato isolado obtido com um pouco de boa vontade, mas um momento essencial de uma aproximação metodológica diferente (p. 36).

Podemos tomar emprestada do autor a seguinte conclusão:

Enfatizar o caráter construtivo-interpretativo da pesquisa significa que um atributo essencial desta proposta de metodologia qualitativa é seu caráter teórico. Tal metodologia é orientada para a construção de modelos compreensivos sobre o que se estuda (p. 8)

Este livro representa uma inversão total das formas como o exercício da psicologia tem sido conduzido e encaminha a novas e apaixonantes explorações.

Marisa Zavalloni
Professeur do Departamento de Psicologia Social da Universidade de Montreal, Canadá, é autora de diversos artigos em publicações de destaque internacional como *Journal of Personality and Social Psychology, New Ideas in Psychology, Revue Internationale de Psychologie Sociale* também *Representations of the social: bridging theoretical traditions.*

SUMÁRIO

Capítulo 1 – O Compromisso Ontológico na Pesquisa Qualitativa 1
1.1 A pesquisa qualitativa nas ciências sociais – implicações teóricas e epistemológicas 1
1.2 A subjetividade como definição ontológica e suas implicações para a pesquisa qualitativa em ciências sociais 16

Capítulo 2 – A Pesquisa Qualitativa como Produção Teórica: uma Aproximação Diferente 29
2.1 O lugar da teoria na pesquisa qualitativa 29
2.2 O instrumentalismo dominante nas ciências antropossociais e suas conseqüências para a pesquisa: uma nova alternativa na compreensão dos instrumentos 37
    2.2.1 O uso de instrumentos 44
    2.2.2 Os instrumentos escritos 50
    2.2.3 Os instrumentos apoiados em indutores não escritos 65

Capítulo 3 – Diferentes Momentos do Processo de Pesquisa Qualitativa e suas Exigências Metodológicas 79
3.1 A pesquisa qualitativa como processo 79
3.2 O projeto na pesquisa qualitativa 83
    3.2.1 A definição do problema de pesquisa 87
    3.2.2 Os outros momentos a serem explicitados no projeto de pesquisa qualitativa 93
    3.2.3 Outros momentos importantes na organização da pesquisa 95
3.3 Os processos envolvidos no desenvolvimento da pesquisa 99
3.4 O número de sujeitos a serem estudados na pesquisa qualitativa 108

Capítulo 4 – Os Processos de Construção da Informação na Pesquisa Qualitativa Orientada pela Epistemologia Qualitativa 115
4.1 A construção da informação na pesquisa qualitativa 115

4.2 Processos e categorias para a produção de informação na perspectiva da pesquisa qualitativa apoiada na epistemologia qualitativa 125
    4.2.1 A dinâmica conversacional 126
    4.2.2 Completamento de frases 139
    4.2.3 A construção de informação em questionários abertos 176
    4.2.4 Instrumento de conflito de diálogos: os processos de construção da informação 192
4.3 Considerações finais 200

Bibliografia 203

CAPÍTULO 1

O Compromisso Ontológico na Pesquisa Qualitativa

1.1 A PESQUISA QUALITATIVA NAS CIÊNCIAS SOCIAIS – IMPLICAÇÕES TEÓRICAS E EPISTEMOLÓGICAS

Definir hoje o que significa a pesquisa qualitativa é uma tarefa difícil. Sempre que sob esse rótulo são desenvolvidas tendências muito diferentes, tanto nas ciências naturais de modelação matemática como nas ciências sociais. É por essa razão que preferi situar (González Rey, 1997) a análise do qualitativo em uma perspectiva epistemológica, definindo as bases epistemológicas de uma aproximação qualitativa no campo da psicologia, aproximação esta que considero legítima para qualquer uma das ciências antropossociais. Essa proposta epistemológica foi por mim denominada Epistemologia Qualitativa (González Rey, 1997).

O sentido do termo ficou definido pelo *status* epistemológico que cobrou nas ciências sociais o modelo quantitativo, empírico e descritivo, o qual se caracterizou por um positivismo *ateórico*, cujos protagonistas careciam completamente de consciência epistemológica, mas impunham um conceito de ciência centrado na acumulação de dados quantificáveis suscetíveis de atos de verificação imediata, por meio de evidências observáveis e/ou estatísticas. O positivismo que tomou vida nas ciências sociais e que até hoje continua dominando o imaginário da pesquisa científica nessa área ignorou tudo o que significa produção teórica, idéias modelos e reflexões. Nesse ponto representou a recusa de qualquer filosofia, mais do que uma apropriação dela.

O próprio Comte foi consciente da contradição ao tentar produzir um conhecimento sem bases teóricas, apesar de não ter podido resolver esse problema em sua obra. Assim, em seu *Curso de Filosofia Positiva*, comenta (1983):

> Pois, se de um lado toda teoria positiva deve necessariamente fundar-se sobre observações, é igualmente perceptível de outro que, para entregar-se a observação, nosso espírito necessita de uma teoria qualquer. Se contemplando os fenômenos não os relacionarmos de imediato a algum pressuposto, não só nos seria impossível combinar essas observações isoladas, por conseguinte tirar de aí algum fruto, senão que seríamos completamente incapazes de retê-las; a maioria dos fatos passaram despercebidos a nossas vistas (p. 24).

Comte era consciente da necessidade da teoria, apesar de não ter conseguido explicar a forma como essa importância podia concretizar-se no conjunto de princípios que defendeu em consideração à ciência.

É evidente que o principal problema da quantificação não está referido na operação como tal, operação que é totalmente legítima na produção do conhecimento; o principal problema está naquilo que quantificamos, dentro de que sistema teórico os aspectos quantificados vão adquirir significado. Esse tem sido um aspecto totalmente ignorado por causa da utilização, de forma inadequada, da quantificação que guia importantes setores da pesquisa nas ciências sociais. A metodologia conduziu a um metodologismo, no qual os instrumentos e as técnicas se emanciparam das representações teóricas convertendo-se em princípios absolutos de legitimidade para a informação produzida por eles, as quais não passavam pela reflexão dos pesquisadores. É nessa direção que a medição e a quantificação se elevam como um fim em si mesmas, deixando de lado os processos de construção teórica acerca da informação que aparece nos instrumentos.

O instrumentalismo tem hegemonizado o processo de coleta de informação nas ciências sociais. Os instrumentos, segundo essa tradição, têm sido associados a categorias universais através das quais se estabelecem relações diretas e universais entre certos significados e formas concretas de expressão do sujeito. Partindo dessa forma de uso, a aplicação de tais instrumentos não passa de uma rotina classificatória. O instrumento é usado como critério de afirmação conclusiva, com o qual os processos de pesquisa, de avaliação e de diagnóstico não passam de processos classificatórios em que o pesquisador, mais que produzir, procura aplicar um conjunto de conhecimentos preestabelecidos.

Conforme assinala Ferrarotti (1990):

> É provável que o retorno aos clássicos do mesmo pensamento científico fizesse muito rápido justiça àquelas posições intelectualmente frágeis apesar dos esforços triunfalistas, que tendem a empobrecer a pesquisa científica no sentido estrito, ao enfatizar suas técnicas específicas e os procedimentos em detrimento dos conceitos propriamente teóricos (p. 88).

O desenvolvimento de uma posição reflexiva, que nos permita fundamentar e interrogar os princípios metodológicos, identificando seus limites e possibilidades, coloca-nos de fato diante da necessidade de abrir uma discussão epistemológica que nos possibilite transitar, com consciência teórica, no interior dos limites e das contradições da pesquisa científica. Isso nos leva a romper com a consciência tranqüila e passiva com a qual muitos pesquisadores se orientam no campo da pesquisa, apoiados no princípio de que pesquisar é aplicar uma seqüência de instrumentos cuja informação se organiza, por sua vez, em uma série de procedimentos estatísticos sem precisar produzir uma só idéia.

A revitalização do epistemológico é uma necessidade diante da tentativa de monopolizar o científico a partir da relação dos dados com a validade e a confiabilidade dos instrumentos que os produzem. Esse instrumentalismo corrompeu o objetivo da ciência e levou à *reificação* do empírico, provocando profundas deformações ao usar a teoria. Por esse motivo, falar de metodologia qualitativa implica um debate teórico-epistemológico, sem o qual é impossível superar o culto instrumental derivado da hipertrofia que considera os instrumentos vias de produção direta de resultados na pesquisa.

Sem uma revisão epistemológica, corremos esse risco, como de fato vem ocorrendo até hoje, de manter uma posição instrumentalista na pesquisa qualitativa ao legitimar o qualitativo por meio dos instrumentos utilizados na pesquisa, e não pelos processos que caracterizam a produção do conhecimento.

Nas últimas décadas, têm proliferado diferentes propostas de pesquisa qualitativa, entre as quais se destacam a fenomenologia, a análise do discurso e os processos de construção das práticas discursivas. Nossa proposta não está centrada apenas na construção das práticas discursivas que caracterizam as diferentes atividades humanas, assim como tampouco, e também não compartilha da ênfase nos procedimentos descritivo-indutivos que caracterizam a abordagem fenomenológica.

Nossa proposta da Epistemologia Qualitativa foi introduzida com o objetivo de acompanhar as necessidades da pesquisa qualitativa no campo da psicologia, pois, de modo geral, as referências epistemológicas alternativas ao positivismo se limitavam a um nível de princípios muito gerais, sem se articularem essencialmente às necessidades dos diferentes momentos concretos da pesquisa, os quais sem dúvida requeriam uma fundamentação para se legitimar diante dos critérios dominantes do positivismo.

Perante a ausência de reflexão epistemológica que, durante anos, marcou o desenvolvimento das ciências antropossociais no afã de cientificidade e de independência da filosofia, a busca por alternativas epistemológicas guiava-se, paradoxalmente, por posições já desenvolvidas na filosofia, as quais em seus aspectos mais gerais são importadas, por alguns pesquisadores, do campo das ciências particulares. Tal fato vem ocorrendo, por exemplo, no campo da fenomenologia, onde os autores que compartilham alguns princípios gerais dessa filosofia em um campo particular do saber, se declaram fenomenólogos, importando *acriticamente* das ciências particulares princípios cuja significação está associada a discussões filosóficas que não caracterizam necessariamente o espaço da ciência particular a qual são impostos de forma totalmente pré-elaborada, esses princípios epistemológicos gerais.

Penso que a relação entre a filosofia e as ciências particulares deve apoiar-se na criação e não na importação. Os cientistas sociais encontram na filosofia um pensamento vivo e um conjunto de representações teóricas que se convertem em pontos de partida essenciais para a construção dos problemas associados a cada ciência. É o que assinala Vigotsky, com quem concordo plenamente (1982):

> A aplicação direta da teoria do materialismo dialético aos problemas da ciência natural e, em particular, ao grupo das ciências biológicas ou a psicologia é impossível, como é impossível aplicá-lo diretamente à história e à sociologia. Entre nós, há quem pense que o problema da "psicologia e o marxismo" se reduz a criar uma psicologia que responda ao marxismo; mas, na realidade, esse problema é muito mais complexo (p. 491).

Partindo da Epistemologia Qualitativa, tento desenvolver uma reflexão aberta e sem *âncoras* aprioristicas em relação às exigências e às necessidades de produzir conhecimento em uma perspectiva qualitativa; tento buscar uma posição quanto às novas perguntas e respostas criadas ao implementar um processo diferente de construção do conhecimento, evitando assim transitar por novas opções utilizando princípios já estabelecidos por representações epistemológicas anteriores que não respondem aos novos desafios. Essa tentativa tem também em sua base o apelo de Bachelard pelo desenvolvimento de epistemologias particulares nos diferentes campos do conhecimento, fato que considero a única forma real de enfrentar os desafios epistemológicos que vão aparecendo nos campos metodológicos particulares de cada ciência.

A Epistemologia Qualitativa enfatiza princípios gerais da produção do conhecimento que sustentam nossa proposta metodológica concreta. Apesar do livro dedicado ao tema (1997) e das minhas publicações posteriores em relação ao tema (1999, 2000, 2001, 2002), considero importante aprofundar os significados de alguns desses princípios, por causa da dificuldade que, na prática, têm os pesquisadores para implementá-los e principalmente por causa do imaginário dominante no campo da pesquisa das ciências antropossociais.

A Epistemologia Qualitativa defende o caráter construtivo interpretativo do conhecimento, o que de fato implica compreender o conhecimento como produção e não como *apropriação* linear de uma realidade que se nos apresenta. A realidade é um domínio infinito de campos inter-relacionados independente de nossas práticas; no entanto, quando nos aproximamos desse complexo sistema por meio de nossas práticas, as quais, neste caso, concernem à pesquisa científica, formamos um novo campo de realidade em que as práticas são inseparáveis dos aspectos sensíveis dessa realidade. São precisamente esses os aspectos suscetíveis de serem significados em nossa pesquisa. É impossível pensar que temos um acesso ilimitado e direto ao sistema do real, portanto, tal acesso é sempre parcial e limitado a partir de nossas próprias práticas.

O pensamento ocidental tem se inclinado a dicotomias, a partir das quais temos concebido o mundo como externo e independente em relação a nós, como se não fôssemos parte dele e como se não estivéssemos implicados, de maneira orgânica, em seu próprio funcionamento. Essa dimensão do real, que se produz a partir da nossa ação nos diferentes domínios do mundo, é a que ganha visibilidade em nossas práticas científicas o que não significa nem que a realidade seja desconhecida, nem que possamos nos descentrar de nossa subjetividade e de seus efeitos sobre nossas intervenções na realidade; essas são as duas aspirações universais que, por um lado, têm sustentado o relativismo radical e, por outro, o positivismo. Segundo Atlan (1993):

> Há uma grande diferença entre afirmar que existe uma realidade e conhecê-la. (...) Não nego que exista uma realidade, apenas nego o fato de que uma teoria ou tradição, permitindo uma concepção exclusiva de realidade, defina esta com o qualificativo de "última", como se não pudesse ir mais longe. Na minha opinião é sempre possível se aprofundar nas coisas. E por isso mesmo não se pode falar de "realidade última". A realidade é algo a interpretar, ela é feita daquilo que se pode chamar "interpretando" (p. 66).

Quando afirmamos o caráter construtivo-interpretativo do conhecimento, desejamos enfatizar que o conhecimento é uma construção, uma produção humana, e não algo que está pronto para conhecer uma realidade ordenada de acordo com categorias universais do conhecimento. Disso surgiu o conceito de "zona de sentido" (1997), definido por nós como aqueles espaços de inteligibilidade que se produzem na pesquisa científica e não esgotam a questão que significam, senão que pelo contrário, abrem a possibilidade de seguir aprofundando um campo de construção teórica. Tal conceito tem, então, uma profunda significação epistemológica que confere valor ao conhecimento, não por sua correspondência linear e imediata com o "real", mas por sua capacidade de gerar campos de inteligibilidade que possibilitem tanto o surgimento de novas zonas de ação sobre a realidade, como de novos caminhos de trânsito dentro dela através de nossas representações teóricas. O conhecimento legitima-se na sua continuidade e na sua capacidade de gerar novas zonas de inteligibilidade acerca do que é estudado e de articular essas zonas em modelos cada vez mais úteis para a produção de novos conhecimentos.

Ao afirmar que nosso conhecimento tem um caráter construtivo-interpretativo, estamos tentando superar a ilusão de validade ou a legitimidade de um conhecimento por sua correspondência linear com uma realidade, esperança essa que se converteu, contrariamente ao que pensam e sentem seus seguidores, em uma construção simplificada e arbitrária a respeito da realidade, ao fragmentá-la em variáveis suscetíveis de procedimentos estatísticos e experimentais de verificação, mas que não possuem o menor valor heurístico para produzir "zonas de sentido" sobre o problema que estudam, afastando-se, dessa forma, da organização complexa da realidade estudada.

O conhecimento é um processo de construção que encontra sua legitimidade na capacidade de produzir, permanentemente, novas construções no curso da confrontação do pensamento do pesquisador com a multiplicidade de eventos empíricos coexistentes no processo investigativo. Portanto, não existe nada que possa garantir, de forma imediata no processo de pesquisa, se nossas construções atuais são as mais adequadas para dar conta do problema que estamos estudando. A única tranqüilidade que o pesquisador pode ter nesse sentido se refere ao fato de suas construções lhe permitirem novas construções e novas articulações entre elas capazes de aumentar a sensibilidade do modelo teórico em desenvolvimento para avançar na criação de novos momentos de inteligibilidade sobre o estudado, ou seja, para avançar na criação de novas zonas de sentido. A significação de cada registro empírico durante o desenvolvimento de um sistema teórico é, necessariamente, um ato de produção teórica, pois é inseparável do sistema teórico, o qual, em seu conjunto, está por trás desse ato de inteligibilidade.

Afirmar o caráter construtivo-interpretativo do conhecimento implica também estabelecer uma diferença entre os termos interpretação e construção, já que toda interpretação é realmente uma construção. No entanto, ao estabelecermos essa distinção entre ambos os termos, a construção pode não estar associada, de modo imediato e intencional, a nenhum referencial empírico; a categoria de sujeito, por exemplo, é uma construção por trás da qual há múltiplos referenciais empíricos na história do pesquisador, mas que não se afunilam na representação intencional no momento de construir a categoria. Portanto, a categoria tem um caráter especulativo que, em seu momento atual, tem como fundamento somente a construção teórica de quem a defende. A construção é um processo eminentemente teórico.

Penso que a construção nos permite superar um dos maiores fantasmas da pesquisa tradicional que ameaça constantemente os pesquisadores: a especulação. Onde há pensamento devem existir especulação, fantasia, desejo e todos os processos subjetivos envolvidos na criatividade do pesquisador como sujeito. Creio que o perigo não está na especulação, mas sim na sua separação em relação ao momento empírico, na reificação do especulativo que termina sendo uma forma de rotulação *acrítica* como a que caracteriza os artefatos instrumentais, os quais se tornam *a-históricos* e universais.

Sentir medo da especulação é um fato institucionalizado e público de um medo oculto na instituição científica e acadêmica: o medo das idéias. A especulação é uma operação do pensamento que nos permite novos acessos ao aspecto empírico da realidade estudada. A especulação é parte inseparável da construção teórica, e a partir dela retornarmos ao momento empírico e passamos a desenvolver sensibilidade para novos elementos nesse nível, os quais somente poderão adquirir inteligibilidade graças a uma representação teórica que nos permita visibilizá-los. Assim, a partir do desenvolvimento da própria categoria do sujeito, sobre a qual comentamos anteriormente como exemplo de construção, se abriram novos campos empíricos de pesquisa, como o do sujeito que aprende (González Rey, 2003).

Historicamente, a aprendizagem se conceituava em categorias do intelecto, a cognição ou bem era visto sob uma perspectiva mais pedagógica, nos métodos e meios usados no ensino. Contudo, o aluno como sujeito que aprende e a aula como espaço de relacionamento eram omitidos nas pesquisas sobre o tema, simplesmente porque não havia representações teóricas que apoiassem sua inclusão na pesquisa. Quando se inclui no repertório da pesquisa empírica o sujeito que aprende, começa-se a gerar inteligibilidade sobre novos processos que intervêm na aprendizagem, como o da produção de sentidos por parte do sujeito.

Enfatizar o caráter construtivo-interpretativo da pesquisa significa que um atributo essencial dessa proposta de metodologia qualitativa é seu caráter teórico. Tal metodologia é orientada para a construção de modelos compreensivos sobre o que se estuda. Mais adiante iremos nos estender na significação do modelo teórico para a construção do conhecimento dentro desta proposta metodológica. A afirmação do caráter teórico desta proposta não exclui o empírico, nem o considera em um lugar secundário, mas sim o compreende como um momento inseparável do processo de produção teórica (González Rey, 1991). Assim, pretendemos romper definitivamente a dicotomia entre o empírico e o teórico, na qual o empírico se situa como atributo de uma realidade externa e o teórico é considerado uma mera especulação ou um simples rótulo para nomear o empírico.

Se rompermos com a idéia de que a realidade é um sistema externo, conforme afirmamos anteriormente, e considerarmos nossas práticas como algo constitutivo, mas também constituinte dos campos por nós estudados, a única maneira de construir um espaço da realidade como conhecimento é valer-se de nossas práticas científicas, as quais são fundadoras de novos campos da realidade; nesses campos, a infinita complexidade da realidade é suscetível, por meio de tais práticas científicas, de multiplicar-se em várias formas de inteligibilidade as quais, embora nos permitam visualizar a realidade, o fazem de modo limitado por causa dos próprios meios que usamos. Dessa forma rompe-se a expectativa racionalista de que o mundo pode ser conhecido de forma completa e progressiva pela razão humana. A racionalidade é, ao contrário, a forma que temos para produzir inteligibilidade em sistemas, os quais, por sua complexidade, escapam dos meios utilizados por nós para conhecê-los.

A proliferação progressiva da pesquisa qualitativa nas últimas quatro décadas, nos diferentes campos das ciências sociais, respondeu sem dúvida à necessidade de emancipação do modelo positivista dominante diante das necessidades da prática investigativa, por um lado, e, por outro, diante dos questionamentos e das novas representações aportadas pelos diferentes campos da filosofia. Isso tem levado os autores de distintos campos das ciências antropossociais a se afiliarem ao qualitativo, sem que essa afiliação representasse necessariamente um ato de consciência epistemológica, o que, em parte, explica a conservação de uma epistemologia positivista tradicional por trás de muitas pesquisas assumidas desde uma intencionalidade qualitativa.

No campo da psicologia, que é meu campo de atuação, tenho observado uma tendência dos pesquisadores a buscar uma nova forma que legitime a coleta empírica de dados, sem se aprofundar na articulação de todos os novos processos que deve legitimar uma proposta de pesquisa realmente alternativa, o que, inevitavelmente, passa por uma reflexão epistemológica. Desse modo, questões como a generalidade dos resultados, o número de sujeito a ser estudado e a validade do conhecimento passam por *outra das características gerais que atribuímos à Epistemologia Qualitativa*, porque é precisamente a expressão de uma necessidade muito mais particularizada no campo das ciências antropossociais: *a legitimação do singular como instância de produção do conhecimento científico.*

Ainda que a grande maioria dos pesquisadores qualitativos considere o estudo de casos um procedimento legítimo desse tipo de pesquisa, a legitimidade do singular como via de produção de conhecimento não tem sido foco de atenção da maioria dos pesquisadores, precisamente devido ao caráter epistemológico dessa questão. De fato, o alcance dado a esse princípio está em estreita relação com a representação do conhecimento como um processo construtivo-interpretativo e é justamente a articulação entre tais princípios que permite fundamentar a Epistemologia Qualitativa para o desenvolvimento de uma forma particular de metodologia qualitativa.

A legitimação do singular na produção do conhecimento passa pelo valor que atribuímos ao aspecto teórico na pesquisa, o qual seja talvez o ponto mais difícil de ser assumido pelos pesquisadores, devido à identificação histórica entre o empírico e o científico instaurada como conseqüência do positivismo e do modo como a ciência se institucionalizou. A própria fenomenologia, que sem dúvida está entre as aproximações filosóficas facilitadoras desse novo caminho epistemológico, conduziu, segundo assinala acertadamente Ferrarotti (1990):

> por um lado, a necessidade ainda idealista de uma racionalidade infinita, que desafie o plano meramente mecanicista e quantitativo e, por outro lado, a ambição plenamente positivista ou, se se quer, neopositivista de investigação rigorosamente delimitada e guiada por hipóteses suscetíveis de verificação, ainda que com a consciência de que não há verificação definitiva, se não que cada uma remete forçosamente a outras infinitas verificações (p. 87).

O ideal verificacionista sempre implica considerar o momento empírico como o momento final da pesquisa, ao menos de uma pesquisa particular, embora se saiba, conforme se expressou anteriormente, que uma verificação nos remete a outras verificações. Nesse ideal segue muito presente que o critério legitimador da pesquisa está no resultado em nível empírico, representação esta que dificulta legitimar o singular, não em nível de procedimento, senão em nível da legitimidade do conhecimento.

A legitimação do singular como fonte do conhecimento implica, segundo já assinalamos, considerar a pesquisa como produção teórica, entendendo por teórico a construção permanente de modelos de inteligibilidade que lhe dêem consistência a um campo ou um problema na construção do conhecimento, ou seja, o teórico não se reduz a teorias que constituem fontes de saber preexistentes em relação ao processo de pesquisa, mas concerne, muito particularmente, aos processos de construção intelectual que acompanham a pesquisa. O teórico expressa-se em um caminho que tem, em seu centro, a atividade pensante e construtiva do pesquisador.

Nem toda pesquisa orientada qualitativamente deve ter, por obrigação, um fim teórico, mas pode ter objetivos práticos que não a eximem da produção de idéias e do desenvolvimento de modelos de inteligibilidade em relação à questão pesquisada. A produção teórica apresenta diferentes níveis, mas o que a caracteriza é uma produção intelectual sistemática que permite organizar, de diferentes formas, o material empírico e que integra as idéias dos pesquisadores como parte essencial do conhecimento em elaboração.

O valor do singular está estreitamente relacionado a uma nova compreensão acerca do teórico, no sentido de que a legitimação da informação proveniente do caso singular se dá através do modelo teórico que o pesquisador vai desenvolvendo no curso da pesquisa. A informação ou as idéias que aparecem através do caso singular tomam legitimidade pelo que representam para o modelo em construção, o que será responsável pelo conhecimento construído na pesquisa. Se o critério de legitimidade for empírico ou acumulativo, o caso singular, não tem legitimidade como fonte de informação.

Nas ciências antropossociais, de um modo geral, e na psicologia, de forma muito particular, criou-se a expectativa de que a pesquisa deve produzir um sistema de informação cuja procedência seja instrumental e cuja legitimidade seja reconhecida por processos de significação estatística ou pela observação e pela verificação perante aquilo que se repete em situações similares dentro de uma lógica indutiva. Portanto, a legitimidade do produzido é obtida por operações externas ao pesquisador, nas quais as idéias do pesquisador intervêm apenas no desenvolvimento dos procedimentos e não nos resultados da pesquisa. O reconhecimento do singular tem em sua base, no entanto, um fundamento radicalmente diferente: a informação única que o caso singular nos reporta não tem outra via de legitimidade que não seja sua pertinência e seu *aporte* ao sistema teórico que está sendo produzido na pesquisa.

A pesquisa representa um processo permanente de *implicação* intelectual por parte do pesquisador, processo que toma novos rumos em seu próprio curso, dentro do marco de referência do modelo conceitual em desenvolvimento que a caracteriza. Isso ocorre nas ciências antropossociais, nas quais o singular alcança uma dimensão qualitativa não vista em nenhum outro sistema da realidade. A sociedade enquanto sistema é extremamente complexa, e qualquer processo ou evento que nela acontece é suscetível de um complexo sistema de desdobramentos gerador de infinitos sistemas de conseqüências que estão mais além das representações conscientes dos sujeitos envolvidos em tais eventos, mas que só podem ser estudados em sua real complexidade por meio de elementos diferenciados de informação dos sujeitos; esses elementos permitem articular, em um modelo, a significação do social na vida humana.

Um exemplo muito interessante, já devidamente comentado em nosso livro anterior sobre a pesquisa qualitativa em psicologia (2002), diz respeito à forma com que Freud desenvolveu a construção da psicanálise pela seqüência de seus casos individuais na psicoterapia. Apesar das dificuldades enfrentadas por Freud devido às suas próprias limitações epistemológicas – limitações que nem sempre lhe permitiram ver os limites de suas interpretações, nem a tensão permanente que devia existir entre suas categorias e a representação de seu objeto em construção – o certo é que ele foi capaz de mudar paulatinamente sua teoria, assim como os próprios princípios sobre os limites das construções do terapeuta no processo de análise, fato expresso de forma magistral em seu trabalho *Construções em análise* (1937).

A reivindicação epistemológica da significação do singular na construção do conhecimento representa, na realidade, uma opção epistemológica diferente que permite compreender a pesquisa qualitativa como um processo de construção altamente dinâmico, no qual as hipóteses do pesquisador estão associadas a um modelo teórico que mantém uma constante tensão com o momento empírico e cuja legitimidade está na capacidade do modelo para ampliar tanto suas alternativas de inteligibilidade sobre o estudado como seu permanente aprofundamento em compreender a realidade estudada como sistema. Os objetivos, alcance e complexidade desse modelo podem apresentar distintos níveis, existindo tanto modelos relacionados mais diretamente ao empírico, característicos de processos práticos de intervenção com objetivos particulares, como modelos de pesquisas científicas mais concretas, até modelos altamente complexos em seu nível de abstração, característicos da produção científica orientada ao desenvolvimento teórico.

Como afirmamos anteriormente, a singularidade possui, no caso das ciências antropossociais, um valor relevante, todavia, uma das características da subjetividade humana, configurada na cultura e dela constituinte, é a diferenciação marcada dos indivíduos e dos distintos espaços de vida social. A significação epistemológica da singularidade está estreitamente relacionada ao valor teórico da subjetividade no estudo do homem, a cultura e a sociedade, dimensões que se constituem, de forma permanente entre si, na condição subjetiva que define a ontologia desses três sistemas complexos da realidade.

O terceiro atributo geral da Epistemologia Qualitativa, o qual está intrinsecamente associado ao que há pouco nos referimos, é precisamente *o ato de compreender a pesquisa, nas ciências antropossociais, como um processo de comunicação, um processo dialógico*, característica essa particular das ciências antropossociais, já que o homem, permanentemente, se comunica nos diversos espaços sociais em que vive. A comunicação também tem sido muito considerada pelo construcionismo social como via de construção do conhecimento, porém há uma diferença essencial entre a maneira com que os autores construcionistas a usam e a forma que toma esse princípio para a Epistemologia Qualitativa. A ênfase na comunicação como princípio epistemológico está centrada no fato de que uma grande parte dos problemas sociais e humanos se expressa, de modo geral, na comunicação das pessoas seja direta seja indiretamente.

Nosso objetivo, diferentemente do *construcionismo* social, não é apenas conhecer a organização e a significação de uma produção discursiva. A comunicação é uma via privilegiada para conhecer as configurações e os processos de sentido subjetivo que caracterizam os sujeitos individuais e que permitem conhecer o modo como as diversas condições objetivas da vida social afetam o homem. Por intermédio da comunicação, não conhecemos apenas os diferentes processos simbólicos organizados e recriados nesse processo, estamos tentando conhecer outro nível diferenciado da produção social, acessível ao conhecimento somente por meio do estudo diferenciado dos sujeitos que compartilham um evento ou uma condição social.

Conhecer um evento ou uma condição social, em sua significação subjetiva, poderá ser efetivo apenas por meio do sistema disperso de suas conseqüências sobre a constituição subjetiva para aqueles que a compartilham. Tal sistema de conseqüências aparecerá gradualmente por vias diretas e indiretas, nas diferentes formas de expressão simbólica do sujeito, entre as quais a comunicação tem um lugar essencial.

A comunicação é o espaço privilegiado em que o sujeito se inspira em suas diferentes formas de expressão simbólica, todas as quais serão vias para estudar sua subjetividade e a forma como o universo de suas condições sociais objetivas aparece constituído nesse nível. A subjetividade não substitui os outros sistemas complexos do homem (bioquímico, ecológico, laboral, saúde etc.) que também encontram, nas diferentes dimensões sociais, um espaço sensível para seu desenvolvimento, mas transforma-se em um novo nível na análise desses sistemas, os quais, por sua vez, se convertem em um novo sistema que, historicamente, tem sido ignorado em nome do subjetivismo, do *mentalismo* e do individualismo.

A comunicação será a via em que os participantes de uma pesquisa se converterão em sujeitos, implicando-se no problema pesquisado a partir de seus interesses, desejos e contradições. Na pesquisa positivista, o princípio da neutralidade levava a considerar o outro um objeto das aplicações de instrumentos do pesquisador, com o qual a comunicação era vista essencialmente como efeito perturbador que conspirava contra a objetividade dos resultados.

O lugar que atribuímos à comunicação como espaço primordial para a manifestação do sujeito crítico e criativo na pesquisa tem, de fato, um papel essencial para superar o que denominamos, em trabalhos anteriores (Gonzáles Rey 1999, 2000), Epistemologia da Resposta, a qual é, em realidade, uma reprodução, em termos epistemológicos, do princípio estímulo-resposta dominante durante toda a primeira metade do século XX na construção do pensamento psicológico. A metodologia, em sua concepção instrumental, apresentou-se como seqüência de estímulos, seja pranchas, perguntas, sensações seja outros que, organizados em determinados procedimentos, procuravam a resposta do sujeito como unidade de informação essencial para a construção do conhecimento. A Epistemologia Qualitativa procura subverter tal princípio e converter a produção do sujeito, o complexo tecido informacional que este produz por diferentes caminhos, no material privilegiado para construir o conhecimento, rompendo assim com um dos princípios mais arraigados do imaginário da pesquisa ocidental: o fato de compreender a pesquisa, em sua parte instrumental, como a aplicação de uma seqüência de instrumentos, cujos resultados parciais serão a fonte do resultado final.

A comunicação, segundo o *status* epistemológico que lhe atribuímos, influenciará, de forma importante, a própria definição dos instrumentos de pesquisa, conforme veremos mais adiante, e, ao mesmo tempo, se converterá em um espaço legítimo e permanente de produção de informação na pesquisa, pois os desdobramentos do processo de comunicação com os sujeitos participantes da pesquisa representam o caminho essencial de seguimento dos diferentes casos singulares em seu aporte diferenciado ao conhecimento.

A pesquisa representa, nas ciências antropossociais, um espaço permanente de comunicação que terá um valor essencial para os processos de produção de sentido dos sujeitos pesquisados nos diferentes momentos de sua participação nesse processo. A pessoa que participa da pesquisa não se expressará por causa da pressão de uma exigência instrumental externa a ela, mas por causa de uma necessidade pessoal que se desenvolverá, crescentemente, no próprio espaço de pesquisa, por meio dos diferentes sistemas de relação constituídos nesse processo.

A pessoa consegue o nível necessário de implicações para expressar-se em toda sua riqueza e complexidade se inserida em espaços capazes de implicá-las através da produção de sentidos subjetivos. Tais espaços se constituem no interior de seus sistemas mais significativos de comunicação, por isso a pesquisa qualitativa orientada a estudar a produção de sentido subjetivo do sujeito, bem como sua forma de articulação com os diferentes processos e experiências de sua vida social, deve aspirar a fazer do espaço de pesquisa um espaço de sentido que implique a pessoa estudada.

A informação obtida na Epistemologia da Resposta, que tem acompanhado a lógica instrumentalista nas ciências sociais, é uma informação que responde às representações e às interpretações racional e socialmente organizadas da pessoa que responde. A lógica estímulo-resposta, a que já nos referimos e que tem dominado o cenário positivista de pesquisa, desconsidera por completo os aspectos sociais da situação metodológica; desse modo, questões como "quem pergunta", "de que lugar se pergunta", "de que lugar se responde" têm sido historicamente desconsideradas a partir dessa perspectiva.

Considerar a comunicação um princípio epistemológico conduz a reconsiderar o espaço social da pesquisa em sua significação para a qualidade da informação produzida. O instrumentalismo ingênuo, que tem caracterizado a pesquisa social e que tem sido criticado por diferentes sociólogos, psicólogos e antropólogos (Bourdieu, Touraine, Ferrarotti, Koch, Gergen, Ibañez, Spink, González Rey e outros), considerou que a validade, a confiabilidade e a padronização dos instrumentos em uma determinada população, era condição suficiente para legitimar essa informação; portanto, a legitimação produz-se por processos instrumentais padronizados, nos quais o intelecto do pesquisador intervém pouco. Essa representação instrumentalista não se ocupou nem do sentido que tais instrumentos têm para as pessoas a quem se aplicam, nem do cenário social em que essa aplicação se realiza. Os processos subjetivos e sociais implicados na pesquisa foram totalmente desconhecidos, o que caracterizou não somente a pesquisa científica, como também os diferentes espaços institucionalizados de produção e de aplicação do conhecimento, como saúde, escola e os diferentes tipos de instituições da vida política e social. Os aspectos acima mencionados têm sido considerados, em toda a sua extensão, na proposta epistemológica, que anima nossa aproximação à pesquisa qualitativa, e que consideramos essencial para compreender o qualitativo como alternativa epistemológica, e não apenas como mais uma metodologia.

1.2 A SUBJETIVIDADE COMO DEFINIÇÃO ONTOLÓGICA E SUAS IMPLICAÇÕES PARA A PESQUISA QUALITATIVA EM CIÊNCIAS SOCIAIS

Na minha opinião, no campo das ciências sociais, há um abuso na prática de extrapolação de termos produzidos em outros campos e de seu uso metafórico, o que de fato nos tem levado a novas paralisias teóricas em nome dos novos paradigmas, ao querer definir questões específicas de nosso campo de trabalho dentro de categorias que se têm legitimado em outros campos do conhecimento e que não conseguem sua especificidade, nem teórica nem metodológica, nos novos contextos em que as usamos. Tenho percebido isso, de modo particular, com relação ao uso de metáforas em moda que, ao não tomar uma posição ontológica frente ao estudado, tem levado a assumir cegamente alguns princípios, a convertê-los em um saber predeterminado ao que se remetem as distintas informações produzidas na pesquisa.

Por exemplo, o desenvolvimento dos modelos de psicoterapia sistêmica, no que é conhecido como a cibernética de ordem primeira, seguindo uma metáfora cibernética, pela qual, os sistemas são informados, desde o exterior, considero o modelo de mudança familiar a partir da mudança das relações entre seus membros sob as orientações do terapeuta, descartando completamente o próprio caráter gerador do sistema sobre a base de sua organização subjetiva, assim como a especificidade qualitativa e a posição ativa dos indivíduos que o integram em condições de sujeitos. Dessa forma, as abordagens de psicoterapia sistêmica que se desenvolveram nessa tendência pretenderam trabalhar partindo de uma noção de equilíbrio do sistema familiar como critério de bem-estar, desconsiderando os aspectos constitutivos dos conflitos que estavam mais além do interativo.

A tentativa de aplicar metáforas surgidas em outras ciências às ciências antropossociais exige, ao menos, ter uma definição ontológica acerca do sistema de realidade de que nos ocupamos e de sua significação para os objetivos que pretendemos. É impossível falar de complexidade em abstrato. As características gerais de um sistema complexo devem adquirir valor heurístico para construir o conhecimento dentro do campo por nós estudado.

Atualmente encontramos, com freqüência, referências à complexidade como se esta fora um fim em si mesma, e não uma representação teórica que pode encontrar visibilidade no campo em estudo e representar uma alternativa real aos tipos de representações que têm ocupado o espaço de teorização e de pesquisa nas ciências antropossociais. Creio que as teorias e os fenômenos que conduzem a novas construções teóricas e que contribuem para reflexões de caráter epistemológico, sem dúvida, repercutem em todas as ciências; acontece que essa repercussão deve ser elaborada no interior de cada ciência em função de suas teorias e problemas atuais. Tomar o novo como uma nova forma de saber preexistente é castrá-lo no que tem de novidade.

Ao desenvolver os princípios da Epistemologia Qualitativa, expostos na Seção 1.1 deste capítulo como norteadores de nossa aproximação metodológica, o fizemos em estreita relação com uma definição ontológica da subjetividade que tem como sua unidade constitutiva essencial os sentidos subjetivos. Acredito que após o termo ontologia ter saído de moda, recuperou sua importância como diferencial com um relativismo absoluto que ameaçou fortemente o campo das ciências antropossociais e que hoje tem sido criticado desde muitas diferentes posições (Moscovici, Morin, Harre, Touraine, Baskhar, Latour etc.).

Edgar Morin (1993) explicita muito bem o compromisso ontológico de sua aproximação à complexidade, como é possível perceber quando expressa:

> O que me interessa é o fenômeno multidimensional e não a disciplina que recobre uma dimensão desse fenômeno. Tudo o que é humano é ao mesmo tempo físico, sociológico, econômico, histórico, demográfico; interessa, pois, que esses aspectos não sejam separados, senão concorram para uma "multivisão". O que me motiva é a preocupação de ocultar o menos possível a complexidade do real (p. 84).

Uma das características dos sistemas complexos é sua forma de organização pluridetermidada e sistêmica, que se compromete permanentemente com o momento atual de ação do sistema. A complexidade expressa uma tensão constante entre organização e processo, entre continuidade e ruptura, que rompe com o determinismo mecanicista. Os sistemas complexos não aparecem de forma imediata perante o observador, sendo que seus processos e formas de organização devem ser construídos a partir de inúmeras formas de expressão. A multiplicidade de aspectos presentes nos fenômenos sociais e psicológicos, da qual, de algum modo, ocupam-se as diferentes ciências antropossociais, apresentam-se em complexas inter-relações entre si, chegando a definir processos qualitativamente diferentes daqueles que os originaram. Esses aspectos, que têm produzido novas representações teóricas nos diferentes campos do conhecimento, também estão presentes nas ciências antropossociais, e um dos sistemas que tem essas características é o que temos definido como subjetividade.

A subjetividade tem sido associada na psicologia moderna ao subjetivismo, ao racionalismo e ao *mentalismo*; porém, a partir dos trabalhos tanto de Freud – no sentido de apresentar a psiquê como um sistema dinâmico e de superar a visão fragmentária do comportamento como reação a estímulos, seja estes externos seja internos – como de Vigotsky – que nos apresenta um novo conceito de mente o qual é inseparável da cultura –, é possível pensar a subjetividade de uma perspectiva distinta para a qual contribuem tanto sua compreensão histórico-cultural como as novas perspectivas de funcionamento complexo da realidade que sintetizam as contribuições mais recentes, ocorridas em diferentes campos da ciência.

Mantemos o conceito de subjetividade para explicitar um sistema complexo capaz de expressar através dos sentidos subjetivos a diversidade de aspectos objetivos da vida social que concorrem em sua formação. Esse conceito nos permite transcender a taxonomia de categorias pontuais e fragmentadas que historicamente tem sido usada pela psicologia para referir-se a comportamentos concretos nas diversas esferas da vida do sujeito. Historicamente, a divisão dos diferentes campos no interior da psicologia tem sido delimitada pelo uso de categorias diferentes que, mais do que explicitar sistemas qualitativamente distintos, apenas descrevem comportamentos concretos distintos e específicos de atividades humanas também diversas. A subjetividade como sistema permite-nos transcender tal fragmentação, bem como permite-nos representar um sistema cujas unidades e formas principais de organização se alimentam de sentidos subjetivos definidos em distintas áreas da atividade humana.

Apesar de ter-me dedicado ao tema do sentido subjetivo em diferentes publicações nos últimos anos (1982, 1985, 1999, 2001, 2002, 2003), creio que, devido ao momento em que tal categoria se encontra – momento de pleno desenvolvimento –, seja necessário referir-me novamente a ela e à sua especificidade quanto ao termo "sentido" definido por Vigotsky; é a partir dessa definição que daremos continuidade a nossas considerações.

Vigotsky sempre se preocupou, ao longo de sua obra, com a integração do afetivo e do cognitivo, tentando resolver, de diversas maneiras essa questão. No entanto, foi em *Pensamento e linguagem* (1987) que se pôde verificar, pela primeira vez, uma definição mais elaborada de sentido, o qual é:

... um agregado de todos os fatos psicológicos que surgem em nossa consciência como resultado da palavra. O sentido é uma formação dinâmica, fluida e complexa que tem inúmeras zonas que variam em sua instabilidade. O significado é apenas uma dessas zonas de sentido que a palavra adquire no contexto da fala. É a mais estável, unificada e precisa dessas zonas (p. 275-6).

Em tal definição, Vigotsky refere-se a uma categoria que constitui não apenas um elemento, mas também um sistema dinâmico de integração entre diferentes aspectos da psiquê, integração que se fixa na consciência como resultado da palavra, mas que, pouco tempo depois, dela se separa. Já o autor expressa, nessa definição, a mobilidade do sentido, o qual é um atributo que ficou historicamente fora das taxonomias estáticas e elementares que têm dominado as representações conceituais da psicologia desde sua definição comportamental e que têm sido uma das razões da exclusão da psicologia na interdisciplinaridade das ciências antropossociais, cujos autores assumem a psicanálise como referência da subjetividade. Em 1982, Bratus e eu expressamos em trabalho conjunto:

A formação do sentido (categoria criada por Bratus, que foi discípulo de Leontiev) é um sistema dinâmico integral que reflete a interação de um conjunto de motivos dentro de um sistema motivador, em que se expressa determinada relação com o mundo que tem um sentido pessoal para o sujeito. Essa definição, ademais de tirar o conceito de sentido dos marcos de uma atividade isolada, acentua o caráter sistemático dessa formação psicológica (p. 31).

Essa categoria continua sendo desenvolvida, posteriormente, por A. A. Leontiev, que retoma, em todas suas conseqüências, o legado que Vigotsky havia deixado para o desenvolvimento do tema e, finalmente, eu passo a definir o sentido pela sua relação inseparável com a subjetividade. Em meus trabalhos defino o sentido como sentido subjetivo como (2003):

... a unidade inseparável dos processos simbólicos e as emoções em um mesmo sistema, na qual a presença de um desses elementos evoca o outro, sem que seja absorvido pelo o outro (p. 127).

Na definição de sentido subjetivo pretendo especificar a natureza do sentido, o qual se separa da palavra e se delimita em espaços simbolicamente produzidos pela cultura, que são as referências permanentes do processo de subjetivação da experiência humana. No entanto, os processos simbólicos e as emoções produzidos nesses espaços são impossíveis de serem compreendidos por processos padronizados e externos ao sistema subjetivo particular em que o sentido é produzido, daí a ênfase em seu caráter subjetivo. No sentido subjetivo, especifica-se uma certa autonomia do emocional, que não aparece como resultado da mediação semiótica, senão que a acompanha. É a esta complexa unidade – na qual circulam tipos diferentes de emoções associadas, de múltiplas formas, a diversos processos simbólicos – que atribuímos a denominação sentido subjetivo; este é uma síntese de outra ordem ontológica da multiplicidade de aspectos que caracteriza a vida social e a história de cada sujeito e espaço social concreto.

Um sentido subjetivo representa sempre uma unidade integradora de elementos diferentes que, em sua junção, o definem. Temos chamado de configurações subjetivas as formações psicológicas complexas caracterizadoras das formas estáveis de organização individual dos sentidos subjetivos, estes também podem aparecer como o momento processual de uma atividade, sem que se organizem nesse momento como configuração subjetiva. O sentido caracteriza o processo da atividade humana em seus diversos campos de ação. Assim, por exemplo, quando um aluno está em sala de aula e o professor lhe chama a atenção, a reação do aluno, sempre que esta implique uma emoção, representará uma expressão de sentido, a qual não se evidencia somente pela ação do professor, mas também pelo que o aluno gera nesse contexto de relação a partir de outros sentidos atuantes, tanto em configurações de sua subjetividade individual, como em diferentes contextos atuais de sua vida social.

O desenvolvimento da categoria de sentido subjetivo facilita explicar que o desenvolvimento da emocionalidade é resultado da convergência e da confrontação de elementos de sentido, constituídos na subjetividade individual como expressão da história do sujeito e de outros aspectos que aparecem por meio de suas ações concretas no processo de suas distintas atividades. Assim, o conceito de sentido subjetivo fundamenta uma concepção histórico-social da subjetividade, a qual rompe com qualquer reminiscência de *mentalismo* ou subjetivismo.

A categoria de sentido é mencionada nos trabalhos de alguns dos autores mais destacados que se têm dedicado, nas últimas décadas, ao estudo da subjetividade: Castoriadis e Elliott. No entanto, não conseguimos determinar, nesses trabalhos, a especificidade do uso dessa categoria, embora, para os autores citados, o domínio do emocional é irredutível ao significado. Nesse sentido, Elliott (1997) expressa:

> ... o inconsciente se anuncia no sentimento antes de poder ser pensado ou considerado reflexivamente. A experiência e o sentido de nossas necessidades, sensações, afetos, representações e fantasias subjetivas se formam através de uma vinculação com o outro (p. 48).

A subjetividade legitima-se por ser uma produção de sentidos subjetivos que transcende toda a influência linear e direta de outros sistemas da realidade, quaisquer que estes sejam. O sentido subjetivo está na base da subversão de qualquer ordem que se queira impor ao sujeito ou à sociedade desde fora. As formas de comportamento social explícito diante de situações externas de marcada pressão e repressão, mais que uma via de expressão de sentidos subjetivos, representam uma via de ocultamento. A sociedade, encarada sob essa perspectiva, não representa uma dicotomia com a subjetividade; na verdade, a subjetividade desdobra-se e desenvolve-se no interior do universo de realidades e de processos objetivos que caracterizam a organização social. Em relação aos complexos processos de organização social e às estruturas sociais, o sentido subjetivo representa uma forma a mais pela qual essa complexa realidade afeta as pessoas.

A subjetividade é uma categoria tanto da psicologia, como também de todas as ciências antropossociais, ela é uma dimensão presente em todos os fenômenos da cultura, da sociedade e do homem; ademais, acrescenta uma dimensão qualitativa às ciências antropossociais a qual não está presente nas outras ciências, marcando, pois, as questões epistemológicas e metodológicas desse campo. A subjetividade constitui um sistema em relação ao qual tomam significações muitas das metáforas produzidas em outros campos da ciência, embora tais metáforas devam ser desenvolvidas de acordo com os termos desse campo e a partir das necessidades envolvidas na produção do conhecimento que aparecem nele.

O desenvolvimento da subjetividade inscreve-se em uma tendência que caracteriza a psicologia atual, apesar de haver discursos que indicam o contrário: a tendência de produzir representações macro capazes de superar as dicotomias atomizadas que tem caracterizado a relação indivíduosociedade. Nesse sentido, aparecem atualmente nas ciências sociais macro-definições de diferente valor ontológico as quais são a subjetividade e os sistemas discursivos. A dimensão discursiva é plenamente reconhecida, sob a perspectiva da subjetividade, como uma produção essencial da subjetividade social que, porém não elimina outras dimensões do subjetivo, assim como tampouco ao sujeito individual em sua capacidade geradora e crítica em relação aos espaços discursivos em que transita. Isso marca a diferença entre essa teorização sobre a subjetividade e certas tendências de inspiração pós-modernas e pós-estruturalistas que a negam por meio da reificação do discursivo. A respeito de tais considerações, Elliott afirma (1997):

> (...) a experiência de um próprio ser integral e contínuo é dispensada em favor do desejo esquizóide e das intensidades libidinais causais; de aí a supressão cínica da subjetividade em certas correntes da teoria social pós-estruturalista e pós-moderna, uma supressão que implica uma transmutação geral do sujeito no mundo *a-subjetivo* de imagens e superfícies, significantes abstratos e comunicações desencadeadas (p. 59).

A crítica de alguns autores pós-modernos da psicologia (Gergen, Shotter e outros) elimina não somente a subjetividade, mas também o sujeito com o qual o histórico desaparece, passando a ser uma narrativa, como se não houvesse nada por detrás do narrado que o constitua. Essa diferença no plano teórico gera também uma diferença central na produção de conhecimento: a negação do epistemológico pelos autores mencionados; já que não existe nada para ser conhecido que não seja o próprio significado dos discursos produzidos. A realidade social passa, assim, a ser uma metáfora discursiva.

No momento atual, um número cada vez maior de autores nas diferentes ciências antropossociais se orienta de construções semelhantes às que defendo nesta epigrafe como subjetividade, ainda que esta denominação não seja empregada por todos (Castoriadis, Cohen, Elliott, Ferrarotti, Geertz, Koch, entre outros). Na psicologia, o conceito rompe definitivamente com a fragmentação das categorias psicológicas entendidas como variáveis isoladas, fato muito bem expresso por Zavalloni, quando este escreve (2001):

> Cada pesquisa gera uma narrativa (a autora está se referindo a suas pesquisas sobre os elementos estruturais da identidade) que, explícita ou implicitamente,

lembra construtos hipotéticos tradicionais da psicologia: autoconceito, atitudes, motivação etc., no entanto, o que é mais importante é que nós começamos a perceber que esses elementos, em lugar de representarem entidades hipotéticas que conduzem a domínios psicológicos autônomos, todos eles convergem e trabalham em uníssono com uma palavra concreta particular (p. 14-15).

A consciência crescente de que a psiquê não funciona por entidades autônomas em seus diferentes domínios tem levado a uma representação mais dinâmica, sistêmica e processual, a qual permite compreender o funcionamento da psiquê individual como algo constituído pelos distintos espaços sociais e, por sua vez, como algo constituinte desses espaços na multiplicidade de formas com a qual os sujeitos individuais convergem na produção de um acontecimento social.

A subjetividade está constituída tanto no sujeito individual, como nos diferentes espaços sociais em que este vive, sendo ambos constituintes da subjetividade. O caráter relacional e institucional da vida humana implica a configuração subjetiva não apenas do sujeito e de seus diversos momentos interativos, mas também dos espaços sociais em que essas relações são produzidas. Os diferentes espaços de uma sociedade concreta estão estreitamente relacionados entre si em suas implicações subjetivas. É esse nível de organização da subjetividade que denominamos subjetividade social.

A subjetividade social apresenta-se nas representações sociais, nos mitos, nas crenças, na moral, na sexualidade, nos diferentes espaços em que vivemos etc. e está atravessada pelos discursos e produções de sentido que configuram sua organização subjetiva.

Cada uma das formas de expressão da subjetividade social expressa a síntese, em nível simbólico e de sentido subjetivo, do conjunto de aspectos objetivos, macro e micro, que se articulam no funcionamento social. Esses são os mesmos elementos que se articulam na formação da subjetividade individual, com a diferença que os processos de sentido nesse nível estão constituídos, de maneira diferenciada, pelos aspectos singulares da história das pessoas concretas. É isso que define, em termos subjetivos, o caráter diferenciado de um mesmo comportamento em duas sociedades distintas. De tudo o que foi dito até o momento, não devemos concluir que os espaços sociais têm vida independente dos sujeitos que neles se relacionam, mas devemos sim concluir que tais espaços sociais geram formas de subjetivação que se concretizam nas diferentes atividades compartilhadas pelos sujeitos e que passam a ser, com sentidos subjetivos distintos, parte da subjetividade individual de quem compartilha esses espaços.

Essa forma de compreender a complexa relação entre o social e o individual é expressa, com particular clareza, por Ferrarotti (2003):

> O indivíduo não é um epifenômeno do social (...) longe de refletir o social, o indivíduo se apropria, o equilibra, filtra e o traduz por sua projeção em outra dimensão, a qual se converte então em sua subjetividade (...) Desde a restauração da subjetividade à ciência: uma ação única ou uma história individual se apresenta como uma via de acesso – por vezes a única possível – ao conhecimento científico de uma realidade social. Isso não representa uma via direta, sendo freqüentemente crítica, requerendo a invenção de chaves e novos métodos que permitam alcançá-la (p. 26-27).

Essa consciência crescente acerca da significação do singular para o conhecimento do social nos apresenta um indivíduo socialmente constituído que, conforme assinala Ferrarotti, não é um reflexo do social, mas que permite seu conhecimento. Esse indivíduo não é um reflexo precisamente por causa da sua constituição subjetiva, a qual define que o social aparece na ordem dos sentidos subjetivos e adquire significação para o conhecimento social por meio dos processos de construção e de interpretação do pesquisador.

O sujeito individual está inserido, de forma constante, em espaços da subjetividade social, e sua condição de sujeito atualiza-se permanentemente na tensão produzida a partir das contradições entre suas configurações subjetivas individuais e os sentidos subjetivos produzidos em seu trânsito pelas atividades compartilhadas nos diferentes espaços sociais. É neste processo que o conhecimento tem lugar, definindo, assim, sua riqueza dinâmica.

Um dos processos mais interessantes de produção de sentidos subjetivos é a naturalização dos espaços e dos fenômenos socialmente construídos. Nessa direção, os fenômenos da subjetividade social, ao se institucionalizarem, naturalizam-se, passando a ser realidades que se antecipam e que se impõem aos protagonistas das relações concretas que têm lugar em um espaço social. Assim, por exemplo, em qualquer instituição, as pessoas compartilham, no interior do espaço social instituído, uma série de códigos explícitos e implícitos em suas diversas práticas sociais, as quais se convertem em "realidades" socialmente aceitas que só serão transformadas pela ação crítica e diferenciada dos sujeitos concretos que vivem nessa realidade. Assim sendo, as subjetividades social e individual são partes de um mesmo sistema, no qual as contradições entre esses dois níveis de organização se transformam em produções de sentido que participam, simultaneamente, do desenvolvimento dos sujeitos e da sociedade, em um processo infinito. Por isso, negar um desses momentos em favor de outro torna-se um obstáculo a que ambos se desenvolvam e está na base das crises violentas enfrentadas por esses sistemas.

Durante muito tempo, a subjetividade foi completamente excluída do estudo dos fenômenos macrossociais mais complexos, o que levou a ignorar a expressão diferenciada dos sujeitos estudados como fontes essenciais na construção da significação de um acontecimento social para uma população. Desse modo, por exemplo, o nazismo tem sido explicado sob uma perspectiva política, racial, econômica etc., mas nunca foi estudado o que ele representou para a produção dos sentidos subjetivos que levaram os homens a compartilharem aquelas barbáries. Bauman (1998) escreveu, em relação ao holocausto:

> O horror não expresso, em relação ao holocausto, que permeia nossas memórias do holocausto (associado de forma nada fortuita ao forte desejo de não encarar essa memória de frente) é a corrosiva suspeita de que o Holocausto possa haver sido mais que uma aberração, mais do que desvio no caminho de outra forma reta de progresso. (...) Suspeitamos (ainda que nos neguemos a admiti-lo) que o Holocausto possa meramente haver revelado um reverso da sociedade moderna cujo verso, mais familiar, tanto admiramos (p. 26).

Essa análise nos enfrenta contundentemente com os aspectos subjetivos implicados naquele acontecimento histórico, embora, seu estudo, como a maioria dos estudos históricos e políticos, nunca tenha implicado estes aspectos de forma explícita.

Um tema a que damos cada vez mais importância, nessa complexa relação da subjetividade social individual, é o fenômeno da identidade, o qual é precisamente um dos processos de produção de sentido subjetivo que está na base de comportamentos sociais, como os do nazismo. O tema da identidade tem sido tratado, de forma muito interessante e original, por Zavalloni que afirma (2001):

A identidade psicossocial se encontra no limite entre o "Self" individual e o "Self" social. Ela pode ser vista como um reservatório de memórias de experiências e de representações carregadas emocionalmente que guiam, freqüentemente de forma inconsciente, nosso discurso sobre o si mesmo, o outro e a sociedade. (...) Ela, então, vive na mente como um mecanismo transacional, ressoando com o que parece importante e valioso no mundo (p. 2).

É muito interessante como a autora coloca a identidade psicossocial, na transação permanente entre a pessoa e o mundo, como um fenômeno que integra as ordens social e individual e que tem aspectos conscientes e inconscientes, nos quais afeto e cognição seguem unidos. Os aspectos compartilhados nos espaços sociais em que produzimos sentidos subjetivos em nossa história passam a constituir-se, em seus próprios atributos físicos e ambientais, em sentidos subjetivos que mobilizam nossa produção emocional e simbólica e que se integram à complexidade de elementos psicológicos constituintes de nossa identidade. Esta corresponde àquela produção de sentidos subjetivos que se associa ao "eu sou" e ao "nós somos", na qual nos podemos encontrar de múltiplas formas diferentes. Quando compartilhamos cotidianamente os aspectos definidores de nossa identidade, esta se naturaliza e não passa pela vivência consciente, porém, ao nos distanciarmos da dimensão objetiva desses espaços, eles tomam uma conotação subjetiva que nos permite apreciá-los e senti-los conscientemente.

Quem, como eu, viveu, por uma razão ou por outra, fora do país de origem, por períodos prolongados, sabe o valor de falar nossa língua, bem como de nossa forma de comunicação, de nossas músicas, de nossa culinária, fenômenos esses cujo sentido subjetivo está oculto no cotidiano. A identidade integra-nos emocionalmente nos espaços sociais; se não chegamos a desenvolvê-la dentro de novos contextos, sendo capazes de produzir novos sentidos subjetivos, nos sentiremos mal e inadaptados, o que terá conseqüências nocivas para nosso desenvolvimento pessoal. É importante para a saúde humana a capacidade de produzir novos sentidos subjetivos nos novos contextos em que vivemos e que nos permitem estender nossa identidade.

A inclusão do tema da subjetividade cria, de fato, a necessidade de estudar, de forma inseparável, a sociedade e os indivíduos que a compõem, em quem aparecem sentidos subjetivos que nos levam a aspectos do funcionamento social que se manteriam ocultos às variavéis padronizadas que freqüentemente são usadas no estudo do social. As implicações subjetivas do funcionamento social e as formas de organização da subjetividade social requerem estudar o sujeito individual como necessidade metodológica.

Desde a aceitação da subjetividade, enfatizasse o epistemológico devido às implicações do tema para os princípios mais gerais envolvidos na construção do conhecimento, a partir do qual nos situamos para fundamentar a pesquisa qualitativa. Quais são, para a pesquisa, as implicações da subjetividade como definição ontológica?

- A subjetividade enquanto sistema expressa-se em organizações inviáveis aos procedimentos metodológicos que operam por meio da definição, do controle e da manipulação de variáveis; expressa-se em configurações que mantêm núcleos relativamente estáveis de produção de sentidos subjetivos, mas que integram e expressam sentidos diferenciados em momentos distintos da ação do sujeito ou do comportamento de um espaço social.
- Permanentemente, a subjetividade existe como organização comprometida com a expressão diferenciada dos sujeitos, bem como dos cenários sociais, portanto, os aspectos gerais que acompanham seu estudo representam construções teóricas que se apóiam nas múltiplas manifestações de um sistema subjetivo.
- O estudo da subjetividade, sempre e em cada um dos cenários em que é produzida, estará nos informando, simultaneamente, sobre os sujeitos e sobre a subjetividade social em seus mais diversos espaços.
- A subjetividade não aparecerá, de forma imediata, ante os estímulos organizados para produzir respostas do sujeito. Os sentidos subjetivos não correspondem linearmente às representações do sujeito, sendo, com freqüência, contraditórios a elas.
- A subjetividade aparece somente quando o sujeito ou os grupos estudados se implicam em sua expressão e a pesquisa adquire sentido para eles. A informação puramente cognitiva que caracteriza a forma com que os sujeitos respondem a muitos dos instrumentos empregados pelas ciências sociais são, com freqüência, mais significativos para ocultar a subjetividade que para expressá-la.

Todas as ponderações anteriores estão na base das considerações que fizemos sobre a Epistemologia Qualitativa e especificam nossa aproximação no uso da metodologia qualitativa, sobre a qual trataremos, com maior profundidade, nos próximos capítulos, enfatizando as análises dos processos de construção da informação.

CAPÍTULO 2

A Pesquisa Qualitativa como Produção Teórica: uma Aproximação Diferente

2.1 O LUGAR DA TEORIA NA PESQUISA QUALITATIVA

Conforme mencionamos no capítulo anterior, consideramos a pesquisa qualitativa uma via essencial para a produção de teoria, isto é, para a construção de modelos teóricos de inteligibilidade no estudo de sistemas que não são diretamente acessíveis, nem em sua organização, nem nos processos que os caracterizam à observação externa; definimos a teoria como a construção de um sistema de representações capaz de articular diferentes categorias entre si e de gerar inteligibilidade sobre o que se pretende conhecer na pesquisa científica. Tal sistema de representações cede espaço à organização intelectual de um campo, o qual se expressa em uma representação com capacidade de integrar novos aspectos do estudado no desenvolvimento de uma linha de pesquisa.

Nas ciências antropossociais, o uso de teorias tem conduzido, com freqüência, ao dogmatismo e à coisificação de conhecimentos preestabelecidos que se aplicam de forma direta e antecipada ao estudado, com o qual as teorias terminam sendo um fim em si mesmas, mais que um meio de produção de novos conhecimentos. Como escreve Bourdieu (2003):

(...) tomar verdadeiramente o caminho da ciência é optar, assepticamente, por dedicar mais tempo e mais esforços a pôr em ação os conhecimentos teóricos adquiridos, invertendo-os em pesquisas novas, em vez de acondicioná-los, de certo modo, à venda, mantendo-os em uma envoltura de metadiscurso (p. 59).

As teorias não são sistemas estáticos aos quais se deve assimilar todo o novo conteúdo, mas sim são sistemas abertos em relação aos quais os pesquisadores devem cultivar uma consciência de parcialidade, de desenvolvimento, e não de resultado final, como freqüentemente ocorre na ciência. A força do imaginário positivista, centrado nos dados, tem feito com que a teoria seja assumida freqüentemente como pano de fundo para rotular a informação procedente do momento empírico. Admitir a teoria nessas condições conduz o pesquisador a assumir uma posição passiva, legitimada pelo princípio da neutralidade. Quando isso ocorre, a pesquisa converte-se em uma seqüência técnica de aplicação de procedimentos que exclui o intelecto do pesquisador como meio essencial na produção do conhecimento.

Na pesquisa qualitativa, a qual se apóia nos princípios da Epistemologia Qualitativa, discutidos anteriormente, a teoria mostra-se como um sistema aberto que, conjuntamente com as representações teóricas mais gerais assumidas pelo pesquisador desde um marco teórico estabelecido, integra localmente tanto as idéias desse pesquisador como o momento empírico particular caracterizador do momento atual de uma pesquisa. Entre a teoria geral assumida por um pesquisador e o momento atual de sua pesquisa, produz-se uma tensão permanente que determina o desenvolvimento do modelo de inteligibilidade usado para produzir conhecimento em cada pesquisa concreta. Portanto, uma teoria geral deveria existir por meio de seus múltiplos desdobramentos nos sistemas de pesquisa particular por ela alimentados, crescendo e desenvolvendo-se ante os desafios que implica a produção de novas zonas de sentido facilitadas pela pesquisa.

O empírico representa o momento em que a teoria se confronta com a realidade, sendo representado pela informação que resulta dessa confrontação, e que se desenvolve por diferentes vias. Assim, o empírico é inseparável do teórico, é um momento de seu desenvolvimento e organização; inclusive, a informação da realidade que entra em contradição com o teórico e que permite sua extensão e crescimento é, por sua vez, sensível ao registro teórico, pois a teoria o permite. As teorias, de fato, representam um facilitador para perceber uma gama de fenômenos empíricos, enquanto limita a percepção de outros. O pesquisador, por meio de sua capacidade reflexiva, é o responsável pelas mudanças da teoria ante a pressão da realidade estudada, mas tal pressão adquire forma somente por intermédio de suas reflexões, não deixando de representar um momento teórico.

Uma teoria tem um núcleo fundamental de inteligibilidade que se estende em espaços distintos de significação, os quais devem se modificar permanentemente em relação ao empírico, em um processo de reconstrução teórica que pode levar à própria modificação do núcleo fundamental da teoria. As teorias existem no pensamento e na reflexão dos pesquisadores, sem os quais uma teoria se transforma em um conjunto de categorias estáticas e naturalizadas que impede o contato com os problemas a serem pesquisados.

As teorias estáticas expressam-se em instrumentos com regras fixas e não históricas para significar a informação que produzem, nos quais a significação da informação se define de forma padronizada e a-histórica, separando-se do sujeito que a expressa e dos contextos de onde nos fala; ou seja, a informação é vista como ato instrumental e não como processo diferenciado de construção teórica. Nos marcos não explícitos do empirismo dominante nas diferentes ciências sociais, o qual se tem denominado positivismo, apesar de seu caráter radicalmente não teórico, e que aliás o positivismo nunca teve, as entidades conceitualizadas expressam um vínculo direto com o que significam, "economizando" a produção teórica do pesquisador. Assim, por exemplo, o número de respostas de um questionário está associado à timidez, ou as respostas de uma prancha de Rorschach estão relacionadas a dificuldades sexuais etc., fato esse que conduz a um contato direto entre respostas parciais e características psicológicas ou sociais gerais de uma pessoa ou grupo.

A maneira como os instrumentos têm sido usados nas ciências antropossociais leva a considerar seus resultados conclusivamente, pois se prescinde da diferenciação qualitativa entre os aspectos avaliados, os quais passam a existir como diferenças de grau de um mesmo fenômeno em indivíduos distintos, diferenças essas que são apenas quantitativas. Ao tentar descobrir características gerais de uma pessoa ou grupo nas respostas a estímulos padronizados de natureza diversa, se ignora o sentido subjetivo de tais características, o qual sempre está associado a uma história e a um contexto diferenciado; por isso, o sentido não é algo que aparece diretamente nas respostas das pessoas, nem nas representações que as alimentam, apenas aparece disperso na produção total da pessoa, pelo que necessitamos da interpretação e de nossas construções para produzir inteligibilidade sobre ele. É precisamente por intermédio dessa característica que o metodológico se torna necessariamente teórico, pois nenhuma manifestação parcial do sujeito reflete de forma direta e linear o sentido subjetivo, o qual é sempre construído.

Merleau-Ponty estava consciente da impossibilidade de concluir, por meio de uma resposta ou de um conjunto delas, um aspecto geral da pessoa, ao expressar claramente (1990):

> O autor não quer dizer [referindo-se à pesquisa de Frenkel-Brunswick (1949)] que se traduz sempre pela rigidez da percepção. Seu ponto de vista é mais fino, e a relação existente entre esses dois fenômenos pode ser bastante complexa. Certos sujeitos compensam sua rigidez psicológica com uma grande flexibilidade no campo perceptivo (...) (p. 66).

No entanto, muitos autores que se auto-intitulam fenomenólogos usam com freqüência as respostas em testes projetivos, para formular afirmações diretas sobre características psicológicas gerais da pessoa estudada, prescindindo de um princípio enfatizado por Husserl na análise fenomenológica, que é a definição do sentido de cada evento particular na consciência como sistema. Isso nos mostra como as exigências de trabalho intelectual, que se definem nas posições fundadoras de qualquer teoria de Freud a Husserl, são distorcidas e convertidas em fórmulas técnicas. A técnica, o instrumental, substitui o teórico. Merleau-Ponty discorreu enfaticamente sobre a produção teórica de um fenômeno e, nesse sentido, ao analisar os descobrimentos de Galileu, expressa (1990):

> A lei que ele extrai é, antes de tudo, uma concepção ideal de um caso puro de queda livre dos corpos, sem exemplos na experiência, de onde a queda é sempre freada por problemas. Assim, os fatos tornam-se compreensíveis com o conceito puro de queda associado a outros conceitos igualmente construídos. O físico procede realizando "ficções idealizantes" feitas livremente pelo espírito (p. 165).

A partir dessa afirmação, podemos questionar o modo como autores que se autodefinem fenomenólogos enfatizam a indução na pesquisa qualitativa, fato já criticado por nós tanto no primeiro capítulo como em trabalhos anteriores (González Rey, 1999, 2000, 2003). Como acertadamente assinala Merleau-Ponty no mesmo trabalho (1990):

> O que dá valor à ficção idealizante não é o número de dados observados, mas a clareza intrínseca que essa ficção traz aos fatos: a lei não é uma realidade-força, mas, sobretudo, uma luz sobre os fatos (p. 165).

A definição de ficção idealizante apresentada por Merleau-Ponty salienta, precisamente, o momento teórico da produção de conhecimento, ou melhor, o conhecimento como produção idealizada que está mais além da verificação e que é o núcleo do qual a observação dos fatos cobra significação. A "fatologia" descritiva-indutiva assumida por muitos dos pesquisadores qualitativos em nome da fenomenologia tem pouco a ver com o pensamento de Merleau-Ponty sobre tal tema, tendo seu ponto de inspiração em Husserl. Portanto, assumir abstratamente o que esses filósofos nos apresentaram pode levar à vulgarização de conceitos muito complexos que adquirem sua significação dentro de todo um sistema de pensamento e não de forma isolada, como ocorre, por exemplo, com os conceitos de indução e de descrição na fenomenologia.

Acreditamos que Merleau-Ponty vai além de Husserl nas implicações de seu pensamento para o desenvolvimento da pesquisa qualitativa nos termos em que este livro à apresenta.

Na psicologia, usam-se, nas medições, categorias existentes apenas como conseqüência do próprio artefato instrumental da medição, como, por exemplo, a inteligência que, durante um longo período, foi medida por provas de inteligência, sem que houvesse uma representação clara do que se media. Nessa forma de utilização dos instrumentos, a qual é dominante entre os psicólogos, ignora-se completamente a qualidade da inteligência, substituindo-a por elementos suscetíveis de medição que têm resultados significativos em termos estatísticos para caracterizar rendimentos diferenciados dos indivíduos nas realizações de atividades distintas. A inteligência é separada assim do sujeito atuante e dos contextos e sentidos subjetivos caracterizadores dessa atuação.

A teoria existe em dois níveis estreitamente inter-relacionados entre si: um nível macro, que organiza representações de uma certa estabilidade e abrangência e que não se dilui imediatamente no empírico, e um nível local, que, comprometido de forma mais imediata com o empírico, gera suas próprias representações e conceitos, ganhando uma inteligibilidade que lhe permite confrontar-se com o nível macro. O nível macro concentra construções que têm uma relação mais mediata com o momento empírico, facilitando a inteligibilidade das zonas de sentido sobre as quais o conhecimento local opera.

Já o nível local de uma pesquisa acompanha a processualidade constante do empírico em um ou em vários campos concretos de pesquisa, gerando uma produção conceitual que, de forma imediata, se confronta e se estende em sua relação com o nível macroteórico. Uma teoria geral não pode nos oferecer um substrato teórico para conceitualizar, pontualmente, cada aspecto novo que aparece em nossa pesquisa. O processo de construção teórica é um processo vivo no qual o pesquisador se converte em um núcleo gerador de pensamento que é parte inseparável do curso da pesquisa. As construções particulares de uma pesquisa concreta representam, em si mesmas, uma produção teórica importante, embora sejam seus nexos, relações e contradições com o nível macro que permitem a significação dessa pesquisa para a produção teórica geral da ciência.

A teoria é sempre uma produção sistêmica; as teorias locais já podem ter um caráter mais parcial, a partir do qual as construções se restringem à questão estudada. Assim, por exemplo, podem existir pesquisas que nos proporcionem conceitos interessantes para visualizar questões e processos concretos associados à depressão pós-parto, embora façamos macroteoria, quando os elementos construídos nesse campo particular de pesquisa adquirem significação para uma teoria que está além desse campo e na qual se inter-relacionam categorias que têm significação para distintos campos do conhecimento.

A produção de teoria não é um propósito que se alcança de modo imediato; para produzir teoria, devemos treinar e seguir, com muita seriedade, a história de nosso pensamento no curso de múltiplas pesquisas, bem como acompanhar e estudar constantemente a cultura desenvolvida em um tema. Eu diria que a teoria é o resultado de um caminho próprio o qual, apesar de inspirado na riqueza e na diversidade da cultura científica, é capaz de acompanhar os diferentes momentos de sua história e produzir um modelo a partir daquilo que é mais significativo nessa história. Partindo desse modelo, o pesquisador interage com outras produções e com suas pesquisas, diálogos esses que se revertem no enriquecimento de sua própria produção. Como muito bem destaca Latour em sua obra, a transcendência dessa produção dependerá de muitos fatores, e não apenas do valor heurístico do que é produzido.

Quando nos referimos ao nível macroteórico, não estamos defendendo teorias que ultrapassam a confrontação com o empírico, mas sim níveis teóricos cuja confrontação é mediada, geralmente, por produções locais que, em seu avanço, exigem novas construções para o modelo teórico mais geral e que podem entrar em contradições insuperáveis com tal modelo, facilitando, assim, novos desenvolvimentos macroteóricos. A confusão entre esses dois níveis conduz muitos pesquisadores a querer conceitualizar as questões particulares de sua pesquisa nas categorias próprias de uma macroteoria estabelecida, que é um dos fenômenos que favorece a especulação e o dogma na construção do conhecimento.

É precisamente para prevenir o que foi anteriormente comentado que autores, como Glasser e Strauss, inspirados no princípio descritivo-indutivo da fenomenologia, defenderam a idéia das construções no campo, criticando qualquer construção *a priori* em termos de representação teórica. Na nossa opinião, as construções sobre o campo durante o processo de pesquisa são essenciais para a metodologia qualitativa; isso não requer, no entanto, o abandono de teorias *a priori*, pois o pesquisador é teórico em sua própria organização subjetiva enquanto sujeito da pesquisa, ao carregar um repertório de representações e de sentidos subjetivos que, com freqüência inconscientes, expressam uma memória teórica, enquanto princípio de valor heurístico para a construção da experiência. Do que se trata é de não confundir os níveis de produção de conhecimento explicitados acima e de estar consciente de que toda pesquisa abre um campo de informações e de idéias mais rico que qualquer teoria.

O lugar atribuído à teoria na pesquisa é inseparável dos princípios gerais que definimos na Epistemologia Qualitativa, pois implica a renúncia ao empírico como lugar de legitimação e produção do conhecimento e orienta a recuperação da qualidade do estudado, especificando suas características ontológicas, o que, de fato, demanda uma definição teórica a qual os princípios metodológicos deverão se subordinar, ao contrário do que ocorre no positivismo.

A recuperação do teórico não é uma abstração, ela passa pela recuperação do pesquisador como sujeito. Um dos elementos que definem a condição de sujeito é a reflexão, isto é, a capacidade de produção intelectual permanente no curso da vida e, neste caso, no processo de pesquisa. A produção teórica na pesquisa faz o pesquisador comprometer-se continuamente, implicando sua reflexão constante sobre as informações que aparecem nesse processo. O pesquisador como sujeito não se expressa somente no campo cognitivo, sua produção intelectual é inseparável do processo de sentido subjetivo marcado por sua história, crenças, representações, valores, enfim de todos os aspectos em que se expressa sua constituição subjetiva. A legitimação do pesquisador como sujeito de produção de pensamento, bem como a do pensamento como via de produção de modelos de inteligibilidade são partes consubstanciais do caráter teórico da pesquisa. Geertz escreveu (2001):

> Aquilo com que os chamados relativistas querem que nos preocupemos é o provincianismo – o perigo de que nossa percepção seja distorcida, nosso intelecto seja encolhido e nossas simpatias sejam restringidas pelas eleições excessivamente internalizadas e valorizadas de nossa própria sociedade (p. 50).

A citação de Geertz representa uma atinada crítica a uma tendência presente no relativismo que tem acompanhado algumas das posições pós-modernas e pós-estruturalistas associadas à desconsideração do sujeito como produtor de pensamento e de sentido, submetendo-o à convergência de vozes ou "efeitos" discursivos de uma sociedade reduzida à metáfora discursiva.

A emergência do sujeito, tanto do pesquisador como do sujeito pesquisado, legitima-se na consideração da pesquisa como processo de comunicação, que pretende facilitar a expressão autêntica dos sujeitos estudados. A dificuldade existente em recuperar as idéias do pesquisador como material essencial para a produção do conhecimento tem impedido reconhecer as idéias contextualizadas como um momento inseparável da produção teórica. A participação ativa do pesquisador, a qual se dá de uma forma reflexiva no curso da pesquisa, está estreitamente associada a outras definições sobre o próprio processo de pesquisa, as quais caracterizam nossa aproximação metodológica e as quais serão desenvolvidas por nós ao longo do livro. O reconhecimento do caráter ativo do pesquisador não apenas é um fato isolado obtido com um pouco de boa vontade, mas também é um momento essencial de toda uma aproximação metodológica diferente.

A produção de conhecimento é um processo teórico comprometido com uma realidade que o desafia constantemente desde o momento empírico, desafio que constitui uma via de confrontação entre o estudado e o modelo teórico usado em sua significação. Dessa confrontação, dependerá tanto o desenvolvimento do modelo teórico, como o aumento de sua capacidade para gerar novas zonas de sentido sobre a realidade estudada. Nessa definição de teoria como processo em desenvolvimento e confrontação permanente, não há espaço para dogmas que consideram as categorias um conhecimento preexistente invariável.

A teoria não se sustenta em nenhum conhecimento parcialmente acabado nem invariável. Como assinala Bourdieu (1975):

> (...) um sistema de hipóteses contém seu valor epistemológico na coerência que constitui sua plena vulnerabilidade; por um lado, um só fato pode questioná-lo integralmente, e, por outro, construído sob as aparências fenomenais, não pode receber a confirmação imediata e fácil que os fatos, tomados em seu valor superficial, ou os documentos, em forma literal, proporcionariam. Em efeito, ao preferir expor-se a perder tudo a fim de ganhar tudo, o científico confronta-se a todo momento com os fatos que interroga, aquilo que o respalda em seu questionamento dos fatos (p. 92).

A citação de Bourdieu é muito apropriada para demonstrar como a força de uma teoria representa sua própria vulnerabilidade enquanto sistema que existe e se perpetua apenas em um processo de confrontação com uma realidade que transcende toda a teoria. Portanto, um sistema teórico está em permanente confrontação com os fatos, seja em uma perspectiva mais imediata seja em uma mais mediata, conforme definimos nos níveis em que caracterizamos a produção teórica.

2.2 O INSTRUMENTALISMO DOMINANTE NAS CIÊNCIAS ANTROPOSSOCIAIS E SUAS CONSEQÜÊNCIAS PARA A PESQUISA: UMA NOVA ALTERNATIVA NA COMPREENSÃO DOS INSTRUMENTOS

Segundo trabalhos anteriores (González Rey, 1997, 1999), consideramos o instrumentalismo a coisificação do instrumento no âmbito da atividade científica na qual o instrumento é considerado como a única via legítima para produzir informação na pesquisa. Ao mesmo tempo, essa coisificação implica a definição da legitimidade da informação produzida pelo instrumento por meio de critérios de construção do próprio instrumento. O instrumentalismo surgiu como uma necessidade derivada da busca pela objetividade, valendo-se da neutralidade como princípio reitor do uso de instrumentos, por serem estes usados como mediador da relação do pesquisador com o sujeito pesquisado, eliminando as "distorções" que podem aparecer como resultado do contato subjetivo pesquisador-pesquisado.

A base epistemológica do uso de instrumentos nas ciências sociais é positivista, embora a institucionalização de tal uso tenha se transformado em uma exigência do "científico". Pesquisas que contêm um discurso teórico-crítico ao positivismo, quando chegam ao momento empírico, se caracterizam pelo uso de instrumentos similares àqueles que se valem dos princípios positivistas. Portanto, a fase empírica de uma pesquisa, definida pela coleta despersonalizada de dados apoiada na aplicação de instrumentos, representa uma tendência muito geral no campo das ciências antropossociais, a qual, por sua vez, legitima, com muita força, a representação da pesquisa como processo empírico.

A premissa de que o valor da informação está definido pelo caráter dos instrumentos que a produzem exclui o momento de aplicação das idéias e reflexões do pesquisador; considerando só a informação procedente dos instrumentos como legítima, com a qual a coleta de informação se converte em um ritual instrumental que exclui toda informação proveniente da reflexão do pesquisador. Dessa maneira, as diferenças criativas dos pesquisadores são subordinadas a diretrizes padronizadas para qualquer operação metodológica; essas diretrizes devem reportar dados comparáveis entre si, cujas fontes são os instrumentos com suas respectivas exigências despersonalizadas que os legitimam, os experimentos capazes de resultados não discutíveis, ou as situações de observação mediadas pelo uso de juízes que suprimem qualquer informação não apoiada pelo consenso. Essa forma de utilizar o critério de juízes nas diversas operações metodológicas omite a singularidade dos pesquisadores e subordina o criativo e o intelectual ao puramente operacional.

O uso de instrumentos nessa perspectiva tem, em sua base, uma definição comportamental que considera a psiquê como um conjunto de entidades observáveis no comportamento, omitindo completamente as dimensões de sentido e de significação do estudado. Epistemologicamente, essa tendência nos situa no que temos denominado Epistemologia da Resposta, entretanto a informação é produzida pela descrição e pela classificação dos distintos tipos de respostas diante de estímulos de natureza diversa, segundo o instrumento utilizado para produzi-las. As respostas já estão associadas a uma taxonomia de categorias predefinidas pelo próprio instrumento, o qual anula totalmente a produção intelectual do pesquisador na fase nomeada coleta de dados ou coleta de informação. Essa maneira de usar os instrumentos é totalmente ateórica, já que são as categorias *a priori*, definidas pelo próprio instrumento, as que representam o fundamento universal para poder avaliar qualquer informação procedente de tal instrumento. Esse procedimento elimina tanto a relação do avaliado com a organização subjetiva do sujeito que se expressa no instrumento, assim como o sentido subjetivo das perguntas para quem as responde.

Essa perspectiva instrumental, com independência do marco teórico com que se autodefine, se mantém em uma psicologia comportamental, já que suas categorias sempre têm como referência comportamentos concretos da pessoa, os quais são considerados abstraídos de suas dimensões de sentido subjetivo e de significado. Os resultados dos instrumentos são assumidos acriticamente e são naturalizados como verdadeiros. As vias dessa naturalização sempre são códigos *a priori* que, de forma pontual e concreta, significam as expressões de um sujeito ante um instrumento. Há testes, como os denominados projetivos pela psicologia, em que o pesquisador detém um papel mais dinâmico no estabelecimento de relações entre os significados resultantes da prova, mas sua "interpretação" está sempre limitada pelos critérios fundadores definidos a partir do instrumento, rompendo assim com a singularidade diante da sua incapacidade para revelar sentidos ou significados únicos em uma pessoa concreta, fato que só pode ser realizado em um processo construtivo-interpretativo.

O fantasma da generalização indutiva está inseparavelmente ligado a esse modo de usar os instrumentos, no qual a generalização já está associada, às categorias que permitem fazer afirmações conclusivas a partir dos próprios instrumentos, com independência de que estas sejam definidas por correlações estatísticas, como na psicometria clássica, ou por interpretações baseadas em critérios previamente estabelecidos que levam a definir a categorias universais semelhantes, para avaliar as respostas que sujeitos diferentes expressam diante de um mesmo estímulo, como é o caso das assim chamadas provas projetivas. Koch tem feito um severo juízo crítico sobre essa forma ateórica de uso de instrumentos em um contexto de vazio teórico, ao afirmar:

> A tendência do pensamento não significativo de registrar seus objetos como anônimos, indiferenciados e psicologicamente distantes (...) o tenho chamado de "a-ontologismo" (se o termo pode ser perdoado). Sua tendência a subordinar a análise autêntica e contextualmente governada, o descobrimento ou a invenção, à aplicação cega de um método extrínseco, eu o denomino "método-fetichismo". O "a-ontologismo" e o "método-fetichismo" podem, de fato, ser considerados marcas definitivas do pensamento não significativo (1981, p. 260).

A citação de Koch representa uma preciosa síntese da relação entre o que tenho chamado instrumentalismo no presente capítulo e o vazio ontológico definido pelo culto ao método como artefato extrínseco, desde o qual se define o significado da informação a ser usada. Sem dúvida que sem uma definição ontológica diferenciada da questão a ser estudada, que não se subordine nem se limite *a priori* a um conjunto de regras metodológicas, a coisificação instrumental é inevitável. A não visibilidade do sujeito singular a partir do uso de categorias parciais portadoras de um valor geral para todos os sujeitos estudados, de fato, com independência dos discursos que parecem fundamentar esta opção metodológica, conduz a uma referência comportamental na construção do conhecimento, pois é um tipo de comportamento que, em última instância, resulta definido pelo instrumento. Depressão, perversão, hipocondria, agressividade, e outras categorias similares, legitimam-se para e no comportamento e prescindem da organização diferenciada de sentido subjetivo por elas representado. Como expressou Ratner (1997):

> O objetivo era reduzir os construtos teóricos às respostas mensuráveis e observáveis (se está referindo aos inventários usados para medir a personalidade na psicologia). As respostas evidentes convertem-se na realidade empírica do fenômeno psicológico, que não tem nenhum outro significado além das respostas observáveis (p. 40).

Nesse marco, não fica nenhum espaço para a construção; as perguntas que são características dos diferentes inventários da psicologia orientados à medição de categorias psicológicas estão sempre referidas a modos de comportamento distintos, o que define que os inventários psicométricos estão mais orientados a descobrir formas de conduta tipificadas em conceitos descritivos, que a conhecer e interpretar a especificidade da psiquê.

O que foi dito anteriormente explica a amplitude de categorias concretas com insuficiente poder de diferenciação entre si que caracteriza a psicologia. Embora, essa subordinação empírica dos instrumentos não seja exclusiva da psicologia, ela caracteriza, em níveis e formas diversas, as diferentes ciências antropossociais. A crítica ao instrumentalismo na sociologia e na antropologia tem sido especialmente contundente e bastante anterior em comparação à psicologia (Bourdieu, Ferrarotti, Geertz, Gouldner, Touraine, entre outros).

Entre os instrumentos mais utilizados pelas diferentes ciências antropossociais está o questionário, que é um instrumento associado ao estudo de representações e de crenças conscientes do sujeito, diante do qual esse sujeito constrói respostas mediadas por sua intencionalidade. Tanto para estudar representações conscientes do sujeito, como para conhecer aspectos que ele(a) possa descrever diretamente, o questionário é um instrumento interessante, no entanto, devemos ter em conta que as respostas de uma pessoa a um questionário estão mediadas pelas representações sociais e pelas crenças dominantes no cenário social em que se aplica o instrumento. Isso torna impossível o controle sobre a pressão social, não necessariamente consciente, que participa do sentido subjetivo da resposta dada pelo sujeito diante uma situação concreta, com sua correspondente deformação não controlada pelo pesquisador. O ideal de objetividade depositado no uso de questionários é apenas uma ilusão alimentada pelo instrumentalismo, pois toda resposta é inseparável da pergunta e da carga subjetiva tanto de quem a formula como de quem a responde.

O questionário, com freqüência, impõe o universo simbólico no qual se move o sujeito que responde, sem que esse ato instrumental seja mediado por algum contato entre o pesquisador e o pesquisado. Converter o outro em objeto de nossas perguntas elimina sua capacidade de produção subjetiva, enquanto eliminamos o lugar a partir do qual essa capacidade se estimula, o lugar do sujeito. Em realidade, o instrumentalismo direciona a uma omissão da comunicação que, por sua vez, omite o outro como sujeito estudado, dificultando demasiadamente sua expressão autêntica, convertendo, assim, o ato instrumental da aplicação de um instrumento em um momento formal de respostas dadas a perguntas que podem não ter nenhum sentido para quem as responde, fator esse que, apesar de todos os controles impostos pelo instrumentalismo, ninguém controla. Aplicado desse modo, o questionário impõe-se, por meio de suas perguntas, à trama de sentido do sujeito estudado, podendo levar a expressões puramente cognitivas, que distorcem o que em realidade se deseja conhecer.

A pesquisa qualitativa apresenta dois extremos que, na minha opinião, são igualmente errôneos: um de caráter instrumental, centrado na resposta produzida pelos instrumentos como unidade fundamental do processo de pesquisa, e outro que, situado no outro extremo, dispensa o uso de instrumentos em prol da comunicação. Pensamos que os instrumentos, sempre que sejam compreendidos como formas diferenciadas de expressão das pessoas e que adquirem sentido subjetivo no contexto social da pesquisa, representam uma via legítima para estimular a reflexão e a construção do sujeito a partir de perspectivas diversas que podem facilitar uma informação mais complexa e comprometida com o que estudamos.

Na pesquisa antropossocial o uso de instrumentos produz-se sempre em um contexto de comunicação o qual será decisivo tanto no sentido que o instrumento terá para o sujeito, como em seus possíveis desdobramentos, que podem conduzir, de fato, a novas situações instrumentais. A pesquisa é um processo de comunicação que se organiza progressivamente e que permite e estimula a expressão dos sujeitos por meio do lugar por eles ocupado em tal processo e também por vias mais significativas para ele(a), as quais vão sendo conhecidas no curso da própria pesquisa. Qual seria então a definição de instrumento a ser utilizada nessa perspectiva de pesquisa?

Definimos por instrumento toda situação ou recurso que permite ao outro expressar-se no contexto de relação que caracteriza a pesquisa. Segundo expressamos em publicação anterior (1999):

> O instrumento é uma ferramenta interativa, não uma via objetiva geradora de resultados capazes de refletir diretamente a natureza do estudado independentemente do pesquisador (p. 80).

A especificidade de nossa definição de instrumento em relação ao conceito de técnica usado em uma perspectiva positivista nas ciências antropossociais baseia-se nos seguintes argumentos:

- O instrumento representa apenas o meio pelo qual vamos provocar a expressão do outro sujeito; isso significa que não pretendemos obrigar o outro a responder ao estímulo produzido pelo pesquisador, mas facilitar a expressão aberta e comprometida desse outro, usando, para isso, os estímulos e as situações que o pesquisador julgue mais convenientes. O instrumento privilegiará a expressão do outro como processo, estimulando a produção de tecidos de informação, e não de respostas pontuais.
- Todo instrumento representará apenas uma fonte de informação, separada de qualquer sistema de categorias preestabelecidas para significá-la. Nesse sentido, usa-se, como instrumento, estímulos e situações muito diversas, que abrangem de fotografias até discussão sobre filmes, passando pelos conflitos de diálogo, pelas composições e por outros estímulos e situações que, historicamente, têm sido mais usados pelas ciências antropossociais.
- Os instrumentos formam um sistema do qual uns se relacionam com os outros, dando lugar a um sistema único de informação; isso não quer dizer que o pesquisador não possa tirar conclusões parciais sobre um instrumento concreto considerado separadamente, mas que se enfatiza o fato de os instrumentos não serem via de produção de resultados, mas sim de informação. Todo significado produzido de forma parcial por um instrumento concreto constituirá apenas uma hipótese, que se reafirmará no sistema completo da informação produzida.
- Os instrumentos apóiam-se em expressões simbólicas diferenciadas das pessoas, entre as quais terão um maior valor aquelas que constituem as vias preferenciais de expressão para cada sujeito concreto.
- Os instrumentos representam meios que devem envolver as pessoas emocionalmente, o que facilitará a expressão de sentidos subjetivos. Assim, uma das funções importantes de um instrumento será descentrar o sujeito do lugar em que ele nos fala, fato esse que pode levar a uma rotina que rompa a tensão necessária que implica a produção de sentidos subjetivos.

- Os instrumentos não seguem regras padronizadas de construção. Partimos do pressuposto de que isso não é o essencial para produzir o sentido das pessoas analisadas.

Partindo dessas características gerais, podemos dividir os instrumentos em individuais e grupais. Os individuais podem ser especificamente relacionais, como as entrevistas ou aquelas situações em que a apresentação de estímulos é acompanhada de um diálogo permanente entre os participantes ou pode estar mais centrada na produção individual, caso, por exemplo, de alguns instrumentos escritos como os questionários, o completamento de frases, as redações, ou da apresentação de estímulos de natureza diversa, como fotos, pranchas, desenhos etc. Também se podem usar testemunhos escritos pela pessoa em diferentes momentos de sua vida, como diários e cartas. Lembremos, nesse sentido, a análise psicológica apresentada por Gordon Allport em seu livro *Cartas de Jenny*.

Os instrumentos grupais são todos aqueles que implicam uma atividade coletiva e o desenvolvimento de dinâmicas grupais a partir de tal atividade. Tais dinâmicas podem incluir, por exemplo, um debate sobre um filme, um teatro de fantoches na pesquisa com crianças, uma competência desportiva, a organização de uma peça de teatro etc. Os instrumentos vão sendo gerados pelo pesquisador no contexto da pesquisa, independentemente de que se acumule, sobre muitos deles, uma experiência de uso que facilite sua aplicação por outros pesquisadores.

O fato de o pesquisador ter ficado tão aprisionado, de forma particularmente forte na psicologia, a instrumentos de valor universal, incentivou o desenvolvimento da indústria de testes psicológicos e institucionalizou, no imaginário profissional da psicologia, o uso de instrumentos específicos para diagnosticar entidades concretas. Essa situação, ainda que muito contundente na psicologia, tem sido uma prática bastante geral no campo antropossocial.

2.2.1 O uso de instrumentos

Uma coisa é evidenciar as diferentes situações e os tipos possíveis de instrumentos, e outra é utilizá-los. O próprio imaginário positivista, o qual tem dificultado essa representação dos instrumentos discutida por nós na Seção 2.2, é também um obstáculo à representação de formas diferentes em seu uso.

O uso de instrumentos representa um momento de uma dinâmica, na qual, para o grupo ou para as pessoas pesquisadas, o espaço social da pesquisa se converteu em um espaço portador de sentido subjetivo. A pesquisa existe apenas como espaço constituído de relação em torno de seus objetivos concretos de conhecimento, os quais não serão, necessariamente, o aspecto dominante para os participantes em tal espaço. Para qualquer grupo ou pessoa, o espaço de pesquisa vai gerando novas necessidades, o que implica uma relação permanente entre o profissional, o científico e o pessoal no interior desses espaços.

A ruptura com a epistemologia estímulo-resposta faz com que reivindiquemos, em nossa metodologia, os *sistemas conversacionais*, os quais permitem ao pesquisador deslocar-se do lugar central das perguntas para integrar-se em uma dinâmica de conversação que toma diversas formas e que é responsável pela produção de um *tecido de informação* o qual implique, com naturalidade e autenticidade, os participantes. Os elementos que nos indicam a qualidade do clima na qual a informação surge têm, nessa perspectiva, um maior valor para julgar a veracidade da informação, que os procedimentos operacionais associados à construção de instrumentos.

Segundo Billig (1997), a consideração da conversação espontânea como uma via importante do trabalho científico possui antecedentes importantes nas ciências antropossociais (Bogdan, Terkel e outros), enquanto, na psicologia, só mais recentemente, houve interessantes contribuições nesse sentido. Terkel, em 1968, escreveu:

> Não sendo nem sociólogo, nem pesquisador das dinâmicas ou de qualquer outra coisa, não segui nenhum plano detalhado, livro ou conjunto de estatísticas. Deixei-me levar pelos procedimentos, em algumas ocasiões, muito arriscados (...). Andava em busca de uma diseção do pensamento urbano, sem utilizar método ou técnica alguma (...). No curso dessa aventura, dei-me conta, muito rapidamente, de que as entrevistas realizadas do modo convencional careciam de sentido (p. 19-21. Apud K. Plummer, 1989, p. 28).

As conversações geram uma co-responsabilidade devido a cada um dos participantes se sentirem sujeitos do processo, facilitando a expressão de cada um por meio de suas necessidades e interesses. Cada participante atua nas conversações de forma reflexiva, ouvindo e elaborando hipóteses por intermédio de posições assumidas por ele sobre o tema de que se ocupa. Nesse processo, tanto os sujeitos pesquisados como o pesquisador integram suas experiências, suas dúvidas e suas tensões, em um processo que facilita o emergir de sentidos subjetivos no curso das conversações. A conversação vai tomando formas distintas, nas quais a riqueza da informação se define por meio de argumentações, emoções fortes e expressões extraverbais, numa infinita quantidade de formas diferentes, que vão se organizando em representações teóricas pelo pesquisador.

Muitas vezes, sobretudo nos pesquisadores mais jovens e novatos, é difícil criar a situação de conversação, porém, isso não pode levá-los ao desespero, nem fazê-los retornar à lógica das perguntas. As conversações estimulam-se, provocando temas gerais que impliquem o outro, como, por exemplo: "Você pode falar sobre o momento mais importante de sua história familiar?"; "Fale sobre suas maiores experiências na vida profissional". As conversas são estimuladas a ponto de sugerirem, por meio de comentários, temas e reflexões, de uma forma que seja aberta, e que desperte no outro o desejo de ser ouvido. Esse tipo de indutor coloca o outro diante da necessidade de construir sua experiência em uma área de sua vida, bem como de representar um momento de sua vida em que convergem processos simbólicos e emoções significativos para o sujeito; é o sujeito quem se situa no lugar de onde nos falará.

Os indutores usados para estimular uma dinâmica conversacional podem não funcionar, o que faria o pesquisador respeitar a expressão do sujeito e buscar a conversação sobre suas próprias respostas; diante, por exemplo, da pergunta anterior sobre os momentos mais significativos da vida familiar, um sujeito poderia expressar, "Não há nenhum momento relevante em minha vida familiar", o que de fato já possui um valor para o que pesquisamos. Diante dessa resposta, o pesquisador pode reagir de várias formas, dependendo de sua criatividade e de seus objetivos na pesquisa; assim, por exemplo, entre as reações possíveis do pesquisador, poderiam estar as seguintes: "É certo, pode ser que nada seja relevante nessa história; de todo modo, lembre-se de que o relevante pode ser tanto em relação a experiências positivas, como a experiências negativas, pois relevante é tudo o que deixou uma marca em sua história, tudo o que exerceu uma influência importante em alguns momentos de sua vida. O homem não cresce só por meio das coisas de que gosta, mas também por meio das possibilidades com que consegue enfrentar as experiências difíceis, e é nesse sentido que estou usando o termo relevante". Por essa postura, percebe-se que o pesquisador está conversando, comprometendo-se com uma interpretação que tem conseqüências valorativas, esclarecendo, assim, o uso do termo.

A conversação é um processo ativo que se trava entre o pesquisador e os sujeitos pesquisados e que deve ser acompanhado, com iniciativa e criatividade, pelo pesquisador, que deve ter paciência e empregar diversos recursos com as pessoas que apresentam dificuldades para envolver-se. O pesquisador, conforme exemplificamos, também participa do processo por meio de trechos conversacionais. É no processo de comunicação que o outro se envolve em suas reflexões e emoções sobre os temas que vão aparecendo, e o pesquisador deve acompanhar, com o mesmo interesse, tanto o envolvimento dos participantes como os conteúdos que surgem. A pessoa envolvida em um sistema conversacional evidencia esse envolvimento durante a conversação. Envolvimento esse muito importante para a pesquisa, pois dele dependerá a qualidade da informação obtida por tal via.

As dificuldades para a conversação devem-se a muitos elementos distintos, com freqüência relacionados entre si, os quais podem ser o medo da pessoa de entrar em possíveis zonas dolorosas da vida, de confrontar valores que o orientam a não conversar sobre os aspectos íntimos de sua vida, de não confiar no pesquisador etc. Nesses casos, o pesquisador tem que ganhar espaço na conversação, avançar para estabelecer uma boa comunicação, mas outras vezes a resistência em conversar é resultado do desinteresse da pessoa que, por uma razão ou por outra, não se expressou quando foi convocada a participar da pesquisa. Caso isso ocorra, podemos deixar o sujeito livre para abandonar a pesquisa, sem pressioná-lo, pois o desinteresse é sempre uma hipótese nossa e, muitas vezes, por trás do desinteresse, se escondem processos muito complexos que aparecem no curso da pesquisa, os quais podem ser muito relevantes para a própria questão pesquisada.

A diferença da pesquisa tradicional – em que as pessoas representam apenas uma possibilidade a mais de resposta, cuja avaliação está sempre padronizada em relação à pergunta que a provoca – é que cada expressão da pessoa deve ser interpretada de forma diferenciada. O cenário da interpretação deixa de ser os instrumentos tomados como um fim em si mesmos e passa a ser o sujeito na complexidade de todas suas expressões. O modo mais extenso de expressão do sujeito em sua vida cotidiana são as conversações, as quais representam o melhor exemplo de uma comunicação interativa que se desenvolve de forma gradual e que permite a inclusão constante de novas "zonas de intercâmbio" entre os participantes, as quais os envolvem cada vez mais, facilitando assim a expressão de sentidos subjetivos.

Nas conversações, constroem-se verdadeiros trechos de informação entre os participantes que ampliam seu compromisso pessoal com o tema em questão. Diferentemente da epistemologia centrada na resposta, o conversar não é dirigido à produção de um conteúdo suscetível de ser significado imediatamente pelo mesmo artefato que o produziu: a conversação busca, sobretudo, a expressão compromissada do sujeito que fala. Nesse sentido, os trechos de conversação apresentam-se inacabados, tensos, contraditórios, manifestando as mesmas características que possui a expressão pessoal autêntica em qualquer campo da vida.

Um trecho de informação é uma expressão viva da pessoa que fala, a qual não reconhece limites formais, externos à própria necessidade de expressão que se produz no espaço conversacional. Um exemplo de trecho de conversação refere-se à experiência de uma pessoa que, operada de câncer de mama, se refere ao impacto do tratamento sobre si mesma:

> Tive um período de quimio, na metade desse processo, passei pelo momento mais complicado da minha vida. Faltavam somente duas sessões para terminar, mas foi assim: eu estava careca, havia engordado muito por causa da gravidez e não tinha tido tempo de perder peso, o que se juntava ao medicamento que se toma com soro quando você está com metástase. Aquelas mulheres que emagreciam muito são as que já estão com metástase. Na realidade eu não conseguia emagrecer, havia engordado, estava careca, e como a quimioterapia resseca muito os olhos, eu não podia usar lentes de contato, tinha que usar óculos. Foi um período em que eu me senti muito mal, me sentia péssima, essa parte de minha auto-estima, humm... Enfim, logo depois desse momento você sente uma motivação; fui à academia, comecei a fazer exercícios, a fazer dieta, foi gostoso!! O cabelo começou a crescer, começou a ficar muito bom! Nossa, era muito bom!!! Ao final eu não agüentava mais usar peruca, não queria mais ver o lenço de cabeça. Estava louca para andar sem nada na cabeça, só com meu cabelo mesmo. E passado esse momento, as coisas ficaram tranqüilas. (Trecho extraído da pesquisa de C. Bayer, minha aluna de mestrado na Universidade de Brasília.)

Esse exemplo nos mostra o que definimos por "trecho de informação". É realmente uma peça complexa de informação que expressa o sentido subjetivo de quem fala. Em tal trecho exemplificado, pudemos ver os matizes de expressão, as emoções, a densidade e a amplitude do narrado, enfim, o envolvimento da pessoa com o que foi expresso. Os elementos suscetíveis de interpretação e de construção nesse trecho são muitos, e não somente aqueles enfatizados na expressão intencional de quem está falando. Sobre a questão da interpretação dos trechos de informação, iremos aprofundá-la no capítulo dedicado à construção de informação.

A conversação representa uma aproximação do outro em sua condição de sujeito e persegue sua expressão livre e aberta. Nas conversações, devemos partir do mais geral ao mais íntimo, aproveitando os momentos em que a própria conversação vai entrando nessas experiências. A conversação é um sistema que nos informa as características e o estado dos que nele estão envolvidos, e esta informação é a que nos indica os limites dentro dos quais nos moveremos. As conversações caracterizam todo o processo de pesquisa e podem resultar do desdobramento de outros instrumentos aplicados. Portanto, os sistemas de conversação expressam a qualidade da relação que define o espaço de pesquisa, relação que tem uma especial significação para o compromisso do sujeito com os diferentes instrumentos usados nesse processo.

A conversação enquanto instrumento define o caráter processual da relação com o outro como um momento permanente da pesquisa e se orienta a superar o caráter instrumental que caracteriza o uso da entrevista pela psicologia em detrimento de seu valor como processo de relação. A partir de uma perspectiva instrumental, a entrevista caracteriza-se por esgotar-se em um ato, em um momento; freqüentemente, vemos que ela é considerada, na parte metodológica de um trabalho, um instrumento a mais que se aplica em um momento concreto e que é assumida pelas respostas diretas do sujeito diante de uma seqüência de perguntas estabelecidas *a priori*, o que coloca a pessoa na mesma posição de respostas que assume diante dos instrumentos usados numa perspectiva instrumental. Temos detectado, com surpresa, roteiros que incluem perguntas sobre aspectos íntimos, como a qualidade das relações sexuais, a ocorrência de preconceitos raciais etc., que se pretendem fazer em uma primeira e única entrevista planejada pelo pesquisador, sem que haja sequer um encontro prévio antes da entrevista planejada. Muitas dessas entrevistas representam mais um questionário oral ou um interrogatório, do que um processo de comunicação, assim perdendo completamente o aspecto interativo.

A conversação é um sistema no qual os participantes se orientam em seu próprio curso e em que os aspectos significativos aparecem na medida em que as pessoas envolvidas avançam em suas relações. As coisas não estão, nem podem estar definidas *a priori*, pois cada novo momento do processo pode representar uma diferente etapa de sentido subjetivo dos participantes, fato que demanda formas de expressão em conformidade com o sentido subjetivo experimentado nesse momento. Tal forma assumida pelo processo conversacional faz com que as intervenções do pesquisador, conforme mostramos, tenham também um caráter espontâneo e reflexivo em relação ao momento da conversação. O pesquisador reflete, questiona, posiciona-se, enfim, mantém-se totalmente ativo no curso das conversações.

As conversações podem ser grupais e individuais, sem que o tamanho do grupo seja uma exigência, podendo apresentar desdobramentos individuais. Um bom exemplo de conversações com um elevado poder heurístico como vias de pesquisa são as conversações terapêuticas que fazem do marco clínico um importante cenário de pesquisa para a psicologia, como já tem sido demonstrado nas teorias psicológicas que tiveram e tem, na clínica, seu momento empírico.

As conversações, segundo as pesquisas sociológicas e antropológicas, constituem um marco privilegiado para o estudo de diversas tramas e fenômenos sociais (Bogdan, Thomas e Znaniecki, Geertz, Ferrarotti, entre outros), pelo que representam um instrumento essencial para os diversos campos da psicologia.

2.2.2 Os instrumentos escritos

Existem muitas opções para envolver os sujeitos pelo uso da escrita; claro que esta é uma opção para os sujeitos que conseguem expressar-se por escrito. Conforme afirmamos antes, o sentido em usar instrumentos diferentes permite ao sujeito deslocar-se de um sistema de expressão, qualquer que seja, e entrar em zonas alternativas de sentido subjetivo em relação àquela que concentrava sua atenção em outro instrumento. O sujeito tem possibilidades limitadas ao expressar-se, pois não pode abarcar de forma universal e em uma expressão concreta toda sua experiência. Todo processo de expressão representa uma expressão particular de sentidos subjetivos que se organiza por meio deles e que necessariamente excluem zonas de experiência, as quais podem passar a ser significativas em sua expressão caso o sujeito se situe em outro ângulo. É dessa característica subjetiva da expressão humana que se cria a necessidade de facilitar, por meio da metodologia, distintas vias de expressão do sujeito que facilitem seu trânsito por zonas diferentes de sua experiência capazes de estimular sentidos subjetivos também diferentes.

Os instrumentos escritos representam a possibilidade de posicionar o sujeito, de forma rápida e simples, diante de indutores que facilitem o trânsito para outros indutores diferentes e inclusive no interior de um mesmo instrumento, o que lhe facilitará a possibilidade de produzir, nesses espaços, sentidos subjetivos distintos que facilitem a amplitude e a complexidade de suas diversas expressões. Portanto, um dos objetivos dos instrumentos escritos é facilitar expressões do sujeito que se complementem entre si, permitindo-nos uma construção, o mais ampla possível, dos sentidos subjetivos e dos processos simbólicos diferentes que caracterizam as configurações subjetivas do estudado.

O *questionário*, que foi talvez a técnica escrita mais usada na pesquisa tradicional, também pode ser usado nesta perspectiva centrada no estudo da subjetividade. O questionário de tipo fechado é utilizado somente para obter informação objetiva que seja suscetível de descrição e que possa adquirir diferentes significados no curso da pesquisa por meio de sua relação com outras informações, como, por exemplo, os aspectos relativos ao modo de vida, à infra-estrutura de uma instituição, às preferências na realização de uma atividade etc., ou seja, em relação a temas que podem ser descritos pelo sujeito e que caracterizam aspectos objetivos e subjetivos de suas diversas atividades e contextos, formando parte de suas representações conscientes. Esse tipo de questionário busca elementos da experiência que o sujeito possa expressar de forma direta; o uso de tal tipo de questionário estará subordinado ao problema de pesquisa e a seus objetivos, e as informações obtidas por ele podem converter-se em indicadores de sentido subjetivo em outros contextos do desenvolvimento da própria pesquisa.

O questionário mais usado nesta aproximação à pesquisa qualitativa é o de tipo aberto que, igual à entrevista, permite a expressão do sujeito em trechos de informação que são objetos do trabalho interpretativo do pesquisador. Tais questionários apresentam as seguintes exigências:

- As perguntas são abertas e orientadas a facilitar a expressão ampla das pessoas estudadas; tais perguntas não estão orientadas a respostas, senão a construções do sujeito ao redor do tema tratado.
- As perguntas formam um sistema que responde a uma estratégia orientada a buscar diferentes aspectos de informação que se complementam entre si e que permitem uma representação abrangente do que se pretende conhecer pelo questionário.
- As perguntas combinam a busca por informação direta e indireta sobre o estudado. A informação direta aparece na tomada de posição intencional do sujeito em relação aos aspectos explícitos das perguntas, enquanto a informação indireta aparece nos elementos significativos da fundamentação das respostas.
- O número de perguntas é relativamente pequeno.
- O questionário não conduz a resultados concretos, mas a informações que se integram a outras fontes e instrumentos utilizados na pesquisa.
- A aplicação do questionário é realizada somente depois que se desenvolveu um clima facilitador para a participação das pessoas envolvidas e depois que essas pessoas tenham assumido sua participação na pesquisa.

Como exemplo de questionário apresentaremos um que foi usado em uma pesquisa realizada por nós em 1993 acerca das representações sociais e dos valores de estudantes universitários cubanos em relação ao processo político-social do país. Esse questionário será analisado como via de construção de informação, no Capítulo 4, dedicado a este tema, pois no presente capítulo, nosso interesse irá se concentrar em explicar os objetivos na formulação de cada pergunta, bem como a forma com que planejamos a perspectiva do questionário como sistema, tendo por objetivo favorecer a criação de um modelo de construção de questionários dessa natureza.

O referido questionário foi construído da seguinte maneira:

1. "Como você avalia o atual cidadão cubano?": esta pergunta é interessante ao ser associada a várias outras questões: "Que tipo de atributos

integra sua representação do atual cidadão cubano"; "Em que medida tal cidadão se identifica com esse modelo descrito?"; "Que aspectos da situação social aparecem, de forma indireta, na representação desse cubano atual?"
2. "Como se imagina nosso país dentro de quinze anos?": apesar de essa pergunta, sob os efeitos de quem responde, não se relacionar aparentemente com a anterior, trata-se, de fato, de um deslocamento que enfatiza um aspecto central de nosso interesse, o qual subjaz a ambas as perguntas: "Quais são os elementos que caracterizam, política e socialmente, a situação cubana atual?". De forma específica, tal pergunta acrescenta à anterior a dimensão temporal da avaliação, agregando um aspecto de sentido subjetivo suscetível de trazer nova informação em relação à pergunta anterior.
3. "Como você representa os Estados Unidos?": com essa pergunta, pretendemos avaliar em que medida as construções anteriores não são o resultado de uma opção ideológica contrária à Revolução Cubana, já que os jovens envolvidos com o projeto político-social cubano criticaram tanto os aspectos políticos do sistema americano como sua política em relação a Cuba. Também nos interessa essa pergunta para saber se a orientação avaliativa do jovem é reflexiva ou orientada por estereótipos.
4. "Que opinião você tem dos norte-americanos?": essa pergunta complementará a anterior, a fim de definir o nível de estereótipos das respostas.
5. "Como você se imagina dentro de 15 anos?": depois de perguntarmos a esse sujeito como ele imaginaria a sociedade cubana nos próximos 15 anos, o questionamos considerando a sua perspectiva pessoal, com o fim de conhecer os valores presentes nessa projeção, bem como as motivações fundamentais nela expressas, e a independência ou não de uma projeção pessoal em relação à projeção social. O fato de perguntar na primeira pessoa também representa uma descentralização quanto à pergunta, em termos sociais. Esse deslocamento pode mobilizar, de formas diferentes, os sentidos subjetivos envolvidos na resposta. Antecedentes muito interessantes sobre o uso da primeira pessoa e dos outros na expressão escrita podem ser encontrados nos trabalhos de Nuttin sobre a motivação e nos de Zavalloni sobre identidade.

6. "Quais são as contradições que você identifica na atual sociedade cubana?": essa informação é essencial e nos evidenciará as zonas de avaliação por consenso entre jovens com orientações político-ideológicas diferentes. Essa pergunta terá uma grande importância como momento integrador do diferente na representação social da atual sociedade cubana. Ela solicita do jovem uma análise crítica que, em geral, é mascarada pelos processos de sentido subjetivo diferenciado diante do que se pergunta. Mas, se as evidências objetivas são tão fortes a ponto de as respostas serem convergentes em sujeitos para quem o projeto político-social cubano tem sentido subjetivo distinto, então o valor das construções na significação dessa realidade será muito mais significativa.

7. "Como você percebe nosso país em relação a outros países da América Latina?": essa pergunta está orientada a descobrir como o jovem compartilha elementos de significação muito presentes no imaginário social cubano, o qual é caracterizado por uma imprensa e uma televisão que, além de únicas, são estatais e uniformes em sua informação sobre o fato de Cuba estar muito melhor em relação à América Latina; isso tem representado uma das vias da reificação do processo cubano.

8. "Que você considera indispensável para o bom funcionamento da sociedade cubana?": essa pergunta está muito articulada com as anteriores, pois permite uma crítica inclusive por parte daqueles que não querem fazê-la de forma direta, visto que, nas sugestões de melhoria, está implícita uma crítica que também pode representar um dos pontos de convergência nos atributos mais significativos da representação social compartilhada por setores diferentes dos jovens universitários. Essa pergunta, como a maioria das outras, tem em sua base valores e motivações centrais dos jovens estudados, aparecendo indiretamente na fundamentação de suas respostas.

9. "Quais são seus principais temores?": essa pergunta já está dirigida ao jovem de um modo mais geral, mas, pelo contexto sociopolítico do questionário, deve envolver também elementos avaliativos associados à produção de sentidos subjetivos que tem acompanhado as construções anteriores do jovem. Isso é o que chamamos de centração no instrumento: a pessoa concentra-se em um tipo de produção de sentido, e ainda que indutores diferentes a orientem a novos campos de infor-

mação, seu estado subjetivo a faz manter a expressão de um mesmo sentido subjetivo diante de indutores distintos. Esse efeito subjetivo nas respostas aos instrumentos pode ser compensado somente com a diversidade de instrumentos usados na pesquisa e com a mobilidade de indutores no uso de um mesmo instrumento.

10. "Que papel exercem seus estudos atuais em seu projeto de vida?": essa pergunta inclui outro aspecto muito importante, que consiste em saber em que medida os jovens sentem que o saber é valorizado socialmente e como eles imaginam o impacto da profissão em seu projeto de vida.

11. "Como você deseja ser no futuro?": é uma pergunta similar à questão 5, mas que enfatiza mais o aspecto pessoal, isto é, as características como pessoa. É uma alternativa diferente para permitir que a pessoa se expresse em relação a si mesma e a seu futuro, que pretende dinamizar novos sentidos subjetivos.

12. "Como você avalia seus pais?": é uma pergunta orientada a conhecer aspectos relacionados à vida familiar e à da própria pessoa. É uma opção que lhe abre a possibilidade de expressar seus valores em contextos diferentes, permitindo-lhe estender alguns sentidos subjetivos já presentes nas expressões anteriores a novos contextos.

13. "Você admira alguém de forma particular?": o desenvolvimento dos jovens enriquece-se de relações ou figuras que o marcam de forma profunda. Em nossas pesquisas sobre os ideais morais nos jovens cubanos, desenvolvidas na década de 1970, percebeu-se a riqueza dos ideais que, naquele momento, se orientavam, com muita força, a figuras políticas em detrimento de pais, professores e amigos. A admiração por alguém é sinônimo de saúde social importante na educação dos jovens, pois converte-se em um indicador de sistemas de comunicação portadores de valores morais e de um bom relacionamento afetivo.

Como pode observar-se, o questionário representa um sistema de indutores pensados em seu conjunto para facilitar a expressão da maior quantidade de informação possível por parte do sujeito, que é obtida por meio de perguntas que possam ter um caráter complementar na expressão da informação sobre o estudado.

Apesar de o sistema de informação construído na pesquisa ser apresentado detalhadamente no Capítulo 4, conforme assinalamos na Seção 2.1, dedicada aos sistemas conversacionais, queremos exemplificar a expressão dos jovens no questionário por meio da produção de trechos de informação. Esse questionário foi fornecido aos jovens logo após uma conferência minha denominada "A sociedade cubana hoje: desafios e contradições", após a qual se produziu uma excelente dinâmica participativa entre os presentes, a qual serviu para criar o "cenário da pesquisa". Portanto, os jovens enfrentaram o questionário depois de terem se envolvido voluntariamente na pesquisa e depois de terem discutido veementemente sobre a sociedade cubana, o que, sem dúvida, representou uma condição motivacional muito favorável à expressão de sentidos subjetivos no questionário.

Vejamos um trecho de informação sobre A. A., 20 anos; na pergunta 1, ela escreveu:

> Penso que nas condições atuais, nós, cubanos, estamos iniciando uma nova etapa em nosso país. O cubano atual tem demonstrado total criatividade seja para benefício próprio ou para benefício da humanidade, seja para ajudar a nossa revolução ou para fazer mais contra-revolução; acho que, nesse sentido, o período especial pelo qual passamos tem despertado grande originalidade e criatividade em todos. No geral, acredito que o cubano está um pouco amargurado, descontente e agressivo por todos os problemas que ocorrem, não só nos planos político e econômico, mas também no âmbito profissional, cotidiano, familiar, enfim, em nossa vida diária. Há muitos cubanos que verdadeiramente são afetados por essas condições, sendo obrigados, portanto, a ganhar a vida de muitas formas; mas há também aqueles que usam o período especial para cometer os mais insólitos feitos e atos de contra-revolução, ao se utilizarem de violência e de roubos constantes contra o resto da população trabalhadora e ativa.

A jovem expressa-se em uma construção elaborada sobre sua visão atual acerca dos cubanos, visão essa que representa uma rica fonte de indicadores sobre distintos aspectos subjetivos e objetivos da atual sociedade cubana e que necessita do trabalho interpretativo do pesquisador. A cuidadosa elaboração tanto do questionário como sistema em que as perguntas se relacionam entre si em cada sujeito concreto, como dos aspectos que nos fornece a construção dos indicadores relevantes dentro da análise de todos os questionários respondidos foi um valioso recurso para a produção de conhecimento sobre os objetivos definidos na pesquisa. Muitos dos aspectos da sociedade cubana elaborados nesse trabalho apareceram também – por meio de indicadores diferentes, mas com um sentido subjetivo muito semelhante – nas pesquisas realizadas por mim[1] com infartados e hipertensos na década de 1980. Isso pode indicar que o setor mais afetado pelas contradições de um sistema, nesse caso aqueles que adoecem, antecipam o conhecimento de contradições sociais em desenvolvimento que chegaram mais nitidamente a outros setores da sociedade somente algum tempo depois.

Os indicadores que definem o significado da informação construída pelo pesquisador por meio de um instrumento se integram a outros de distintas procedências e definidos por outras fontes de informação, configurando esse sistema de informação a massa crítica sobre a qual se desenvolvem os eixos do conhecimento que levarão à representação teórica mais abrangente caracterizadora do momento de conclusão da pesquisa.

O *completamento de frases* é um instrumento que nos apresenta indutores curtos a ser preenchidos pela pessoa que o responde. Os indutores são de caráter geral e também podem referir-se a atividades, experiências ou pessoas, sobre as quais queremos que o sujeito se expresse intencionalmente. De forma semelhante ao questionário exemplificado anteriormente, no completamento de frases se evidenciam tanto informações diretas, que se referem à intencionalidade do sujeito, como informações indiretas, que estão muito mais associadas a como o sujeito constrói o que expressa e as relações entre expressões diferentes do instrumento.

Esse instrumento apareceu na literatura como um teste projetivo (Rotter), propondo significados particulares para formas gerais de expressão das pessoas diante das frases, como é típico no teste projetivo. Em nossas pesquisas, começamos a usá-lo como instrumento nos anos 70, aplicando-o nos trabalhos com hipertensos e infartados, para logo generalizar seu uso em diversas linhas de pesquisa. O completamento de frases, ao ter indutores muito curtos, permite empregá-los com uma freqüência maior, o que auxilia o deslocamento do sujeito com maior facilidade que outros instrumentos, permitindo a expressão de sentidos subjetivos diferenciados em áreas e aspectos muito distintos da vida das pessoas; isso constitui um dos pontos fortes de sua utilidade na pesquisa.

---

[1] Mais informações sobre essas pesquisas podem ser encontradas no meu livro *Personalidade, saúde e modo de vida*. São Paulo: Thomson Pioneira, 2004.

As frases que formam o instrumento não definem seu valor pelo seu conteúdo explícito, pois, mediante cada frase, cada sujeito pode expressar, com independência, sentidos subjetivos muito diferentes daqueles que tais frases explicitamente sugerem. Por seu próprio caráter, esse instrumento coloca o sujeito diante de um universo diferenciado de frases, cujo significado deve ser produzido a partir de sua própria subjetividade. O sentido subjetivo da maternidade não vai aparecer necessariamente nas frases "Uma mãe..." ou "A maternidade para mim..."; nessas frases tão diretas, observamos que, com freqüência, aparecem representações conscientes que escondem o sentido subjetivo do que foi expresso. Acredito que cada sujeito se expressa no completamento de frases por meio dos sentidos subjetivos mais significativos para ele(a) no momento da pesquisa; portanto, uma pessoa grávida expressará sentidos subjetivos associados à gravidez, sem que tenham que aparecer indutores diretos em relação ao tema.

Assim, por exemplo, uma mulher de 28 anos que recentemente teve um filho expressa, em diferentes momentos e diante de diferentes indutores do completamento de frases:

- **Desejo:** ser uma boa mãe;
- **Amar:** meus filhos;
- **Esforço-me diariamente:** por ser uma boa mãe;
- **Sempre quis:** ser uma boa mãe;
- **Meu maior prazer:** ver meus filhos felizes.

Como percebemos, a maternidade manifesta-se nas mais diversas frases, o que não significa que o sentido da maternidade apareça linearmente nelas. O sentido subjetivo da maternidade não é apenas o que a mãe sente por seus filhos, mas também aquelas emoções, contradições, necessidades e processos simbólicos que se articulam ao redor da maternidade e que se expressam além de sua consciência. O completamento de frases, em seu conjunto, representa um trecho de informação que nos revela sentidos subjetivos muito distintos acerca dos sujeitos estudados. A extensão do sujeito no completamento de frases é muito diversa, por isso sempre lhe entregamos uma folha em branco anexa ao instrumento e lhe dizemos que é permitido estender-se o quanto desejar em qualquer uma das frases, pois, de fato, os sentidos subjetivos que vão aparecendo ante o instrumento podem aumentar a necessidade de comunicação do sujeito, na medida em que este vai induzindo lembranças, emoções e construindo reflexões durante o processo de preenchimento.

Assim, por exemplo, em um estudo de casos, S. H., 23 anos, expressou o seguinte diante da frase incompleta "O trabalho...":

> nesses momentos, tenho-o assumido como uma tarefa, a qual... (nesse ponto, continuo na folha auxiliar)... não exige de mim a dedicação de que eu necessito e quisera..., por sorte, não é definitivo. Me interessa muito trabalhar, penso que isso pode compensar muito minha vida espiritual, pois é algo que requer bastante dedicação e que também, embora eventualmente, pode depender do que eu seja capaz de fazer.

Como é possível observar, a jovem estende-se em sua expressão, o que de fato lhe permite o acesso a um material mais rico que favorece a expressão de sentidos subjetivos. Gostaria de esclarecer que, ao referir-me à riqueza do material, não considero apenas sua extensão, mas também a riqueza na elaboração que tal extensão pressupõe e que, sem dúvida, facilita a expressão de sentidos subjetivos. Nosso interesse pelo valor da elaboração na expressão escrita dos sujeitos apareceu, em nossos primeiros trabalhos, como um elemento para a análise da qualidade da informação definida por nós como *elaboração pessoal*, que foi uma das categorias de maior significação em nossos trabalhos iniciais dentro da perspectiva qualitativa.

O completamento de frases é uma rica fonte de indicadores e seu valor como instrumento está na possibilidade de elaborar um sistema de hipóteses que se integram e marcam o curso da produção de informação; algumas dessas hipóteses serão abertas somente a partir de uma frase ou de uma relação única entre frases. O valor das hipóteses produzidas no curso do instrumento está na possibilidade de enriquecê-las e ir se aprofundando nelas ao longo do processo de pesquisa. Isso não significa que o instrumento não nos permita construções que, em determinadas ocasiões, mantêm sua estabilidade e se reafirmam por meio de novas informações provenientes de outras fontes. O completamento de frases é usado, assim como os outros instrumentos escritos, em um momento da pesquisa que já implicou o sentido subjetivo dos participantes, o que representa uma das condições facilitadoras da expressão para quem responde ao instrumento.

O completamento de frases não tem regras rígidas a serem cumpridas em sua elaboração. Conforme já assinalamos, a explicitação por indutores diretos dos temas que mais nos interessam não garante que o sentido subjetivo associado a esses temas apareça diretamente diante de tais indutores. De modo geral, os sentidos subjetivos mais relevantes do sujeito aparecem de formas muito diversas, e dispersos em elementos diferentes os quais representam vias para chegar ao sentido subjetivo, só que apenas levaram a um significado por meio da interpretação do pesquisador. Portanto, o sentido subjetivo das frases incompletas usadas como indutores vai depender, de maneira diferenciada, dos sujeitos e não da indução imediata do instrumento.

Em relação ao número de frases, pode haver variação sempre que seja possível expressar tipos diferentes de indutores que facilitem o efeito de descentração desse instrumento. No entanto, não faz nenhuma diferença que sejam 15 ou 18 frases; na minha opinião, devem ser sempre mais de 15, no sentido de amplitude da informação obtida e dos necessários descentramentos do sujeito; menos de 15 pode levar o sujeito a se fixar em unidades temáticas invariáveis, em relação às quais o sujeito, de forma intencional ou não, mantém sua orientação na construção de suas expressões, lhe dificultando entrar em novas zonas de sua vida, suscetíveis de favorecer a expressão de sentidos subjetivos. Esse processo pode levar a uma intelectualização das expressões diante do instrumento, o que pode se converter num impedimento para a expressão de sentido subjetivos.

Temos observado, nas elaborações das pessoas diante do instrumento, uma tendência a centrar-se em um tema que expressa um sentido subjetivo. Isso lhes conduz a referir-se ao mesmo tema em um certo número de frases contíguas, com independência em relação ao conteúdo da frase indutora. Assim, por exemplo, A. L., mulher de 28 anos, expressa:

- **Gostaria:** de saber o que se passa comigo;
- **Lamento:** estar deprimida;
- **Não posso:** trabalhar;
- **Sofro:** quando penso na minha situação.

Nessas frases, observa-se que, ao aparecer a primeira referência dessa mulher ao estado de depressão pelo qual está passando – referência essa implícita na primeira frase –, manifesta-se uma unidade de informação sobre o mesmo tema por meio de indutores diferentes e contíguos. Isso nos permite afirmar que a referência a não poder trabalhar está associada à sua depressão atual, o que foi corroborado em nossas conversações com ela, nas quais afirmou não trabalhar por prescrição médica.

Ao aparecer essa questão, que devemos seguir estudando na análise que a levam à reiteração de um mesmo conteúdo frente a indutores distintos que se manifesta em expressões que mantêm continuidade apesar do caráter diferenciado dos indutores. Conforme já esclarecemos em exemplos anteriores é evidente que esses conteúdos explícitos não são, necessariamente, portadores de sentido subjetivo de forma direta, mas o fato de se reiterarem em várias frases sobre a unidade temática representa um indicador sobre o sentido dessa área para a pessoa. Os sentidos subjetivos aparecem por meio das hipóteses que o pesquisador possa articular em sua interpretação sobre o curso das diferentes expressões do sujeito estudado.

O efeito de reiteração de um conteúdo temático de forma direta ou indireta, em várias frases seguidas, é uma manifestação do caráter subjetivo das expressões do sujeito diante dos instrumentos, questão essa que tem sido completamente ignorada pela psicologia. Sem dúvida, o uso destes instrumentos e as vias de elaboração de informação por meio deles é um tema apaixonante que nos desafia com força no momento atual, sendo promissor para as perspectivas de pesquisa nas ciências antropossociais.

O uso de instrumentos como vias de produção de sentido subjetivo concede a maior importância aos aspectos subjetivos que caracterizam a relação do sujeito com o instrumento, bem como aos processos envolvidos na produção de sentido subjetivo ante o instrumento. O completamento de frases, assim como todos os outros instrumentos, é suscetível de inumeráveis desdobramentos no curso da pesquisa, muitos dos quais, de fato, representam novos instrumentos.

De fato existe uma grande variedade de instrumentos escritos a ser desenvolvida. Em nossas pesquisas temos trabalhado também com as *redações* e as *situações de conflito de diálogos*, às quais iremos nos referir a seguir. As redações representam um dos instrumentos que mais utilizamos em nossos trabalhos iniciais de pesquisa, e um dos motivos de seu uso é que elas representam instrumentos abertos que permitem a produção de trechos de informação pelos sujeitos, com independência de perguntas diretas apresentadas pelo pesquisador; elas também permitem avaliar a elaboração do que é expresso. Nas redações, o sujeito está obrigado a construir uma narração portadora de uma qualidade que está além de sua intencionalidade e de seu controle.

O uso de redações também esteve no início de nossas pesquisas estreitamente relacionado à significação que atribuímos à categoria de elaboração pessoal, não somente em um plano metodológico, como também teórico, porém as usamos como elemento definidor de um nível de organização da personalidade. Em uma perspectiva metodológica, usamos a elaboração pessoal como critério de legitimação de uma narração, e hoje esse conceito é mais um indicador da expressão do sentido subjetivo da narração.

Partindo de uma perspectiva metodológica, o critério de elaboração pessoal nos foi muito útil para discriminar redações formais – que constituíam apenas uma produção cognitivo-intencional sem nenhum envolvimento afetivo – daquelas que implicavam emocional e reflexivamente o sujeito. Esse tipo de critério, hoje muito mais elaborado em nossa categoria de *indicador*, é muito importante para a construção de materiais procedentes de instrumentos abertos, suscetíveis de distorções intencionais da pessoa. Todavia, tais distorções são sempre orientadas ao conteúdo, pois os aspectos associados à construção do narrado não são suscetíveis de controle intencional por quem se expressa pelo instrumento.

As composições apresentam-se a partir de um tema totalmente aberto, que o sujeito deve desenvolver por escrito. É algo semelhante à forma com que se usam os indutores nos *sistemas conversacionais*, só que são apresentados para serem desenvolvidos por escrito, o que envolve, como nos outros instrumentos escritos, uma descentração do sujeito estudado em relação aos processos e mecanismos subjetivos que todo processo de comunicação implica.

As redações representam excelentes vias de produção de trechos de informação em sujeitos motivados e envolvidos com o tema proposto, pois elas permitem um envolvimento reflexivo possível apenas por meio do compromisso dos sentidos subjetivos do sujeito. É por essa razão que a redação representa um instrumento tão importante para discriminar adolescentes e jovens com níveis diferentes de desenvolvimento moral

(González Rey, 1979, 1982) e com níveis diferentes nas intenções e interesses profissionais desse grupo populacional (González Rey, 1979, 1983). Se considerarmos que o pensamento, portanto a reflexão, é uma operação de produção de sentido por excelência, compreenderemos a significação da redação dentro de um repertório de pesquisa orientado a estimular o compromisso ativo do sujeito. Segundo Valdes (1981):

> uma redação sobre "como se é atualmente" supõe extrair de si mesmo pensamentos, sentimentos e condutas que o sujeito deverá estruturar, dando um sentido pessoal. Na realização desse esforço de estruturação, devem manifestar-se as tendências fundamentais do sujeito (p. 12).

As redações, ainda que estejam direcionadas pela intencionalidade do sujeito, representam uma fonte rica de indicadores sobre os sentidos subjetivos da pessoa estudada, os quais permanecem além de suas possibilidades conscientes.

O *conflito de diálogos* é um instrumento que desenvolvemos em nossa linha de pesquisa sobre o desenvolvimento moral de adolescentes e jovens, na tentativa de definir um tipo de indutor que fosse suficientemente indireto, amplo e flexível e que nos permitisse acessar os valores e motivos morais dos jovens por intermédio de situações significativas para eles no contexto social e histórico da pesquisa; ou seja, trata-se de um instrumento que busca o envolvimento do sentido subjetivo na esfera moral a partir do exercício reflexivo do jovem acerca de uma situação de conflito que se apresenta para ele(a) no dia-a-dia da sociedade cubana e que tenha um forte impacto no imaginário dos jovens.

O conflito de diálogos, usado nas pesquisas sobre desenvolvimento moral com adolescentes e jovens cubanos nos anos 70, levou-nos a criar uma situação fictícia, na qual dois jovens com a mesma idade que a daqueles jovens do grupo estudado conversavam sobre um tema de muito interesse para os adolescentes da época: a opção vocacional e o compromisso social e político perante a sociedade. Naquele momento, o desenvolvimento desigual das profissões em Cuba tornou imprescindível a captação de jovens que terminavam o Ensino Médio, para áreas profissionais necessárias ao país, as quais tinham baixa aceitação social ou eram indispensáveis pelas condições particulares daquele momento histórico; a educação e a saúde, por exemplo, passaram a ser um direito de todos os cidadãos, demandando grande quantidade de profissionais, pois a medicina sempre teve uma altíssima demanda social.

Nas condições descritas, com freqüência havia contradições entre o que o jovem realmente desejava estudar e as demandas que se faziam a eles para o estudo das profissões mais necessárias ao país. Essas solicitações entravam no privado com freqüência para os jovens com militância política, que eram muitos, criando fortes conflitos que facilitavam o estudo de processos de regulação moral dos jovens diante dessas situações. Esses instrumentos representavam, portanto, verdadeiros modelos da vida cotidiana do jovem, mas inseridos em uma situação reflexiva que não tinha o mesmo sentido que aquela vivenciada por eles na realidade, pois esta demandava respostas imediatas em suas decisões. Tal contradição não escapou da nossa análise e, como veremos mais adiante, envolveu a produção de novos instrumentos em outros momentos da pesquisa.

O instrumento de conflito de diálogos posicionou o jovem diante da seguinte situação: dois jovens, João e Ernesto conversavam sobre suas inquietudes profissionais:

- **João:** Eu não desejo seguir a carreira que me pedem, pois minha vocação é engenharia mecânica; tenho lido livros fora do meu horário de aula, tenho visitado fábricas. É uma carreira que sempre amei e que transformei no sentido da minha vida. Penso que, quando alguém consegue se interessar assim por algo na vida, é muito mais útil ser coerente com essa carreira.
- **Ernesto:** João, acho que o mais importante é dar um passo para ajudar o país, acho que a vocação se volta a formar, pois não é possível haver definição sem que algo tenha começado. Pensa nisso.

O diálogo é acompanhado das seguintes perguntas sobre as quais os jovens que o leram devem responder:

1. Que características têm João e Ernesto como pessoas?
2. Como você acha que essa situação será resolvida? Por quê?
3. Como você imagina que ocorreu a situação que levou esses dois jovens a empreender esse diálogo?

Como podemos perceber, o diálogo apresenta uma situação possível, aberta, na qual se expressam elementos que podem ser interpretados de formas distintas; são esses juízos que nos serviram de matéria-prima para estudar as características da regulação moral de quem julga a situação, por meio dos sentidos subjetivos que emergiam em seus juízos. No momento em que realizamos essa pesquisa, ainda não havíamos desenvolvido nossa posição sobre o tema atual, nem a categoria de sentido subjetivo, nem a de configuração subjetiva, o que nos levou a trabalhar a informação obtida em função da efetividade ou não dos valores do jovem diante das questões de sua vida cotidiana, bem como a aprofundar a natureza psicológica de sua eficiência. Na realidade, aqueles jovens cuja expressão moral era inconseqüente com seus comportamentos expressaram valores morais carentes de sentido subjetivo, representando apenas uma posição cognitiva assumida de forma despersonalizada diante das demandas e das representações dominantes na sociedade cubana daquele momento histórico.

Do mesmo modo que procedemos com os outros instrumentos, realizaremos a análise do conflito de diálogos no Capítulo 4, dedicado aos processos de construção da informação. Os diferentes instrumentos escritos que temos apresentado nessa seção não representam um fim em si mesmos; no plano instrumental, conforme já assinalamos, eles se desdobram em situações conversacionais ou em situações de outro tipo e, com efeito, cedem lugar a novos instrumentos. Enquanto processo de construção de informação, esses instrumentos se integram inseparavelmente no interior dos sistemas de informação, os quais são produzidos por diferentes vias no curso da pesquisa; é nesse sistema integral que finalmente se produz o conhecimento resultante da pesquisa realizada.

2.2.3 Os instrumentos apoiados em indutores não escritos

Os indutores que podem estar na base de qualquer instrumento são parte do infinito repertório de operações simbólicas das pessoas em seus contextos culturais, os quais se convertem em instrumentos quando estão desenhados para produzir um tipo de expressão dentro de um contexto particular (o da pesquisa) com vistas à produção de conhecimento. Essa diversidade de opções não tem sido alheia às ciências antropossociais em um sentido geral, todavia, apesar de não tê-lo formulado explicitamente em seu sentido epistemológico e metodológico, já algumas ciências sociais, como a antropologia e a sociologia (Bogdan, Lewis, Thomas e Znniecki, Terkel e muitos outros), usavam os instrumentos conforme os temos definido em nossos últimos trabalhos (González Rey e Mitjáns, 1989; González Rey, 1997, 1999, 2001).

A psicologia também se conscientizou cedo sobre a necessidade de usar instrumentos de diferentes naturezas, com o objetivo explícito de produzir informações e não de classificá-las a partir do próprio instrumento, dissecando a riqueza e a complexidade do sujeito que as expressa. Nesse sentido, os trabalhos de Gordon Allport sobre cartas e documentos pessoais foram pioneiros. Allport chamou os instrumentos alternativos de técnicas morfogênicas, cujo material devia ser interpretado pelo pesquisador no contexto em que era produzido, independentemente de qualquer sistema de categorias preexistentes associadas de forma particular ao instrumento. No entanto, o instrumentalismo e a metodololatria (Danziger, 1991) dominantes na psicologia impediram assimilar o legado de Allport durante muitos anos, ficando a psicologia bem atrás das outras ciências antropossociais em relação às questões metodológicas.

Entre as expressões simbólicas não escritas usadas com mais freqüência na pesquisa social, estão as *pranchas*, as *fotos*, os *desenhos*, os *fantoches* e os *filmes*, entre outros. Essas expressões têm sido usadas pela sociologia e pela antropologia como vias para produzir uma informação não esperada, desconhecida, que contribuiria para o conhecimento do problema estudado. Na psicologia, porém, esses instrumentos foram convertidos em provas psicológicas devidamente padronizadas, validadas e confiáveis que deixaram de lado o singular, o qual era, precisamente, seu maior aporte nas outras áreas em que foram empregadas.

O objetivo desse tipo de instrumento é semelhante ao de qualquer outro: facilitar a expressão de trechos de informação por meio de indutores que envolvam a produção de sentido. Assim, por exemplo, as *fotos* são uma via idônea para provocar emoções e situar o sujeito em uma temporalidade subjetiva vivida, que, com freqüência, é mais difícil de ser conseguida por outras vias. No uso que temos feito desses instrumentos em nossas pesquisas, buscamos a produção de conversações que facilitem a expressão do sujeito, e não apenas respostas perceptuais.

Assim, por exemplo, no uso das *pranchas de Rorschach*, apresentamos ao sujeito as pranchas e lhe pedimos que se detenha naquela que evoque qualquer memória ou situação vivida. Quando isso ocorre, o sujeito é capaz de entrar em sentidos subjetivos os quais ele não consegue expressar por outros caminhos. É nesse sentido que esses instrumentos são interessantes, pois seu uso pode mediante a palavra descentrar o sujeito de aspectos da subjetividade que estejam muito distantes de sua expressão cotidiana. Ao utilizar as pranchas, buscamos fazer com que o sujeito construa, reconstrua e vivencie experiências que o levem a expressar-se em suas conversações sobre temas que facilitem a expressão de sentido subjetivo e que haviam estado ausentes em momentos anteriores da expressão do sujeito; nesse sentido, um instrumento é facilitador para a criação de outros instrumentos, gerando a condição subjetiva necessária para que os sujeitos neles se expressem. A palavra não apreende o sentido subjetivo, mas a expressão verbal facilita sua expressão pela multiplicidade de processos nela envolvidos.

Considerando o objetivo com que usamos as pranchas, elas se apóiam no uso de indutores tomados de situações distintas, aplicando-se de forma singular e diferenciada e buscando a expressão de trechos complexos de informação, o que se diferencia do conceito de técnica projetiva. De modo geral, a definição de instrumento separa-se, de maneira bastante radical, das técnicas pré-fabricadas usadas na pesquisa social e psicológica.

Em uma pesquisa realizada por uma equipe interdisciplinar cubana em Angola, entre 1984 e 1985, na qual H. Valdés e eu compartilhamos a parte psicológica, decidimos usar *pranchas com diferentes situações*, nas quais sempre apareciam pessoas brancas, negras e mulatas, pois uma das finalidades do estudo era conhecer os preconceitos raciais, tanto em relação a grupos étnicos diferentes como em relação a outras raças. Houve uma resposta que embora fosse singular, nos permitiu organizar, de forma mais direcionada, o aspecto de sentido expresso nela e também nos permitiu acessar uma questão que havia permanecido oculta a nossas hipóteses e representações iniciais sobre o problema. Apresentando uma prancha com as imagens de um negro, um branco e um mulato, nós lhes perguntávamos a qual dessas três pessoas cada um deles pediria auxílio em caso de estar numa situação difícil e por que procederiam dessa forma. O sujeito respondeu que escolheria o branco, e a explicação para tal escolha foi que "na expressão de seu rosto se via que ele havia sofrido muito, e que para ajudá-lo, só poderia ser uma pessoa que tivesse sofrido na vida, sem o qual não o poderiam compreender".

Essa resposta singular, provocada por um atributo na face das pessoas apresentadas na prancha, foi capaz de revelar um valor do grupo estudado que, sem dúvida, não havia sido expresso nos outros sujeitos, não porque não existisse, mas porque o caminho metodológico empregado não havia sido efetivo para o envolvimento de seus sentidos subjetivos, o que pode ser resultado de uma diversidade de razões objetivas e subjetivas. No entanto, a expressão singular de tal resposta permitiu-nos acessar uma zona de sentido sobre os valores do grupo a qual não havia surgido até esse momento e também nos levou a construir novos instrumentos que facilitaram a expressão desses valores. É dessa maneira que as respostas únicas, singulares, permitem inaugurar novas zonas de sentido e, por sua vez, estimulam a criação de alternativas metodológicas que facilitam as expressões comprometidas da população estudada.

As respostas singulares alimentam-se de novos conteúdos na produção de conhecimento, não em uma relação de identidade, mas de congruência, isto é, tais respostas abrem caminhos de construção do problema que se legitimam não porque aparecem elementos idênticos a elas, mas porque aparecem novos elementos que são congruentes com a hipótese em desenvolvimento que propomos a partir delas. Isso significa que o valor de uma expressão singular está na possibilidade de a hipótese estimulada por elas se enriquecer por meio de outros elementos diferentes, os quais adquirem significação graças àquelas hipóteses.

A aparição do sofrimento e da dor como elementos significativos em suas relações e em sua avaliação dos outros transformou-se em um aspecto central dos padrões de aproximação e de contato social, muito mais que a cor, a etnia, ou qualquer outro aspecto. Chegamos a essa conclusão após transformar nossas próprias hipóteses iniciais a partir das respostas singulares daquele sujeito, o que nos sensibilizou em relação ao tema e nos permitiu acompanhá-lo, de forma intencional, em nossas conversações com as pessoas-chaves com as quais trabalhamos na aldeia. Portanto, os instrumentos, através de respostas singulares, podem informar-nos sobre aspectos gerais de uma população, os quais, ao se constituírem por sentidos subjetivos diferenciados nas diferentes pessoas, serão suscetíveis de aparecer na pesquisa segundo o envolvimento de cada pessoa com os instrumentos usados.

Os *desenhos* também são importantes tanto no estudo com crianças, para quem o desenho representa uma das formas privilegiadas de expressão simbólica, como para os adultos com facilidade para expressar-se por tal via. Semelhantemente às pranchas, usamos o desenho com a finalidade de gerar a expressão de sentidos subjetivos por um caminho diferente do da palavra, bem como para facilitar a construção de trechos de informação nas conversações que, facilitadas pelos desenhos, estimulem a expressão sobre os sentidos subjetivos presentes no desenho. Uma referência muito interessante em relação ao uso do desenho pode ser encontrada em nosso livro *A pesquisa qualitativa: caminhos e desafios* (2000, p. 61).

Um grupo de instrumentos muito importante que não se apóia na palavra escrita, mas na oralidade como parte importante de seu caráter indutor, são os *filmes*, as *situações de fantoches* e os *psicodramas*, entre outros. Na apresentação desses instrumentos, a linguagem não está abstraída de outros indicadores simbólicos dados na dinâmica e nos contextos em que se expressam os personagens; portanto, esses instrumentos têm uma riqueza como modelo da vida real que facilita muito o envolvimento dos sujeitos estudados em nível de sentido subjetivo. Esses instrumentos estão associados a dinâmicas grupais imediatamente posteriores à sua apresentação.

O *uso de fantoches* é uma via privilegiada na pesquisa com crianças, pois cria uma atmosfera lúdica na qual a criança se expressa com total espontaneidade. Em nossas pesquisas (González Rey, 1985) temos trabalhado com esse instrumento de forma interativa, ou seja, os fantoches, durante as situações que se apresentam, perguntam às crianças sobre decisões, dúvidas e reflexões feitas pelos fantoches, o que permite a expressão aberta das crianças nos momentos em que elas estão mais envolvidas com a apresentação, o que representa um momento privilegiado para a produção de sentidos subjetivos. Como expressei na análise sobre a importância do uso de fantoches na pesquisa psicológica (1985):

> Essas situações, devido à qualidade como modelos para o estudo da comunicação, são de grande valor, não somente para analisar elementos essenciais da comunicação da criança e do adulto, como também para analisar as características da personalidade dos menores envolvidos, pois ao enfrentar uma situação tão natural e representativa de sua vida cotidiana real, os menores não se sentem avaliados, comprometendo-se, por sua vez, profundamente com a situação que se lhes apresenta, a qual expressa muitos elementos de sua própria vida (p. 161).

Os *filmes* são também um caminho muito importante de produção de sentidos subjetivos por ter características muito similares às dos fantoches.

Os filmes podem ser usados tanto no estudo de crianças quanto no de adultos, podendo ser apresentados integralmente, para depois de sua apresentação, ser organizada uma dinâmica de discussão. Nesse sentido, é possível assistir ao filme em um dia, para no outro ser discutido com o apoio de certos trechos que novamente serão apresentados como facilitadores do processo de discussão. Os filmes também podem ser usados através de trechos relevantes acompanhados de dinâmicas de discussão.

Como vemos, todos os instrumentos apresentados tem em comum a finalidade de envolver os sujeitos estudados na expressão de trechos de informação comprometidos com sua vida e sua história.

O uso da experimentação na pesquisa qualitativa

O experimento tem sido uma bandeira do ideal de objetividade apoiado na verificação que tem sido dominante no campo das ciências antropossociais, as quais buscaram por muito tempo seus ideais de cientificidade nas ciências naturais. Nessa direção, conforme afirma Gouldner (1970):

> O paroquialismo humanista da ciência, que dava por assentada a unidade do gênero humano, criou problemas quando se tentou aplicar a ciência ao estudo da própria humanidade. Isso se deve, em parte, ao se tornarem claramente visíveis as diferenças nacionais ou de classe, mas também – e talvez isso seja o mais importante – pelo fato de os homens esperarem agora utilizar a ciência social para "controlar" os próprios homens, assim como já haviam empregado a ciência física para controlar a "natureza". Tal concepção da ciência social partia da premissa de que é possível conhecer, utilizar e controlar um homem como qualquer outro ente: ela coisificou o homem (p. 446).

Essa situação descrita por Gouldner influenciou fortemente o tipo de experimento que passou a dominar o imaginário metodológico das ciências antropossociais: um experimento orientado a controlar as variáveis que influenciam o comportamento humano, com o objetivo tanto de verificar relações pontuais entre determinados fenômenos e o comportamento humano como de conhecer os determinantes do comportamento com o fim de controlá-lo.

Pelo fato de, entre as ciências antropossociais, ser a psicologia a mais preocupada em desenvolver-se à imagem e semelhança das ciências naturais, semelhança que pretendeu alcançar no metodológico indicado como responsável da cientificidade – foi a partir dela que o experimento teve sua expressão mais positiva e valorizada nas ciências sociais. No entanto, Wundt, pioneiro no uso do método experimental no estudo da consciência, sempre deixou claro o caráter parcial e limitado do experimento como método da psicologia. Associado a isso, sua visão sobre a ciência experimental foi decisivamente antiindutivista (Danziger, 1990).

Ainda que Wundt tenha usado o experimento como base metodológica no estudo da consciência, o modo com que o usou não eliminou a relação entre o pesquisador e os sujeitos pesquisados. Foram primeiramente os trabalhos de Tichener e depois os do condutismo que levaram à radicalização do experimento dentro dos princípios indutivos do positivismo, com suas conseqüentes implicações em termos de neutralidade, de controle e de manipulação de variáveis. Esse uso "duro" do experimento caracterizou uma das tendências dominantes da psicologia em toda a primeira metade do século XX: o comportamentalismo,[2] que compreendia o experimento como manipulação de um tipo de variável para produzir efeitos sobre outra, processo que se realizava no laboratório com rigoroso controle sobre outras variáveis, o que conduzia à alteração e à simplificação do estudado.

O tipo de experimento descrito dominou todas as ciências antropossociais, mas, na psicologia européia, em uma tradição que começa com os trabalhos do próprio Binet em relação ao estudo da inteligência e aos processos sensoriais, o experimento toma uma significação relativamente diferente, por meio da organização de experimentos baseada nas condições naturais de algumas das atividades dos sujeitos estudados. Exemplo desse tipo de experimento foram os realizados pelas colaboradoras de Kurt Lewin, Hope (1930) e Dembo (1931), os quais foram realizados em relação ao nível de aspiração nas experiências de êxito e fracasso escolar e seu impacto na personalidade. Sobre a base dessas experiências, desenvolveu-se a linha de pesquisa de Bozhovich, Slavina e Neimark na psicologia soviética acerca do afeto de inadequação em crianças e adolescentes nos anos 60 e 70 do século XX.

---

[2] O comportamentalismo deve ser compreendido segundo o sentido definido por mim no livro *O social na psicologia e a psicologia social*: a emergência do sujeito (Vozes, 2004), no qual considero o comportamental de acordo com aquela tendência da psicologia que faz do comportamento seu referencial teórico-metodológico, pelo qual não reduzo a psicologia comportamental ao behaviorismo.

Nessa tradição, usavam-se dentro do contexto da aula situações para solucionar problemas de diferentes graus de dificuldade, e envolvia-se de tal forma os alunos na tarefa sugerida, que esta adquiria significação para a expressão do que se estudava. Contudo, o experimento não se abstraía, por seus resultados, de outros tipos de informação expressos pelos sujeitos, tanto na situação experimental, como mediante outros instrumentos utilizados nas pesquisas. Posteriormente, no estudo de orientações da personalidade (Bozhovich e Neimark, 1971) – categoria referida aos tipos de motivo dominantes na personalidade (pessoais, sociais ou orientados à atividade) – as autoras criaram situações experimentais de caráter lúdico, buscando precisamente situações que envolvessem os participantes. Também foram usadas experimentalmente situações cotidianas da escola, que permitiram estudar em profundidade as diversas reações comportamentais expressas no experimento.

Esse experimento foi denominado experimento natural pela psicologia soviética; eu o definiria como aquela situação cotidiana organizada com o intuito de produzir um comportamento inteligível associado à questão estudada pelos pesquisadores. Essa ampliação na representação do experimento tem sido compartilhada por diferentes autores europeus, pois, de fato, inscreve-se em uma tradição de pesquisa desenvolvida nesse continente. Assim Reuchlin, renomado pesquisador francês, escreveu (1969):

> Certos autores consideram que a experimentação propriamente dita se limita aos casos em que essa manipulação direta é possível [refere-se à manipulação da variável independente]. Nós não pretendemos adotar essa restrição (...). É possível criar diferentes climas, "climas sociais" experimentais, com o fim de comprovar os efeitos destas diferenças sobre o comportamento de um grupo, como a célebre experiência de K. Lewin, R. Lippit e R. White (1939) (p. 50-1).

O experimento converte-se, a partir desta perspectiva, em um instrumento que nos facilita o acesso a indicadores de difícil expressão por outras vias. O experimento representa um modelo, o mais próximo possível, das condições caracterizadoras do desenvolvimento de uma atividade na vida cotidiana. Desse modo, o experimento adquire um sentido subjetivo envolvido com comportamentos concretos, quase impossível de ser obtido por outros caminhos. De fato, nessa perspectiva, o experimento é altamente sensível a expressar as particularidades culturais da população estudada.

Em nossas pesquisas realizadas em Cuba, tanto nas relacionadas ao desenvolvimento moral (González Rey, 1979, 1982, 1984) como nas orientadas ao estudo dos mediadores subjetivos da hipertensão e do infarto de miocárdio (González Rey, 1989), usamos diversas situações experimentais, entre elas, uma adaptação do experimento de solução de tarefas de diferentes níveis de dificuldade, baseando-se nas pesquisas de Neimark e Slavina (1968). Também nas pesquisas sobre o desenvolvimento moral em adolescentes e jovens, aplicamos o experimento de solução de tarefas que apresentamos por meio de quatro séries de problemas com nove exercícios cada uma, distribuídos em três problemas fáceis, três médios e três difíceis. Os jovens, em geral, podiam resolver quatro problemas, um de cada série, e o problema tinha um valor em pontos correspondente a seu lugar na série, o que, por sua vez, definia seu nível de dificuldade. Caso houvesse falha na tentativa de resolver um problema, o sujeito não ganharia nenhum ponto. Ao final de cada execução e antes da próxima escolha, comunicava-se ao jovem se ele havia resolvido bem o problema ou não. Como se pode notar, mediante uma prova de execução, cria-se uma situação de tomada de decisão diante de uma eleição que compromete a personalidade.

Essa tarefa pode adquirir sentidos subjetivos distintos a partir de quem a executa, bem como a partir do modo com que é apresentada. No caso de nossa pesquisa sobre o desenvolvimento moral, a tarefa apresentou-se aos jovens como:

> Um exercício que reflita o nível de habilidade em relação ao raciocínio numérico, o que necessitamos conhecer para selecionar o grupo com melhores resultados para uma tarefa técnica muito importante para o país, para a qual não se conta, nesse momento, com pessoal tecnicamente qualificado. Será selecionado um grupo de cada escola em Havana, para ao final ser escolhido o melhor entre os selecionados. O grupo eleito receberá uma formação adicional em física, química e matemática e terá a honra de ajudar o país nesse momento histórico.

Isso era falado aos participantes no começo do experimento; uma vez que cada um havia concluído seus quatro problemas e tinha o total de seus pontos, dizíamos a eles que desejávamos estimular também a participação individual e que, para isso, havíamos criado duas urnas, uma para os problemas dirigidos à seleção do melhor grupo e outra para os problemas a serem usados para selecionar os mais destacados individualmente. Deviam-se depositar dois problemas em cada urna, o que deixávamos à escolha deles. Os problemas depositados na urna individual deviam conter o nome de cada um para, posteriormente, poder premiá-los; os inseridos na urna coletiva eram anônimos. O tipo de premiação também era anunciado antes da tomada de decisão, o qual consistia em pôr o nome do aluno em um mural de mérito da escola.

Esse experimento foi muito interessante, pois alguns alunos, em particular uma jovem, Ivón D.,[3] a qual era considerada a melhor aluna em uma das escolas em que fizemos a experiência e também era a representante dos alunos, apresentou uma conduta social que não correspondeu à escolha assumida diante do experimento. Ela convocava os alunos a colocar os problemas em que tinham uma melhor pontuação na urna que selecionaria o melhor grupo, no entanto, essa aluna depositou os de maior pontuação que possuía na urna que escolheria o melhor aluno. Ao ter o nome nas tarefas inseridas na urna da seleção individual, conhecemos, de fato, os problemas que haviam sido colocados para o coletivo, pois acompanhamos a seqüência de escolha de cada aluno, o que passou despercebido para eles.

Atribuímos a alguns dos comportamentos manifestados na situação experimental um significado hipotético imediato; a outros, no entanto, davamos significados gradualmente, em função da informação que outras fontes da pesquisa nos proporcionavam. Nesse caso, por exemplo, depois de realizar o experimento, entrevistávamos cada participante e, durante a conversa, lhe perguntávamos a qual urna havia direcionado seus melhores resultados. Alguns dos jovens com comportamento similar ao de Ivon e menos avaliados socialmente que ela foram sinceros e nos informaram que haviam direcionado à urna individual, opção que assumiam e fundamentavam. Ivón, no entanto, ocultou sua decisão e mentiu sobre sua opção, fato que representou para nós um elemento a mais a ser considerado na avaliação do significado moral de seu comportamento.

---

[3] González Rey, F. *Motivacíon moral en adolescentes y jóvenes*. Editora Científico Técnica: Havana, 1984.

Como se pode analisar, no tipo de situação experimental usada, os fatos e a apresentação da tarefa têm um sentido em função do contexto social em que o experimento se situa. Essa mesma situação teria talvez muito pouco sentido para um jovem dessa idade em qualquer outro país da América Latina naquele momento histórico e, inclusive, para um adolescente cubano no momento atual da sociedade cubana.

No caso das pessoas que haviam sofrido um infarto de miocárdio e que ainda eram hipertensas, a mesma situação experimental se apresentava de outra forma (González Rey, 1994):

> Vamos apresentar a vocês uma série de tarefas diferentes [aqui usamos alguns problemas de raciocínio matemático, como os que havíamos usado nos adolescentes, mas também alguns problemas perceptuais extraídos do teste de Raven. Diferentemente dos adolescentes, não se comprometia tão fortemente a auto-estima com a solução das tarefas, para não estressá-los com uma situação muito competitiva], orientadas a conhecer características pessoais de vocês, que nos facilitem a orientação do trabalho de recuperação que realizamos.

O resto da orientação para a solução de tarefas era igual à que foi dada aos adolescentes, só que neste caso, não usaríamos as urnas, pois o que nos interessava era avaliar a reação dos pacientes diante do fracasso em um contexto social, o que representava um modelo idôneo para avaliar possíveis reações deles diante de situações muito freqüentes da vida cotidiana.

O experimento mostrou-nos que apesar de nosso esforço para apresentar a tarefa aos sujeitos de forma que não lhes criasse pressão, o sentido subjetivo por ela produzido devido às configurações da personalidade dominantes neles produziu-lhes uma tensão elevada no momento de solucioná-la, o qual se manifestou tanto pelo tipo de emoções explícitas durante a realização das tarefas como pela elevação da pressão que se produziu na maioria deles, embora estivessem sob efeitos de medicamentos. Essa situação experimental nos ajudou na construção dos elementos de sentidos envolvidos na emoção patológica associada à aparição dos indicadores de riscos dos transtornos cardiovasculares.[4]

---

[4] Os resultados desta pesquisa foram publicados no livro *Personalidade, saúde e modo de vida*, Thomson, 2004.

Outro experimento muito importante, que também nos auxiliou bastante na configuração subjetiva dos aspectos morais dos jovens estudados, foi o que realizamos com aqueles jovens a quem havíamos aplicado o conflito de diálogos. A situação experimental foi montada à imagem e semelhança do diálogo apresentado na situação de conflito que havia sido apresentada por escrito e que aplicáramos anteriormente. A situação experimental que apresentamos era completamente natural na época; uma vez que os alunos, que haviam participado de nossa pesquisa, estavam próximos de concluir seus estudos pré-universitários ou de Ensino Médio e que já haviam feito a pré-seleção da carreira que desejavam seguir, eles eram convocados a participar de uma reunião com funcionários do Ministério da Educação (colegas do grupo de pesquisadores), que os colocava em uma situação muito parecida com a enfrentada por um dos jovens apresentados por nós no conflito de diálogos.

O conflito – dessa vez ao vivo e os jovens sendo os protagonistas principais – era-lhes apresentado da seguinte maneira:

> Somos funcionários do Ministério da Educação, vimos seus boletins e constamos suas excelentes notas em ciências [conforme o caso, em história ou literatura, buscando sempre uma relação entre seus resultados e o que deles íamos solicitar], fato que nos fez decidir ter essa conversa com vocês, cujo objetivo é convocá-los a estudar a carreira pedagógica que, como sabem por haver concluído recentemente o Ensino Médio, é uma carreira de grande importância para o país, dadas as limitações dos professores nesse nível de ensino. Queríamos conhecer sua opinião sobre nossa solicitação e gostaríamos que vocês se sentissem plenamente à vontade de assumir a posição que desejem. (Nesse último ponto, por uma questão de ética de pesquisa, éramos mais flexíveis do que as pessoas que normalmente desenvolviam essas campanhas na vida real.)

Após os jovens assumirem sua escolha, caso esta fosse contraditória ao juízo manifestado na análise do conflito, no instrumento escrito que fora feito dois anos antes nós lhes apresentávamos o que eles(as) haviam escrito na situação anterior, na análise escrita sobre o conflito de diálogos, e lhes perguntávamos a diferença entre sua posição e aquela que haviam criticado no jovem que defendia sua escolha profissional. As maneiras diferentes com que os jovens se posicionaram diante dessa questão nos forneceu uma fonte de informação muito rica, a qual permitiu manifestarem-se expressões dos jovens que não haviam aparecido em nenhum dos instrumentos com os quais tínhamos trabalhado anteriormente.

Como se pode observar, a situação explicitada é muito semelhante à que lhes apresentamos no conflito de diálogos. Os resultados (González Rey, 1985) foram muito interessantes, pois nos forneceram novos indicadores que nos conduziram a construções teóricas impossíveis de serem realizadas a partir da informação dos outros instrumentos utilizados. O experimento assim concebido tem a vantagem de envolver os sujeitos estudados em produções de sentido subjetivo diante do vivido. A pesquisa terminou com um diálogo aberto com os jovens, orientado a intercambiar com eles e fazê-los perceber a legitimidade de seus diferentes comportamentos, o qual também se transformou em um momento muito valioso da pesquisa. A exemplificação de alguns casos concretos dessa pesquisa será exposta no Capítulo 4, orientado à construção das informações.

Finalmente, queremos comentar os seguintes aspectos gerais em relação ao uso dos instrumentos na pesquisa qualitativa:

- Na pesquisa qualitativa, sob a perspectiva epistemológica que assumimos, a definição dos instrumentos estará influenciada sempre pelas necessidades do pesquisador no curso do processo de pesquisa. Não existem exigências *a priori*, nem sobre a quantidade, nem sobre os tipos de instrumentos que devem ser usados para cada problema. Em uma pesquisa, os sistemas conversacionais e seus desdobramentos podem ser tão ricos, que o pesquisador decida centrar-se unicamente neles para suas construções. Já essa situação pode variar em outra pesquisa, inclusive sobre o mesmo tema.
- Em estreita relação com o dito anteriormente, devemos considerar a definição dos instrumentos não como uma rotina padronizada *a priori*, mas como um processo permanente que se define, em cada momento, pelas decisões do pesquisador.
- De modo geral, instrumentos diferentes permitem descentrar o sujeito dos sentidos subjetivos manifestados diante de cada instrumento, oferecendo opções de novos momentos de produção de sentido que incentivam o desenvolvimento de novas informações, em um processo que tende ao infinito. Na medida em que o próprio clima social da pesquisa se desenvolve, criam-se condições para uma manifestação mais plena dos sujeitos estudados. O sujeito é infinito em relação à sua capacidade de manifestação de informação sobre distintas configurações

de sentido subjetivo, segundo as quais toda pesquisa, em suas conclusões, representará sempre um recorte parcial.
- A aplicação dos instrumentos nessa perspectiva representa sempre um momento dentro de um processo de comunicação que deve estabelecer-se como condição primeira do desenvolvimento de qualquer pesquisa. Os instrumentos são apenas indutores para provocar a manifestação do sujeito estudado, que, em seu trânsito pelos diversos instrumentos, sempre terá o pesquisador como interlocutor imaginário. É por isso que os instrumentos, com independência de seu caráter, são suscetíveis de múltiplos desdobramentos conversacionais.

CAPÍTULO 3

Diferentes Momentos do Processo de Pesquisa Qualitativa e suas Exigências Metodológicas

3.1 A PESQUISA QUALITATIVA COMO PROCESSO

Quando se pensa em pesquisa científica, muitos acadêmicos e alunos, sobretudo no campo das ciências antropossociais, pensam nas exigências formais de um projeto com uma integração perfeita, que implica uma série de etapas organizadas em uma seqüência regular e invariável. Esse tem sido o modelo de projeto dominante na pesquisa hipotético-dedutiva, na qual se atribui ao projeto um papel reitor da lógica de pesquisa que, em realidade, a pesquisa muito dificilmente permite seguir. Como afirma muito acertadamente Deutscher (1993):

> A descrição do processo como ele aparece escrito [refere-se ao processo de pesquisa] é muito diferente da forma com que o processo ocorre atualmente. Isso fornece nosso primeiro exemplo de problema geral a que se destina este livro: o modo como as pessoas fazem a pesquisa não é sempre o mesmo, conforme elas dizem *que fazem (...). O processo não foi planejado, ainda que possa ser reportado no estilo tradicional, como se fosse um procedimento sistemático elaborado antes da pesquisa (p. 6-7).

Essa citação nos remete a uma questão muito real: o culto aos aspectos formais e planejados da pesquisa é tão forte, que o pesquisador, às vezes, mesmo sem ter plena consciência disso, falsifica o que fez ou o que planejou, dispondo um em função do outro, segundo o caso, o qual não constitui um objeto de reflexão para ele. A falta de interesse epistemológico que historicamente tem caracterizado as ciências antropossociais dificulta a reflexão dos pesquisadores sobre o processo de pesquisa. É como se a metodologia fosse intocável, ela é o caminho indiscutível de qualificar o que se faz como ciência. Tal conceito de cientificidade associado à aceitação de uma ordem padronizada para todo projeto científico, o qual deve ser seguido estritamente durante o curso da pesquisa, é uma expressão do culto à ordem e à forma no paradigma científico mais tradicional.

O projeto na pesquisa empírica tradicional isola o "objeto" a ser estudado, objeto que não representa um modelo de significação acerca do problema analisado, mais sim uma hipótese representada por algumas variáveis em relação a qual tem por trás apenas uma idéia geral do pesquisador sobre a forma que essa relação deve tomar, sem nenhum tipo de inquietação sobre a organização complexa do objeto estudado. Esse tipo de objeto estático, do qual o pesquisador nada obtém de novo no curso da pesquisa, orientando-se somente pela medição das variáveis que definem a relação explicitada na hipótese, exige, de fato, um ritual ordenado de momentos no qual as idéias do pesquisador não têm nenhum sentido. Esse tipo de projeto, orientado ao estudo de um objeto artificial definido por variáveis arbitrárias que não respondem a nenhuma construção teórica, abstrai tal objeto de seu contexto e converte a pesquisa em um ritual de procedimentos padronizados aplicados de maneira totalmente mecânica.

A pesquisa "hipotético-empírico-indutiva", que é realmente a que tem imperado no campo das ciências antropossociais e na qual nem sequer sobra espaço para a dedução nos marcos limitados a qual é usada no modelo hipotético dedutivo, eliminou de fato o conceito de campo como cenário da ação criativa e livre do pesquisador e dos múltiplos processos de relação nos quais se desenvolvem os diversos instrumentos da pesquisa. Conforme expressa Bourdieu (2003):

> A noção de campo é, em certo sentido, uma cenografia conceitual de um modo de construção do objeto que vai comandar – ou orientar – todas as práticas da pesquisa (p. 27).

É no interior do campo que se definem os diferentes momentos da pesquisa em uma processualidade impossível de ser controlada por nenhum tipo de *a priori*.

A pesquisa qualitativa proposta por nós representa um processo permanente, dentro do qual se definem e se redefinem constantemente todas as decisões e opções metodológicas no decorrer do próprio processo de pesquisa, o qual enriquece de forma constante a representação teórica sobre o modelo teórico em desenvolvimento. Tal representação teórica guia os diferentes momentos da pesquisa e define a necessidade de introduzir novos instrumentos e momentos nesse processo, em dependência das idéias e novos fatos geradores de novas necessidades no desenvolvimento do modelo teórico.

A pesquisa qualitativa também envolve a imersão do pesquisador no campo de pesquisa, considerando este como **o cenário social em que tem lugar o fenômeno estudado em todo o conjunto de elementos que o constitui, e que, por sua vez, está constituído por ele.** O pesquisador vai construindo, de forma progressiva e sem seguir nenhum outro critério que não seja o de sua própria reflexão teórica, os distintos elementos relevantes que irão se configurar no modelo do problema estudado. É precisamente esse processo que foi nomeado por mim de lógica configuracional (González Rey, 1999, 2002).

A cientificidade de uma construção está definida por sua capacidade para inaugurar zonas de sentido que crescem e se desenvolvem diante dos desafios do avanço do modelo teórico em questão, em suas diferentes confrontações com o momento empírico, no curso de uma linha de pesquisa. Tal conceito de cientificidade deve ser separado, de uma vez por todas, da representação da pesquisa como conjunto de momentos ordenados em uma relação seqüencial, invariável e rigidamente estruturada. Como nos lembra Bourdieu (2003):

> A verdadeira ciência, na maior parte das vezes, tem má aparência e, para fazer avançar a ciência, é preciso, freqüentemente, correr o risco de não se ter todos os sinais exteriores de cientificidade (se esquece de que é fácil simulá-los) (p. 42).

Fazer ciência é manter o desafio de desenvolver nossos pensamentos em relação ao modelo teórico em construção, o qual nos permite significar aspectos diferentes do problema estudado, fato que ocorre em um processo que permanentemente desafia a criatividade do pesquisador. Tentar seguir um critério externo às próprias necessidades desse processo construtivo, do qual o pesquisador ocupa o centro, pode implicar a paralisação da pesquisa.

Na lógica instrumental dominante no campo da pesquisa científica em psicologia, o projeto já definia os diferentes momentos do processo de pesquisa, cujas operações centrais são: a definição das variáveis, os instrumentos que as medem e a análise dos resultados desses instrumentos, ocorrida, na maioria das vezes, por meio de recursos estatísticos. Tal processo conduz a resultados em que as idéias do pesquisador não têm tido praticamente nenhum valor. A pesquisa, encarada dessa maneira, parte de um objeto invariável já definido antes de o processo de pesquisa acontecer. Desse modo, os objetos definidos não são objetos a serem construídos, mas a serem estudados nos seus diferentes comportamentos diante de eventos de natureza distinta que os afetam. Portanto, a pesquisa adquire, com efeito, um caráter instrumental-comportamental e, sendo assim, seus objetivos essenciais se definem pela medição de comportamentos por meio do uso de instrumentos.

O estado das pessoas estudadas, seu envolvimento com a pesquisa, os contextos em que as estudamos, nada disso tem nenhum valor, pois supõe-se que os instrumentos estão orientados a medições objetivas que estão mais além destas questões. A pesquisa termina dispensando mais atenção ao rigor com que se cumprem os atos padronizados planejados no projeto, do que à qualidade da informação produzida.

O pesquisador ou a equipe de pesquisa está diante de um caminho singular quando empreende o desenvolvimento de uma pesquisa. A tentação de serem guiados por regras externas e padronizadas que lhes dêem segurança representa um imenso perigo de a pesquisa não produzir nenhum conhecimento significativo. A recuperação da confiança por parte do pesquisador de que ele(a) é capaz de produzir conhecimento significativo é algo essencial para dedicar-se à pesquisa científica. Os rituais constritores, instituídos com freqüência pela academia e pela instituição científica como critérios de cientificidade, não passam de uma manobra de poder para manter a criatividade dos discípulos subordinada; essa é a maneira de fazer com que tal criatividade nunca questione a mediocridade que caracteriza habitualmente muitas das entidades fechadas e sectárias que proliferam nessas instituições.

3.2 O PROJETO NA PESQUISA QUALITATIVA

O projeto na pesquisa qualitativa está orientado a avaliar a representação do pesquisador sobre o que estudará e a forma com que ele pretende acessar as pessoas que serão analisadas. O projeto também deve explicar o início da rota crítica metodológica a ser empregada pelo pesquisador. Mais que uma seqüência rígida de etapas, na qual uma é condição da outra, o projeto representa um instrumento prático de orientação, pois facilita o começo da pesquisa, a qual, uma vez iniciada, se separa de todo o controle externo, convertendo-se em um processo guiado pelo pesquisador, cujos momentos mais significativos se definem no próprio curso da pesquisa.

A ruptura com a lógica instrumental dominante nas pesquisas antropossociais descentraliza o foco da pesquisa dos instrumentos e o coloca nos sujeitos que serão pesquisados, nos contextos em que eles atuam e nas interações que caracterizaram o processo da pesquisa. A pesquisa compreendida como um processo social e subjetivo modifica as prioridades estabelecidas a partir de uma representação objetivo-instrumental.

Nesta perspectiva sobre a pesquisa qualitativa, inspirada em outras bases epistemológicas, atribuímos uma grande importância a uma nova etapa desse processo, definido por nós como a construção do *cenário de pesquisa*. Entendemos por cenário de pesquisa a fundação daquele espaço social que caracterizará o desenvolvimento da pesquisa e que está orientado a promover o envolvimento dos participantes na pesquisa. É precisamente no processo de criação de tal cenário que as pessoas tomarão a decisão de participar da pesquisa, e o pesquisador ganhara confiança e se familiarizará com os participantes e com o contexto em que vai desenvolver a pesquisa.

A pesquisa qualitativa recupera, em todas as suas conseqüências, os sujeitos do processo de pesquisa, tanto o pesquisador como os participantes, o que envolve a adesão à pesquisa como decisão pessoal. Nenhuma decisão pessoal se produz sem interesse pessoal, sem um sentido envolvido na decisão. A construção do cenário de pesquisa tem por objetivo apresentar a pesquisa para os possíveis sujeitos que dela vão participar, e sua função principal é envolver o sentido subjetivo dos que participam da pesquisa.

Em nossas pesquisas, iniciamos o trabalho intuitivamente com o cenário de pesquisa muito antes de tê-lo definido teoricamente. Assim, por exemplo, nossas pesquisas sobre as representações e valores dos estudantes cubanos acerca de Cuba, bem como sobre o projeto político-social do país, começaram com uma conferência cujo tema era "Cuba: contradições e desafios atuais". Durante esse evento, apresentamos honesta e abertamente nossas considerações sobre a situação do país fora do discurso oficial dominante, fato este que foi considerado um elemento de credibilidade e que despertou o interesse dos estudantes participantes.

Uma vez terminada a conferência, abrimos um espaço para debate, o qual foi muito dinâmico e envolveu veementemente os participantes, pois pelo modo como tal evento foi apresentado, eles falaram sobre assuntos que poucas vezes são expressos publicamente. Como a discussão não terminava, o pesquisador encerrou-a por razões de tempo e aproveitou a situação para informar que estava desenvolvendo uma pesquisa sobre o tema, para a qual convidava todos que quisessem participar, o que daria a todos múltiplas opções para continuar o intercâmbio sobre o tema. Daquela reunião, formou-se o grupo que nos acompanhou na pesquisa e que envolveu-se profundamente ao longo de todo o processo.

O cenário de pesquisa é a apresentação da pesquisa por meio da criação de um clima de comunicação e de participação que facilita o envolvimento por parte das pessoas. A apresentação da pesquisa deve ser, em adultos, um momento reflexivo e dialético para o qual podemos usar diferentes caminhos, como a exibição de um filme, a realização de uma conferência ou de uma mesa-redonda etc., enfim, atividades que devam sempre provocar uma discussão que faça os participantes refletirem sobre suas preocupações e necessidades fundamentais.

Assim como os instrumentos, a criação do cenário de pesquisa representa uma iniciativa criativa do pesquisador que, em função da população e do problema a ser estudado, deve organizar o primeiro encontro com o grupo que deverá ser convertido em grupo de pesquisa.

A criação do cenário de pesquisa é também uma necessidade de trabalho com sujeitos individuais, os quais devem ser informados sobre a pesquisa e consultados em relação à sua disponibilidade para os diversos momentos e instrumentos que nela serão usados. Isso é uma necessidade muito especial quando se trata de pessoas envolvidas em uma prática profissional do pesquisador, seja em psicoterapia seja em qualquer outro ramo profissional.

A atividade empregada para criar o cenário de pesquisa constitui, de fato, o primeiro momento da pesquisa, no qual já podem aparecer informações significativas sobre o problema que estudamos. A criação desse cenário deve ser caracterizada por sua autenticidade e pelo caráter participativo da atividade. O pesquisador decide qual tipo de conteúdo atrai a atenção e o interesse dos participantes.

No caso de crianças, o cenário é criado a partir do tipo de atividade inicial utilizada para o desenvolvimento da pesquisa. É o atrativo da atividade que define o interesse das crianças em participar da pesquisa. O uso de fantoches, de filmes infantis e de jogos representa caminhos convenientes para formar um grupo infantil com o qual se pretende trabalhar de forma estável por algum tempo.

Uma das características da pesquisa qualitativa é seu acesso a temas que são íntimos e muito sensíveis para as pessoas pesquisadas, como, por exemplo, o abuso sexual, as drogas, a violência familiar, a identidade dos doentes crônicos, entre muitos outros. Esses tipos de temas também necessitam, em um maior grau, da criação de um vínculo com o pesquisador como condição para desenvolver a pesquisa. A melhor forma de ganhar a confiança e a segurança na relação com os participantes é, nesse caso, estabelecer um diálogo que leve os sujeitos a sentirem a necessidade de participar.

Às vezes os grupos que aceitam fazer parte de uma pesquisa não conseguem, em um primeiro momento, participar dela; as pessoas e os grupos, em determinadas ocasiões, necessitam de tempo para amadurecer sua expressão dentro do espaço de pesquisa. Assim, por exemplo, na pesquisa que conduzimos na Universidade Católica de Goiânia sobre o consumo de drogas por alunos universitários (González Rey, Morseli e Soares, 2003-2004), formaram-se 6 grupos que eram constituídos por 2 alunos cada um e que fariam o trabalho de campo. O cenário de pesquisa desenvolveu-se por intermédio da visita dos pesquisadores às salas de aula cedidas pelos professores, os quais concederam um tempo para que a pesquisa fosse explicada. Nessas visitas, os pesquisadores apresentavam o tema e convidavam a um diálogo, usando argumentos polêmicos sobre o consumo de drogas como via de motivar os possíveis participantes.

A participação dos alunos na pesquisa foi um processo muito produtivo, pois havia tanto alunos com um interesse teórico sobre a questão, visto que eram estudantes de psicologia, como alunos que admitiam ser usuários e que aceitaram ficar diretamente frente a frente com os pesquisadores, cujo interesse principal era defender sua posição. A aparição de fontes diversas, com posições e interesses distintos em relação ao problema, permite definir múltiplos e diferentes elementos envolvidos com sentidos subjetivos também diferentes que permitem compreender e construir a dimensão subjetiva do consumo de drogas por jovens. Esta aproximação do problema permite uma representação complexa desta questão que integra a diversidade de sua constituição subjetiva e se distancia de fórmulas estereotipadas no conhecimento do problema.

Na nossa linha de pesquisa sobre os aspectos subjetivos do câncer, conversamos com as pessoas, individual ou coletivamente, sobre a importância da subjetividade na qualidade de vida e na evolução da doença. Nessas conversas enfatiza-se o referencial da saúde e não da doença, e insistimos no que significa manter os projetos de vida e uma posição ativa nas diversas áreas que definem o sentido da vida pessoal. Esse tema é objetivo de reflexão e de debate, levando muitos dos participantes a tomarem a decisão de ser parte da pesquisa.

Nesses grupos de pesquisa sobre temas tão sensíveis, a confiança das pessoas e o desenvolvimento do clima social é um processo gradual, que se consolida na medida em que a pessoa gera sentidos subjetivos importantes para si no curso da pesquisa. Ajudam muito na constituição desses cenários pessoas que, por terem uma forma diferente de assumir o problema, são capazes de expressar-se de forma aberta, problematizando e questionando as posições dominantes no grupo. Tais pessoas são essenciais para desenvolver a pesquisa, desde que elas não sejam convertidas em centros, reação subjetiva esta que devemos encarar como natural da pesquisa enquanto processo humano.

Neste momento, atribuímos à explicitação do cenário de pesquisa uma significação importante no projeto de pesquisa, pois sem essa condição o pesquisador não terá idéia de como aproximar-se dos sujeitos que ele deseja pesquisar, podendo dificultar assim a integração do grupo. Na pesquisa qualitativa, diferentemente da quantitativa, o grupo não é uma soma de indivíduos, mas um espaço de reflexão coletiva que necessita da constituição da subjetividade grupal.

A criação do cenário de pesquisa não representa um momento rígido que sempre deve produzir um resultado desejado; a constituição do cenário de pesquisa é um momento de comunicação que pode tomar diferentes sentidos para os participantes e que não garante sempre o que deles se espera. O êxito e as operações metodológicas de uma pesquisa não é algo formulado *a priori*, mas é algo constituído no próprio processo vivo da pesquisa. Toda pesquisa é um processo vivo em que se apresentam diversas dificuldades para as quais o pesquisador deve estar preparado e diante das quais deve tomar decisões que podem alterar o rumo da pesquisa.

3.2.1 A definição do problema de pesquisa

A definição do problema de pesquisa é enunciada, na maior parte dos livros de metodologia, como o primeiro momento no planejamento de pesquisa, ainda que o problema já implique uma representação sobre o objeto estudado, objeto que aparecerá somente quando o sujeito tiver uma base de leitura e de maturidade pessoal que lhe permita a representação do problema. Em seu avanço em direção à formulação do problema, o sujeito deve pensar também nas possibilidades reais de sua pesquisa, o que deve envolver sua representação sobre a criação do cenário de pesquisa. Contrariamente ao que se tem enfatizado historicamente na literatura sobre o tema, a formulação do problema de pesquisa não é um momento formal, senão o desenvolvimento progressivo de uma representação que não será, nem deverá ser perfeita, e que vai orientar o processo de organização inicial da pesquisa, o qual será suscetível de modificação no curso do processo.

Na pesquisa tradicional, a formulação do problema está investida de toda a liturgia formal que caracteriza a elaboração do projeto de pesquisa, diferentemente da pesquisa qualitativa, cujo problema representa a primeira aproximação do sujeito em relação ao que ele deseja estudar, representação que será alimentada de reflexões e de incertezas. É muito interessante o fato de os alunos de pós-graduação se preocuparem em ter pronto o problema, como se isso representasse uma tarefa que deve ser terminada, quando, na realidade, a elaboração do problema inicia um processo de problematização que acompanhará todo o processo da pesquisa, em relação ao qual o pesquisador nunca ficará tranqüilo, nem mesmo depois de a pesquisa ter sido concluída.

A representação sobre a formulação do problema na pesquisa empírica tradicional considera o problema o primeiro momento de uma delimitação analítica que levará a novos momentos de precisão quanto aos tipos de variáveis que serão objeto de relação nas hipóteses formuladas pelo pesquisador. Desse fato decorre a insistente preocupação sobre a concretização do problema que se expressa nesse tipo de pesquisa. Subjacente ao problema de pesquisa está a preocupação com a precisão e o controle oriundos do imaginário quantitativo que o caracteriza e que o orienta constantemente a conceitos exatos, os quais caracterizaram, durante muito tempo, o pensamento matemático, mas que, a partir do século passado, não mais o caracteriza.

A definição do problema na pesquisa tradicional constitui um ato de simplificação do qual partem todos os momentos ulteriores do processo e cuja concretização garante a concretização dos outros momentos. Não há nada que perturbe mais aos ideólogos do tecnicismo da pesquisa que a transgressão da ordem e do controle. Os momentos da pesquisa são definidos por funções específicas, precisas, que estabelecem o que deve ser realizado em cada etapa da pesquisa, em uma rotina que, baseada no mito da neutralidade, exclui qualquer aporte criativo do pesquisador. Lembremos que a pesquisa quantitativa tradicional trabalha sobre elementos e sobre suas relações evidentes. Portanto, o problema está orientado pelos elementos hipotéticos que o pesquisador considera significativos em relação a um fenômeno. Daí as pretensões de precisão que já são impostas nesse primeiro momento da pesquisa, o qual, pelo contrário, deveria ser considerado um momento obscuro que permitisse ao pesquisador entrar no campo de pesquisa da forma mais aberta e flexível possível.

A pesquisa é um processo que deve começar com a incerteza e com o desafio, e não com o objetivo de verificar uma certeza definida *a priori*. As necessidades de ordem, de precisão e de certeza, que determinam a ideologia dominante da sociedade ocidental, terminaram se impondo também no campo da pesquisa científica. Segundo nos diz Bourdieu (2000):

> Daqui resultam os problemas de estratégia que encontramos sempre e que se apresentarão de forma constante em nossas discussões sobre projetos de

pesquisa: será que vale mais estudar extensivamente o conjunto de elementos pertinentes do objeto construído, ou antes, estudar intensivamente um fragmento limitado desse conjunto teórico que está desprovido de justificação científica? A opção socialmente mais aprovada, em nome de uma idéia ingenuamente positivista de precisão e de "seriedade" é a de "estudar a fundo um objeto muito mais preciso, bem circunscrito", como dizem os orientadores de teses. (Seria bastante fácil mostrar como virtudes pequeno-burguesas de "prudência", de "seriedade", de "honestidade" etc., as quais poderiam exercer-se na gestão de uma contabilidade comercial ou em um emprego administrativo, se convertem aqui em "método científico") (p. 31).

O problema concreto, preciso, responde a um tipo de pesquisa cujos objetivos são diferentes dos da pesquisa qualitativa. A pesquisa que exige a precisão e o recorte *a priori* do problema para poder delimitar os elementos a serem considerados nela é a pesquisa orientada à descrição de elementos ordenados horizontalmente, e a que busca definir relações significativas entre as variáveis estudadas, seja por procedimentos estatísticos seja por observações. Trata-se de uma pesquisa orientada ao campo das evidências, inclusive daquelas que devem ser provocadas pelo experimento, mas que, uma vez verificadas, entram no espaço observável.

Na pesquisa qualitativa que apresentamos, o objetivo central é a construção de modelos teóricos compreensivos e com valor explicativo sobre sistemas complexos, cuja organização sistêmica é inacessível à observação, seja esta natural seja provocada. A explicação a que nos referimos não é a explicação causal amplamente criticada pela literatura acerca do tema, crítica que compartilhamos, mas a explicação como sistema de argumentações sobre a organização do sistema estudado. Na realidade, trata-se de dois tipos de pesquisa que partem de duas definições ontológicas claramente diferenciadas: uma de base descritivo-comportamental, apoiada em relações entre elementos visíveis, e outra de base subjetivo-interpretativa, a qual temos acesso apenas por meio de modelos teóricos que nos proporcionem uma visibilidade progressiva sobre o sistema estudado, sem, no entanto, esgotarem-no.

Cada uma dessas definições ontológicas está associada a uma epistemologia diferente, a qual estará na base das opções metodológicas que definiram os processos, as estratégias e as operações concretas que caracterizam o processo de pesquisa de ambas as realidades. Essas distintas metodologias representam, na realidade, dois sistemas completamente diferentes, pois, embora apresentem alguns momentos definidos em termos semelhantes como pode ser a própria definição do problema, este será essencialmente diferente e poderá ser compreendido apenas no interior do sistema metodológico a que pertence.

A pesquisa quantitativa tradicional pode organizar-se em pesquisas parciais concretas e finitas que aspiram a um resultado verificável no final do processo, todavia ela tem, como objetivo, a demonstração de relações entre variáveis, enquanto a pesquisa qualitativa sempre apresenta-se como uma linha de pesquisa, pois seu objetivo é a criação de modelos teóricos sobre a realidade estudada. Cada pesquisa concreta é sempre um novo momento na construção do modelo, ainda que este nunca seja verificável de forma direta na realidade estudada. A relação entre realidade e modelo é de viabilidade que se vai desenvolvendo em cada novo momento da pesquisa.

O problema é a primeira representação sistêmica desenvolvida pelo pesquisador do que deseja pesquisar e a qual permite, conforme já dissemos, a primeira aproximação com a pesquisa. Nesse sentido, a idéia dominante de que o problema deve surgir de uma pergunta bem formulada não pode-se converter em regra universal, porém o problema é a delimitação do que se quer pesquisar dentro da complexidade em que o sujeito é capaz de concebê-lo no momento inicial de sua pesquisa, e é essa complexidade que ele deve projetar em suas diferentes operações de pesquisa, sem a qual terá que simplificar seu pensamento *a priori*.

Assim, por exemplo, uma pessoa que deseja pesquisar o processo de configuração subjetiva do câncer de mama em mulheres não terá que definir o problema a partir da pergunta: "Quais são as características psicológicas do câncer de mama?", a qual representaria o problema exigido pela perspectiva mais tradicional; na verdade, essa pessoa deverá explicitar as questões singulares que a inquietam e sobre as quais quis produzir conhecimento de modo menos organizado e mais problematizado por seu pensamento. Uma questão explícita poderia ser "As condições socioeconômicas da mulher são responsáveis por sentidos subjetivos diferentes em relação ao câncer de mama. Tais sentidos poderiam definir representações sociais distintas que, na medida em que mais se distanciam das representações sociais dominantes, mais facilitam posições ativas da mulher diante da doença, pois elas estão menos afetadas pelos preconceitos mais característicos da subjetividade social, isto é, as mulheres de um *status* socioeconômico inferior teriam menos preconceitos em relação à doença ou será que, pelo contrário, na medida em que a mulher se sente mais excluída socialmente, terá uma tendência maior à produção de sentidos subjetivos que as fazem se sentir cada vez mais inferiores e, nesse caso, a doença contribui para a representação assumida do estigma. Como são as organizações de sentido que transitando nas diferenças individuais delimitam espaços de subjetividade social diferentes, que aparecem constituídos nas subjetividades das pessoas nestes diferentes estratos econômicos". Esse tipo de problema, mais que uma pergunta simples é uma problematização aberta que, pode-se desdobrar em muitas alternativas diferentes, mas que não necessariamente deve ser simplificado e clarificado em termos formais para converter-se em problema. Essa construção é, em si mesma, um problema.

O problema não pode ser uma camisa-de-força, e sim uma representação que pode converter-se no primeiro momento do modelo teórico que se desenvolverá no curso da pesquisa. O problema tem como função metodológica principal organizar, de forma sistêmica, o conjunto de aspectos que definirá o processo de pesquisa. Por meio do problema, o pesquisador não consegue apenas a representação teórica orientadora da pesquisa, mas também a capacidade de localizá-la em um contexto, pensando o problema tanto em termos de cenário de pesquisa, como em termos das alternativas instrumentais que guiariam a produção de uma informação relevante no tema pesquisado. Como assinalaram Alves Massotti e Gewandznajder (2001):

> O fato de que, na pesquisa qualitativa, o detalhamento prévio exigido é menor não deve permitir a conclusão de que a proposição do problema se converte em uma tarefa trivial. Na realidade, esta é a etapa mais difícil e trabalhosa do planejamento de uma pesquisa, exigindo do pesquisador muita leitura e reflexão. No entanto, uma vez definido o foco inicial, a decisão sobre os demais aspectos da pesquisa fica extremamente facilitada (p. 150).

O problema de fato evolui na medida em que o processo de pesquisa avança, e em que o modelo oriundo desse processo se organiza, permitindo o trânsito do pesquisador por representações muito mais complexas, que podem resultar tanto da evolução do problema, como de sua transformação em outro conjunto de representações orientadoras do processo de pesquisa em seus novos momentos.

Nessa etapa inicial, podem existir muitos aspectos sobre os quais o pesquisador não tem a clareza necessária para integrá-los em seu problema de pesquisa e, por isso, continuarão amadurecendo conforme o pesquisador se envolve no campo de pesquisa, podendo articular-se em um momento posterior no foco da pesquisa. Há inumeráveis elementos de sentido por trás das representações que se explicitam em um momento concreto com relação ao foco da pesquisa, os quais podem, progressivamente, passar a ser aspectos essenciais de tal foco.

O problema não é uma abstração do campo, mas sim o desenvolvimento de uma representação que envolve, associado à leitura e à reflexão, uma imersão no campo no qual se realizará a pesquisa; é por isso que o problema se facilita para pessoas com anos de prática profissional em uma determinada área e com sensibilidade de problematizá-la. A pesquisa é e será sempre uma tarefa para os que se assumem como sujeitos da produção de conhecimento.

Apesar da importância do problema já atribuída e fundamentada por nós anteriormente, sua elaboração não é uma obrigação formal. Há pessoas que se envolvem na construção de conhecimento a partir de desafios que aparecem em sua prática profissional e que transformam o problema no momento de um processo de conhecimento já em marcha, do qual existem muitos exemplos na literatura, como o próprio Freud. Embora, para a pessoa que chega a uma pós-graduação ou a qualquer instituição científica com o objetivo de pesquisar, a definição do problema representa uma necessidade, pois diferentemente daquela pessoa que, como Freud, estava imersa em uma prática, quem inicia a pesquisa necessita criar um campo de atuação, o qual não existe sem uma representação a partir da qual se organize o campo de pesquisa.

Para os pesquisadores que atuam valendo-se de sua prática profissional, o cenário de pesquisa já está construído nos marcos de sua própria prática, apesar de que aquele que começa a pesquisa necessita construir o cenário que definirá o campo em que desenvolverá sua pesquisa. O nível de elaboração do pesquisador sobre o problema é um elemento necessário na produção do cenário de pesquisa.

3.2.2 Os outros momentos a serem explicitados no projeto de pesquisa qualitativa

Os momentos do projeto de pesquisa a que nos referimos não seguem uma seqüência rígida entre si; na medida em que se elabora o problema de pesquisa, o pesquisador desenvolve suas primeiras idéias sobre a projeção do cenário e, avançando neste, pode ter novas idéias acerca do problema. O pesquisador, nessa perspectiva, não se orienta pela representação de momentos analíticos separados, mas sim por um sistema de pensamento, cujos momentos distintos se afetam de forma recíproca.

Na elaboração do projeto de pesquisa – relacionada a uma introdução que permita conhecer brevemente a fundamentação do que se deseja pesquisar, na qual o pesquisador nos apresentará uma síntese de sua experiência e de suas leituras sobre o tema –, deve-se explicitar e fundamentar o problema, bem como a criação do cenário de pesquisa; esse é o núcleo dos aspectos que deve aparecer, de forma explícita, no projeto de pesquisa. Associada a estes aspectos, deve-se apresentar uma primeira versão dos instrumentos que serão utilizados, bem como o projeto das sessões em que esses instrumentos serão empregados, o que implicará a apresentação das primeiras sessões de pesquisa, nas quais se explicitarão os primeiros instrumentos a serem usados. Isso não é uma exigência só da vida acadêmica, mas é também das instituições e das pessoas que participarão do projeto.

A elaboração do cronograma com o projeto das sessões permitirá avaliar, em maior profundidade, tanto a representação do problema a ser pesquisado, como as possíveis implicações da pesquisa para quem dela participar. Por sua vez, o cronograma permitirá discutir, de um ponto de vista técnico, as opções da proposta metodológica. Programar as primeiras sessões pode ser de grande valia para os pesquisadores que se iniciam na pesquisa, facilitando, assim, a organização dos primeiros procedimentos e auxiliando na supervisão do projeto.

A sessão programada de um cronograma pode ser formulada da seguinte maneira:

Sessão I
Aplicação de questionário inicial aos jovens sobre seu projeto profissional

Inicia-se a sessão retomando a questão amplamente discutida na atividade dedicada à criação do cenário de pesquisa sobre o caráter pessoal da escolha profissional dos jovens. O pesquisador, a partir de algumas das questões mais discutidas naquele primeiro momento, tentará retomar o debate, o qual servirá como facilitador da disposição dos jovens para responder ao questionário, já que tentará envolvê-los no sentido subjetivo que o tema apresenta para ele, aproveitando-se do clima criado para introduzir o questionário.

Ao ser aplicado, o questionário pretende a expressão pessoal dos jovens sobre o problema, de forma a organizar, em torno dessa questão, o que cada um deles pode fornecer a partir de uma experiência vivida. Além de serem consultados se estão dispostos a respondê-lo, será explicado a eles que, se desejarem, podem, durante sua expressão no questionário, abrir algum tema para discussão. No lugar do nome, esses jovens deverão colocar um número que os identifique como sujeitos da pesquisa, pois, assim, cada um saberá quando seu comportamento é discutido podendo organizar suas respostas nos diferentes momentos interativos da pesquisa e evitando atribuir um caráter pessoal aos debates. Tal recurso também permite aos participantes se posicionar, crítica e tranqüilamente, diante de suas próprias construções.

Ao finalizar o questionário, este será distribuído entre os participantes com o objetivo de realizar uma dinâmica de discussão sobre o tema, favorecida não somente pelas respostas de cada um, como também pela leitura do que o outro considerou sobre as mesmas questões. Com isso, terminará a primeira sessão de trabalho.

Como se pode observar, o objetivo de descrever as sessões da forma mais explícita possível no cronograma é acompanhar os momentos metodológicos iniciais do projeto, tendo em vista sugestões e recomendações que possam enriquecer a projeção atual do pesquisador. As sessões programadas nesse cronograma devem ser as 3 ou as 5 primeiras, o que não significa que elas serão rigorosamente cumpridas, pois, uma vez iniciada a pesquisa, serão geradas as novas necessidades que indiquem o curso de novas atividades. O cronograma tem a mesma função que os outros aspectos do projeto: favorecer a projeção e a organização do pesquisador sobre a atividade, o que facilita sua representação sobre as coisas possíveis de serem feitas. Em nenhum caso representa um guia rígido do que se deve realizar, o que negaria o lugar central outorgado por nós ao pesquisador na organização da pesquisa.

Os momentos que indicamos na construção do projeto são essenciais para as pessoas que iniciam sua carreira científica. Os pesquisadores mais experimentados trabalham de formas muito diversas e, com freqüência, não sentem necessidade do projeto. De qualquer maneira, o projeto será sempre inevitável para a institucionalização da pesquisa.

Desafortunadamente, muitas das agências e instituições encarregadas do financiamento das pesquisas mantêm exigências para a definição de projetos baseados no modelo de pesquisa tradicional, o que de fato deve mudar radicalmente nos próximos anos; no entanto, a pesquisa qualitativa já tem sido oficialmente reconhecida e institucionalizada nas principais universidades e centros de pesquisa do mundo.

3.2.3 Outros momentos importantes na organização da pesquisa

Um aspecto importante não abordado satisfatoriamente pelo modelo tradicional é a formação do pesquisador em relação aos desafios que enfrentará no curso do trabalho. Devido à importância que atribuímos à comunicação e ao diálogo nesse tipo de pesquisa, devemos preparar os pesquisadores para esse processo, pois o imaginário dominante da lógica estímulo-resposta na metodologia incita o pesquisador a esperar do outro a expressão imediata sobre o tema de seu interesse, embora a participação do outro não seja sempre um processo imediato, mas um processo gradual que avança conforme os participantes se integram na dinâmica comunicativa, em cuja criação o pesquisador terá um papel essencial.

Do ponto de vista técnico, a pesquisa exige, cada vez mais, as mesmas habilidades de qualquer prática profissional em relação à criação de campos de comunicação. Os participantes de uma pesquisa, na medida em que se tornam sujeitos do processo de que participam, irão expressar-se apenas a partir de campos de comunicação que tenham sentido para eles. Desde o momento em que convocamos o outro como sujeito – processo que começa com o próprio apelo à sua voluntariedade para participar na pesquisa – estamos mudando na realidade o sentido subjetivo dessa participação, ao romper a lógica autoritária com a qual se iniciam, freqüentemente, as pesquisas tradicionais.

O fato de colocar a responsabilidade de participação no sujeito, faz com que ele se posicione de forma diferente, em relação à sua própria expressão nesse processo, o qual não conduz os participantes a respostas obrigatórias ante os instrumentos aplicados pelo pesquisador, mas leva-os à sua expressão espontânea e envolvida em relação ao tema em curso, o que exige sempre a criação de um clima, cujo primeiro momento é o cenário de pesquisa.

Há temas de pesquisa que, no entanto, não facilitam a criação do cenário de pesquisa, que devem apresentar-se em situações do modo menos formal possível e que sejam propícios para o objetivo da pesquisa, como é, por exemplo, a questão do consumo de drogas entre estudantes universitários, tema tratado por nós em uma pesquisa em curso na Universidade Católica de Goiânia. Tal tema, além de dificultar a criação do cenário de pesquisa, cria empecilhos à organização dos grupos, pois ainda que abra a possibilidade da participação em terceira pessoa, envolve uma atividade ilegal, fortemente estigmatizada no âmbito social; portanto, o apelo à voluntariedade de participação é muito mais difícil diante de um problema dessa natureza, sobretudo quando, como nesse caso, a convocação é realizada a partir de uma instituição onde o usuário não legitima sua identidade.

A pesquisa, como já foi dito, desenvolveu-se por meio de 4 grupos de pesquisadores, os quais, posteriormente, eram divididos em duplas, os participantes eram alunos dos últimos semestres do curso de psicologia. A pesquisa mostrou-nos, em todos os seus momentos, a importância da formação dos pesquisadores. Delinearam-se, conjuntamente, entre os professores e os alunos participantes tanto a apresentação da pesquisa nos diferentes semestres escolhidos para realizar o trabalho como o começo das sessões de trabalho com cada grupo. É importante enfatizar que cada grupo apresentou características distintas desde o início, o que marcou o diferente curso que tomaram as sessões em cada um deles. Isso contribuiu, por sua vez, para o surgimento de aspectos muito distintos do problema pesquisado.

A preparação da equipe foi um período muito interessante, pois os próprios alunos tiveram que desenvolver sua identidade como pesquisadores e apropriar-se de seus pensamentos e de suas iniciativas diante das demandas que se apresentavam no processo. No início, um momento muito marcante e, no qual tivemos que trabalhar muito, foi devido à pouca adesão dos alunos aos grupos, os quais se formaram com um número de participantes que oscilava entre 3 e 6. Isso que, para mim, era uma grande realização, para alguns dos pesquisadores, no entanto, foi muito desmotivador. A situação levou-nos a discutir a importância de haver conseguido abrir os grupos em circunstâncias tão difíceis e a enfatizar a questão de não importar a quantidade de pessoas, mas sim a qualidade das dinâmicas que se pudessem desenvolver. Esse é um dos aspectos fundamentais a serem enfatizados na preparação dos pesquisadores: a importância do aspecto qualitativo sobre as diferentes exigências quantitativas que historicamente tem normatizado o imaginário metodológico das ciências sociais, imaginário que se expressa em tudo, desde o número de pessoas consideradas idôneas para participar na pesquisa, até o número de perguntas que um questionário deve conter para ser considerado legítimo, o que, constantemente, remete à discussão e ao aprofundamento dos diversos princípios que estão na base de ambos os tipos de pesquisa.

A preparação dos pesquisadores, apesar de contar com uma parte teórica que contempla exposições e leituras sobre os aspectos e os princípios mais gerais desse tipo de pesquisa, remete, de modo constante, inclusive nos momentos mais "práticos" da pesquisa, a discussões teóricas e epistemológicas, que permitem a apropriação gradual do marco de trabalho assumido. A pesquisa não pode ser ensinada apenas de forma teórica, é necessário envolver o aluno nos processos, mediante sua prática, como momento indispensável para dominar os aspectos teórico e metodológico da posição assumida.

Em pesquisas – como a que estamos descrevendo e que é desenvolvida em uma instituição na qual cada pessoa concreta tem diferentes redes de comunicação –, na medida em que os participantes dos grupos nelas se envolvem, eles vão se convertendo em vetores de promoção que, em determinadas condições, podem atuar ativamente para atrair mais pessoas ao grupo. Digo em determinadas condições, pois às vezes o grupo, durante a atividade, torna-se tão coeso que prefere não acolher novos membros.

Um fato muito interessante, que ocorreu na referida pesquisa e que nos mostra a importância de as pessoas e os grupos se expressarem espontaneamente por meio de sua singularidade, é que cada grupo foi produzindo focos específicos em sua discussão sobre o tema, atribuindo diferentes núcleos para a construção teórica do problema. Apresentou-se desde um grupo em que os participantes eram usuários de drogas assumidos e interessados em confrontar abertamente seus pontos de vista até um grupo no qual ninguém havia assumido. Quando o pesquisador impõe, de forma padronizada, seus instrumentos ao grupo estudado, a construção da informação avança com um forte componente comparativo-descritivo, enquanto a estimulação de sistemas diferenciados de expressão, pelo contrário, nos obriga a um processo construtivo-interpretativo, a partir do qual a diversidade favorece a aparição de sentidos subjetivos que estavam ocultos nos focos narrativos explícitos.

O processo de preparação da equipe de pesquisadores, ou de pesquisadores individuais em um tema, deve levar umas 8 semanas antes do início da pesquisa, nas quais se debatem questões teóricas, metodológicas e epistemológicas. Nesse período, enfatiza-se a necessidade de o pesquisador converter-se em sujeito de seu pensamento. Os alunos de graduação devem mudar a orientação passivo-reprodutiva mantida ainda por muitos, e devem ser convocados a expor sobre os materiais lidos e a construir suas próprias versões acerca das discussões.

O problema, suas diferentes variantes, a criação do cenário de pesquisa, os instrumentos a serem usados, o planejamento das primeiras sessões de trabalho e os mais diversos detalhes do projeto são discutidos coletivamente, estimulando-se a reflexão de todos os participantes. Por todas as vias, estimula-se o pensamento crítico e divergente no interior do grupo. Os aspectos centrais para trabalhar nas primeiras sessões da pesquisa são o ânimo e a convicção dos pesquisadores, pois as primeiras limitações que aparecem, como a não-adesão de pessoas à pesquisa a qual diminui a participação das já incorporadas, como é freqüente, podem suscitar desânimo nos pesquisadores, estado que pode conspirar contra a constituição do grupo pesquisado.

O trabalho em equipe envolve o acompanhamento tanto das sessões de trabalho em relação às dificuldades, às dúvidas e às contribuições que estas trazem, como a discussão coletiva dos relatos de pesquisa, de forma a enriquecer a produção de informação em todos os momentos do trabalho. Esse processo de formação dos pesquisadores está orientado a que eles se assumam como sujeitos da pesquisa, o que não é tarefa fácil devido à forte orientação à execução mais que à produção, bem como ao seguimento mimético de teorias tradicionais nos cursos de psicologia. Converter-se em sujeitos da pesquisa envolve a valoração de suas próprias idéias e a capacidade para segui-las no processo de construção de informação.

Por outorgarmos uma relevante importância ao diálogo na pesquisa, a preparação para dialogar e os diversos recursos que podem ser utilizados no estímulo desse processo são alguns dos focos na formação dos pesquisadores. O lugar central que historicamente teve o pesquisador no controle da pesquisa, na aplicação dos instrumentos e na direção das entrevistas, sendo ele quem estrutura esses diferentes processos, com freqüência, antes de serem implementados, determina as dificuldades que os pesquisadores sentem para ser ativos nos impasses que, como em todo processo, aparecem também no curso de uma pesquisa.

A prática de passar da pergunta a posições que incentivam o diálogo, tais como as reflexões, os questionamentos e os comentários abertos durante a conversação, não resulta fácil para quem se acostumou com a lógica da aplicação dos instrumentos, na qual a passividade é condição da neutralidade desejada. A análise pormenorizada de trechos de informação das sessões e das contradições e dificuldades experimentadas pelos pesquisadores é um aspecto essencial para o processo de preparação e de apoio.

Outra questão prejudicial muito enraizada na instituição acadêmica se refere ao fato de os alunos de graduação atuarem mais como aplicadores de instrumentos que como membros ativos de equipes de trabalho. A experiência relatada por nós anteriormente, assim como a das equipes de alunos a qual desenvolvemos em Cuba nos estudos sobre a saúde e o desenvolvimento, é totalmente contrária a essa posição. Hoje, no Brasil, existem muitos grupos de alunos de graduação envolvidos em pesquisas de campo complexas, entre as quais poderíamos citar a dos professores Guzzo e Wechsler em Campinas, a de Guaresschi em Porto Alegre, a de Spink' Sawaia Lane Junqueira, e Bock, entre muitos outros em São Paulo, Mitjáns em Brasília e a de Leal e Cupolillo em Goiânia; esses são apenas alguns exemplos que conheço pessoalmente.

A preparação e a superação dos pesquisadores é um processo permanente que envolve o trabalho coletivo e estável da equipe durante todo o desenvolvimento da pesquisa.

3.3 OS PROCESSOS ENVOLVIDOS NO DESENVOLVIMENTO DA PESQUISA

O desenvolvimento da pesquisa tem-se associado, tradicionalmente, à coleta de dados e à interpretação da informação, momentos esses que, muitas vezes, representam mais uma classificação despersonalizada que uma interpretação. Por trás desse modo de compreender os diversos momentos do processo de pesquisa, se mantém na pesquisa tradicional a mesma tendência que tínhamos criticado na elaboração do projeto: representar a pesquisa como uma seqüência de momentos ordenados e invariáveis, o que se apresenta mais como uma exigência formal que como resposta às demandas reais do processo de pesquisa.

A orientação em direção ao dado e à descrição não é algo casual no modelo de pesquisa empírica que se institucionalizou como dominante nas ciências sociais, mas uma expressão de caráter atomizado sobre a qual se apóia toda sua definição metodológica. Como expressou Ratner (1997): "Os suportes do positivismo metodológico podem ser chamados atomismo, quantificação e operacionalismo" (p. 14). Esses fundamentos, como o autor também indica, apresentam uma conotação ontológica que condiciona a aproximação metodológica: compreender a psiquê como um conjunto de elementos discretos sem articulação com nenhum sistema que transcenda o dado, como aquilo que é suscetível de apreensão direta a partir da observação e dos diferentes instrumentos usados. É nessa posição que se legitima a chamada coleta de dados, a partir do qual se coloca o dado como a unidade central do procedimento metodológico. Tal consideração do lugar do dado é, na realidade, uma posição epistemológica que guia, a partir dos pressupostos ontológicos assumidos, os distintos momentos e requisitos da metodologia empregada.

Portanto, o dado, mais que uma expressão de respeito à realidade tal qual ela se apresenta, argumento que tem apoiado os autores positivistas a sustentarem a legitimidade do caráter científico da pesquisa, representa a primeira grande evidência de que qualquer aproximação em relação à realidade é, inevitavelmente, uma expressão do conceito de realidade que precede e organiza tal aproximação. Portanto, fora a definição ontológica e epistemológica em que o conceito de dado definiu seu valor, não há nenhum sentido em continuar definindo a coleta de dados como uma etapa da pesquisa: em primeiro lugar, porque realmente os dados não se coletam, mas se produzem e, em segundo lugar, porque o dado é inseparável do processo de construção teórica no qual adquire legitimidade.

Quando partimos dos princípios epistemológicos diferenciados que caracterizam a pesquisa qualitativa e que constituem sua diferença essencial quanto à pesquisa quantitativa tradicional, o dado é inseparável do sistema teórico em processo no qual toma sentido, representando, por sua vez, uma das diferenças epistemológicas centrais entre ambos os tipos de pesquisa; enquanto na pesquisa quantitativa de base positivista o dado é um fim em si mesmo e está associado a uma variável operacionalmente definida, encontrando sua visibilidade em formas concretas de comportamento, na pesquisa qualitativa o valor de qualquer elemento não provém de sua objetividade em abstrato, mas do significado atribuído em um sistema. O dado adquire seu significado, que lhe é atribuído, dentro de um sistema; além disso, ele obtém sua significação como o momento de tensão de um pensamento que se desdobra por meio dele em um processo que sempre se acompanha de múltiplas idéias e informações com relação a um modelo em desenvolvimento por parte do pesquisador.

Desse modo, legitimar um momento de coleta de dados situado fora da dimensão interpretativa é, de fato, uma maneira de manter a dicotomia entre o empírico e o teórico que tem caracterizado o caráter ateórico da pesquisa científica nas ciências sociais e que já em 1991 tentávamos superar ao definir o empírico como um momento do teórico, e não como seu espaço de legitimação do conhecimento (González Rey, 1991).

Seria um erro supor do que foi dito que a realidade não tem nenhum significado para a pesquisa e que privilegiamos a especulação à demonstração. Isso tem sido um argumento usado contrariamente à posição por mim defendida, a qual envolve duas questões que merecem ser discutidas. A primeira, já referida no Capítulo 1, é que a realidade nunca entra diretamente em nossa construção, ela não se legitima a si mesma em relação ao sistema de conhecimento, mas somente nele e em relação a ele, o que nos obriga a considerar os termos do processo de construção um momento inseparável da legitimidade do conhecimento. Portanto todo descobrimento é uma construção na qual o aspecto descoberto da realidade aparece como conseqüência de um modelo que permite sua inteligibilidade. A segunda, a questão anterior não pode levar-nos a pensar que os fatos da realidade não impactam, de modo permanente, nossa elaboração teórica, levando, em determinadas ocasiões, à completa redefinição de novos caminhos. Claro que isso ocorre, porém a sensibilidade para captar, em todas suas conseqüências, essa dimensão do real que nos surpreende é possível graças à possibilidade de nossas construções para captá-la. O real é um interlocutor permanente do conhecimento, só que os termos dessa relação a, vão implicar sempre presença de um real modificado pela ação da teoria.

O homem primitivo, por mais que tenha observado a realidade, nunca chegaria ao mundo físico organizado em micropartículas, o que foi possível não apenas pelo auxílio de novas tecnologias, como também pela evolução da representação do mundo em termos teóricos, a qual também esteve por trás do desenvolvimento de novas tecnologias. Esses são processos recursivos e não causais, em que cada um influi sobre o outro por meio das influências do outro em sua qualidade. Desejamos enfatizar precisamente com isso a inseparabilidade da teoria na sensibilidade crescente da ciência diante do surgimento de novos territórios do empírico.

Partindo do que acabamos de afirmar, compreendemos a produção e a interpretação de informação na pesquisa qualitativa como um processo constante que mantém um caráter recursivo com os instrumentos usados na pesquisa. Do momento em que o pesquisador entra no campo, começa um processo de produção intelectual que levará ao desenvolvimento de um modelo teórico, o que lhe permite significar uma variedade de aspectos empíricos apresentada no desenvolvimento da pesquisa. É essa atividade teórica que permite dar conta das complexas relações existentes entre os aspectos empíricos evidenciados no processo. O significado dos diferentes aspectos empíricos que aparecem no curso da pesquisa são inteligíveis somente a partir do modelo teórico que permite abrangê-los em suas conseqüências explícitas e implícitas para a compreensão do problema pesquisado.

O dado como evidência incontestável da realidade existe, no entanto seu significado é sempre uma produção humana. Assim, por exemplo, quando queremos estudar o impacto psicológico durante a execução de uma tarefa em um grupo e um dos participantes se deprime; esse é um dado que não se pode desprezar na avaliação do impacto da tarefa sobre os participantes, mas seu significado para o conhecimento tem de ser produzido, não está explícito na depressão. Essa construção deve estar aberta às informações que essa realidade nos proporciona e não pode ser encaixada em nenhuma teoria *a priori* da qual se queira explicar o fato unilateralmente, prescindindo da riqueza de toda a informação aportada por distintos aspectos da vida e do contexto no qual a tarefa se desenvolveu, e dos contextos atuais do sujeito que se deprimiu. A pesquisa qualitativa está comprometida sempre com a diferenciação singular do estudado.

O estudo singular acerca do sujeito que apresenta um comportamento diferente do resto de seus colegas pode levar-nos a aspectos da tarefa estudada que, por determinadas características dos outros membros da equipe, não se manifesta de modo visível neles e que se tornaram facilmente visíveis naquele sujeito devido às suas características específicas. A produção do conhecimento pode, nesse ponto, ter vários desdobramentos na construção dos diversos aspectos que, de modo simultâneo, intervieram na depressão. No entanto, em relação ao problema original do grupo, o sujeito converteu-se em uma fonte privilegiada para a análise dos efeitos psicológicos da tarefa estudada. Como podemos perceber, o dado – isto é, aquilo que se apresenta de forma unânime, tanto pelo comportamento do outro como por meio de nossas referências culturais para apreciá-lo, e que é inseparável de todo processo de significação, incluindo a científica – tem um peso na definição do curso do processo, mas nunca leva de maneira imediata à significação. Todo significado existe como momento de um sistema teórico em desenvolvimento.

Portanto, o curso da pesquisa jamais pode definir-se na dicotomia coleta-elaboração, pois, quando se separa do cenário em que aparece, o dado está perdendo aspectos essenciais de seu significado. O cenário, por sua vez, nunca pode ser apreendido em seu universo fático, pois ele se compõe de relações e significados ocultos na aparência; assim, algo essencial na produção de significado do material empírico que aparece mediante os diferentes instrumentos e caminhos da pesquisa é o modelo teórico em desenvolvimento que acompanha a produção da informação empírica.

Do rumo do modelo teórico em elaboração, o qual é um modelo processual, inseparável das reflexões e das construções do pesquisador ao longo da pesquisa, dependerá não apenas o destino da informação produzida, como também o projeto de novos instrumentos diante das hipóteses que o pesquisador elabora ante as constantes tensões apresentadas entre o desenvolvimento do modelo teórico e as informações procedentes do momento empírico. Essa é uma diferença epistemológica fundamental entre a pesquisa qualitativa e a quantitativa, diferença que influirá decisivamente nos distintos processos caracterizadores do curso da pesquisa a partir de ambas as perspectivas.

A pesquisa qualitativa caracteriza-se pela construção de um modelo teórico como via de significação da informação produzida, a qual não está fragmentada em resultados parciais associados aos instrumentos usados, mas está integrada em um sistema cuja inteligibilidade é produzida pelo pesquisador; já na pesquisa quantitativa tradicional a inteligibilidade dos dados não é um processo teórico, mas o resultado de processos estatísticos de significação e/ou de verificações experimentais que têm, em sua base, tanto problemas diferentes de pesquisa, como considerações ontológicas e epistemológicas distintas.

Quando nos referimos a um modelo, não nos estamos referindo a uma teoria acabada que conduz a um significado padronizado e imediato do material empírico em correspondência com os termos da teoria. Usamos o conceito de modelo de um modo muito parecido com o de Bourdieu, ou mais precisamente, como a construção de uma representação teórica que se mantém em constante desenvolvimento ante o surgimento de novas informações empíricas. Nesse sentido, os pesquisadores das ciências antropossociais nos últimos anos têm dado à produção de modelos uma atenção especial. Outro autor que trata do emprego de modelos no uso do método biográfico é Ferrarotti, o qual afirma (2003):

> Devemos buscá-las (em referência às sínteses que governam as inter-relações entre o individual e o sistema social) por meio da construção de modelos heurísticos não mecânicos, não deterministas – modelos caracterizados por um *feedback* permanente entre todos seus elementos, modelos "antropomórficos" que só uma lógica não analítica, não formal pode produzir (p. 32).

O modelo não assimila as informações, mas nos permite sua construção, o que define a tensão permanente entre o momento atual do modelo e o significado das novas informações que vão sendo produzidas. Todo modelo está influenciado pela teoria geral que o pesquisador compartilha, contudo, a teoria aparece como facilitadora dos termos e das dimensões do modelo, às vezes de forma tão indireta, que é difícil percebê-la, pois o modelo é, de fato, uma produção própria do pesquisador em relação ao problema concreto que está sendo estudado, no qual podem aparecer desafios que estendam a significação do modelo em seu valor teórico.

Um modelo é, em seu alcance e em suas pretensões, muito mais simples que uma teoria, no entanto, pode estar na gênese de uma nova teoria, quando o diálogo entre o modelo e a teoria geral da qual parte o pesquisador se torna impossível; no trabalho, por exemplo, com as catástrofes sociais, importantes psicanalistas argentinos enfrentaram-se com os limites de seu marco teórico e assumiram a necessidade de revisar suas ferramentas teóricas e metodológicas diante dos desafios dos problemas sociais que precisavam enfrentar em sua prática clínica. Nesse sentido, Bleichmar escreve (2003):

(...) o reposicionamento da questão do traumatismo determinaria, em nosso debate atual, a localização de dois grandes eixos: por um lado, o reposicionamento da teoria, é dizer, isto é o questionamento dos modos pelos quais foi concebida a relação do aparato psíquico com a realidade; por outro, a reformulação de uma prática na qual o traumático não é puro desvio do determinado, senão abertura a processos inéditos, o qual obriga à instrumentação de formas, chamemos as não clássicas de intervenção (p. 37).

É precisamente essa distância que se assume do marco teórico de partida, e que nos permite integrar novos elementos a nossa construção sobre o problema estudado, o que conduzirá à formação do modelo teórico na medida em que as novas construções se relacionem entre si e levem à produção de uma representação teórica que aumente seu valor heurístico progressivamente, permitindo, assim, explicar e organizar processos que não eram inteligíveis antes da referida experiência. Os modelos são uma forma de saber local podendo conduzir, progressivamente, a uma teoria geral sobre os processos que transcendam os marcos que estimularam a criação do modelo. Assim, os conceitos que emergem, que se desenvolvem e que se organizam em um modelo em relação ao impacto psicológico das catástrofes sociais podem levar a uma outra representação da subjetividade que transcenda a psicanálise.

O envolvimento do pesquisador com o desenvolvimento de modelos específicos ante o problema estudado coloca-o em uma posição de total responsabilidade perante o conhecimento produzido, o que requer do pesquisador consciência sobre o fato de se assumir como sujeito de produção de conhecimento, como autor.

A pesquisa qualitativa, nesse sentido, é um processo aberto submetido a infinitos e imprevisíveis desdobramentos, cujo centro organizador é o modelo que o pesquisador desenvolve e em relação ao qual as diferentes informações empíricas adquirem significados. O pesquisador, por meio de sua reflexão e das decisões permanentes que deve assumir, é responsável pelos rumos seguidos pelo processo de construção do conhecimento. Segundo afirma Merleau-Ponty (1991):

> A pesquisa alimenta-se assim de dados que de início lhe parecem alheios, adquire ao progredir novas dimensões, reinterpreta seus primeiros resultados pelas novas pesquisas que eles mesmos suscitaram. A extensão do campo aberto e a inteligência precisa dos fatos aumentam ao mesmo tempo (p. 135).

Com base nessa citação, definimos o processo de pesquisa como a imersão viva do pesquisador no campo de pesquisa, a qual não está sujeita a regras *a priori*, nem a uma seqüência rígida de momentos, senão que está dirigida de forma ativa pelo pesquisador em razão das necessidades do modelo teórico que desenvolve sobre o problema pesquisado. Esse modelo teórico converte-se em uma construção teórica local, impossível de ser substituída pelas macroteorias que caracterizam a psicologia: a realidade em sua multidimensionalidade é inapreensível por teorias universais. Os modelos são formas indiretas de expressão das teorias gerais que podem levar tanto a seu enriquecimento como a sua substituição. A ciência é uma atividade de pensamento, de permanente construção do novo, o que representa o maior desafio de qualquer teoria.

Nas considerações apresentadas na presente seção, tentamos enfatizar um nível local e singular de produção teórica que, por regra geral, é desconhecido quando se fala de teoria. Sempre pensamos a atividade teórica como a significação dos sistemas de informação resultantes da pesquisa a partir das categorias gerais das teorias estabelecidas. Essa maneira de pensar a teoria tem alimentado o conceito de pesquisa como coleta de dados e não como produção de pensamento. Os dados sempre encontrariam seus significados nas teorias já estabelecidas, o que levaria à paralisação de ditas teorias e à passividade acrítica do pesquisador.

O pesquisador brasileiro Ades afirma (1994):

> O pensamento produtivo precisa distanciar-se dos "dados" para que possa existir a manipulação conceitual. Amarrado às formas imediatas, perceptuais, de organização das coisas, o pensamento permanece em uma confortável passividade empirista e mal sai do descritivo (p. 31).

A pesquisa, conforme temos enfatizado em diferentes momentos deste livro, é um processo de construção, de produção de idéias novas e de modelos, cuja congruência dentro de marcos teóricos preexistentes é um processo ativo que enriquece simultaneamente as construções locais do pesquisador, e os próprios marcos da teoria geral assumida. Quando o marco teórico geral silencia a especificidade teórica de uma pesquisa, estamos mais diante de um momento de aplicação de conhecimento que de produção de conhecimento.

Realmente, quando se enfatiza ou se nega a semelhança entre os métodos qualitativos e quantitativos, ignora-se que essa diferença não está situada em nível metodológico, senão em nível teórico e epistemológico, só que, historicamente, a metodologia quantitativa empirista ocultou suas origens ateóricas e epistemológicas, reivindicando seu ideal de ciência em um nível metodológico, o que tem levado muitos estudiosos da psicologia a inumeráveis críticas como as de Koch (1992), o qual nos fala das "epistemopatias", e as de Danziger (1994), que nos fala da "metodolatria". Tais críticas estão orientadas à coisificação do metodológico na psicologia, o que implica, necessariamente, uma posição diante da metodologia quantitativa na forma em que ela tem sido usada pela psicologia, não por usar o quantitativo, mas por atribuir-lhe um *status* essencial na definição de cientificidade.

A verdadeira exclusão que se tem produzido na história da pesquisa psicológica é a exclusão do pensamento e da construção de teoria a partir da absolutização do empírico. Esse empirismo representa em si mesmo uma consideração epistemológica, nível desconhecido pelos autores que o sustentam e que, ao desconhecê-lo, identificam o científico em seu "método", alimentando uma visão única e universal acerca da ciência.

Os dados são momentos de significação de um modelo em desenvolvimento, que por meio de sua confrontação com o momento empírico e das novas exigências demandadas pelo próprio desenvolvimento do modelo, são uma referência constante para o desenvolvimento do modelo. Um problema grave que se tem apresentado na história do pensamento psicológico é que a desatenção às questões epistemológicas levou ao desenvolvimento de formas alternativas de produção de conhecimento não trabalhadas ainda em seus aspectos metodológicos. Com o tempo, isso resultou em que teorias fundadoras de alguns campos alternativos ao positivismo metodológico, como a própria psicanálise, perdessem, em sua institucionalização, a capacidade de continuidade e de confrontação com o novo, ao não dispor de um desenvolvimento de alternativas metodológicas e epistemológicas explícitas, as quais, por exemplo, já começam a ser explicitadas pelos autores humanistas, como Rogers, Maslow, Allport e May.

Como expressamos em nosso livro anterior dedicado ao tema (González Rey, 2000), o fato de Freud haver desenvolvido uma epistemologia implícita muito rica em seu trabalho – a qual enfatizou precisamente a produção de conhecimento como um processo construtivo-interpretativo, que levou à produção de um modelo próprio que adveio na psicanálise – não tem sido até hoje suficientemente aproveitado, apesar das grandes contribuições de alguns autores, entre os quais se destacam Ricoeur, Figueredo e Birman, entre outros. Embora a perspectiva apresentada por Ricoeur em sua compreensão sobre a hermenêutica freudiana atenda, essencialmente, ao aspecto interpretativo da obra de Freud, mas desconsidera outros aspectos do desenvolvimento de sua obra que possuem um valor para a metodologia de pesquisa psicológica, creio que a questão não é contrapor hermenêutica e metodologia, como até hoje defendem alguns autores psicanalistas; na verdade, é necessário compreender o momento hermenêutico de uma epistemologia alternativa que nos conduza a uma metodologia qualitativa capaz de representar uma alternativa diferente, mas sem desconhecer a tensão necessária entre a construção teórica e a empiria, bem como as necessidades metodológicas que dela derivam, fato que tentamos explicar em nossa aproximação metodológica.

3.4 O NÚMERO DE SUJEITOS A SEREM ESTUDADOS NA PESQUISA QUALITATIVA

Freqüentemente, escutamos que a pesquisa qualitativa serve apenas para o estudo de grupos pequenos e de casos. Esta opinião, sem dúvida, a considero pouco fundamentada, pois a pesquisa qualitativa é uma forma de produzir conhecimento que, apesar de não usar o conceito de amostra em sua forma tradicional, orientada à definição da significação estatística de um grupo para um universo populacional – a qual deve se apoiar na representatividade do grupo em relação à população –, ela nos permite enfrentar problemas que, por sua natureza, envolvem o estudo de grupos grandes, como, por exemplo, estudos comunitários e institucionais.

O estudo de temas, como os indicados no parágrafo anterior, ainda que necessite trabalhar com grupos grandes, não se apóia no conceito de amostra no sentido usado pela pesquisa tradicional. O conceito de amostra não é a única forma de definir um grupo dentro de uma pesquisa; a amostra é um conceito carregado das limitações epistemológicas do modelo quantitativo tradicional, o que não nega sua eficácia diante de determinados problemas de pesquisa, como, por exemplo, a pesquisa epidemiológica.

Nossa crítica ao modo com que se tem usado o conceito de amostra nas pesquisas antropossociais apóia-se nos seguintes critérios:

- A amostra ignora os sujeitos em sua condição diferenciada e em suas capacidades para aportar aspectos diferentes sobre o problema estudado, pois estas são definidas com o objetivo de aplicar instrumentos padronizados que permitam correlações estatísticas significativas sobre as respostas de um grupo diante de perguntas semelhantes. O objetivo da amostra é produzir um conhecimento comparativo que adquire valor geral por meio do emprego da estatística; portanto, seu próprio desenho está associado a uma definição metodológica mais geral.
- A generalização dos resultados obtidos mediante as amostras é legítima somente ante determinados tipos de problemas, como, por exemplo, a evolução diferenciada de uma doença entre os homens e as mulheres de determinada comunidade; contudo, a legitimação de aspectos subjetivo-valorativos de uma população é impossível, simplesmente porque a seleção dos sujeitos não responde, nem poderia responder *a priori*, à sua significação para esse tipo de problemas. Uma amostra selecionada em função de atributos populacionais e a definição de um grupo significativo para o estudo de aspectos subjetivo-valorativos podem ser realizada apenas no decorrer da pesquisa e não *a priori*.
- A amostra não permite alternativas em relação à sua composição, ela deve manter-se estável ao longo do estudo para garantir os critérios de significação que foram definidos no princípio da pesquisa. Isso é um grande perigo, pois não permite incorporar novos sujeitos que, em decorrência das necessidades, irão aparecendo no curso da pesquisa. O trabalho com amostras dentro de uma perspectiva tradicional parece muito mais como uma seqüência de atos de aplicação que como um processo.
- A amostra é, na realidade, um grupo definido pela soma dos indivíduos que a integram, pois, devido a seu próprio tamanho, os instru-

mentos são aplicados individualmente, sem que a amostra como grupo se constitua em fonte de informação da pesquisa.
- A amostra envolve, de fato, uma legitimação estatística do conhecimento produzido, cujo requisito é a informação padronizada suscetível de comparações e correlações, garantindo que essa informação seja produzida pelos mesmos instrumentos com o objetivo de garantir sua validade. Esses requisitos epistemológicos se contrapõem totalmente aos assumidos pela Epistemologia Qualitativa, pois não conduzem ao conhecimento acerca dos aspectos qualitativos do tema estudado.

O conhecimento produzido no estudo de grupos grandes na pesquisa qualitativa apóia-se nos mesmos princípios epistemológicos que nos do estudo de casos, ou seja, não é o tamanho do grupo que define os procedimentos de construção do conhecimento, mas sim as exigências de informação quanto ao modelo em construção que caracteriza a pesquisa. Quando o modelo tem por objetivo um conhecimento institucional ou comunitário fica evidente que o trabalho com grupos significativos nesses espaços sociais é essencial, porém esses grupos se desenvolvem no curso da própria pesquisa e responderão a critérios essencialmente qualitativos.

O pesquisador qualitativo define os grupos em função das necessidades que vão aparecendo no transcorrer da pesquisa, e a primeira atitude a ser tomada antes de selecionar alguém é envolver-se no campo para observar, conversar e conhecer, de forma geral, as peculiaridades do contexto em que a pesquisa será desenvolvida: a seleção do grupo vai envolver hipóteses feitas pelo pesquisador. Posteriormente e conhecendo os aspectos da organização e do funcionamento do espaço social a ser estudado, o pesquisador passará a participar de diferentes atividades organizadas dentro de tal espaço. Nesse trânsito pelo campo, aparecerão as primeiras hipóteses a serem organizadas em conceitos e reflexões que servirão de base para o modelo condutor do processo de construção.

Assim, por exemplo, se o objetivo da pesquisa for uma instituição acadêmica, o pesquisador entrevistará os dirigentes em diferentes níveis, participará de reuniões de departamento de diversas áreas, assistirá a reuniões da reitoria, irá reunir-se com dirigentes estudantis e sindicais, assistirá a aulas, conversará com alunos e professores em espaços informais, enfim, fará um diagrama de participação nos mais diversos foros e espaços caracterizadores da instituição, convertendo cada um deles em uma fonte de informação articulada com as restantes no curso da pesquisa.

Cada uma das instâncias coletivas estudadas fornecerá tanto uma informação relevante em relação a aspectos singulares da instituição, como informações congruentes ou não em relação a questões semelhantes, as quais, em sua diversidade, expressarão, viva e contraditoriamente, os processos da instituição estudada, mostrando diferentes sentidos subjetivos implicados na subjetividade social da instituição. Esse tipo de pesquisa, ao aceitar a expressão espontânea dos sujeitos sobre os temas aos quais eles atribuem uma maior prioridade, permite definir indicadores de informação sobre temas similares, cuja construção se desenvolve por meio de opiniões distintas, expressas em contextos diferentes e portadores de sentidos subjetivos também diferentes. É essa diversidade e riqueza de informação que nos permite sair de respostas intencionalmente significadas e expressas em um questionário, para entrar em um material diferenciado, contraditório e carregado de emotividade que é a forma real com que aparecem os sentidos subjetivos, cuja construção será sempre uma interpretação do pesquisador.

Esse tipo de pesquisa qualitativa, orientada a grupos maiores e a instituições, não exclui o trabalho com sujeitos individuais; na realidade o pressupõe, porém os sujeitos não serão escolhidos ao acaso, mas eleitos entre os que tiveram uma participação mais significativa em relação aos objetivos da pesquisa. Os sujeitos individuais selecionados serão uma via essencial para o aprofundamento das informações implicadas no desenvolvimento do modelo teórico em construção. Tais sujeitos individuais representam o que autores, como Denzin, Lincoln e Guba, entre outros, têm definido como informantes-chaves: são aqueles sujeitos capazes de prover informações relevantes que, em determinadas ocasiões, são altamente singulares em relação ao problema estudado.

Os estudos de grupos grandes mantêm-se fiéis aos mesmos princípios epistemológicos que guiam o estudo de casos e o estudo de grupos pequenos. Os grupos grandes produzem maior quantidade de trechos diferenciados de informação, obrigando o pesquisador a acompanhar um conjunto maior de temas simultâneos na organização de seu modelo. Embora as diversas fontes de informação se organizem a partir de modelos responsáveis pelos recortes na construção da informação, tais recortes não são um ato intencional de simplificação, senão a conseqüência necessária do caráter parcial de todo modelo.

Em relação ao número de sujeitos necessário para a pesquisa, é preciso enfrentar uma questão sempre presente entre os pesquisadores: como podem ser significativas as conclusões de uma pesquisa desenvolvida mediante um estudo de casos? Elas são significativas, porque a pesquisa nesta perspectiva defende, como sua unidade de trabalho, a qualidade dos trechos de informação produzidos. A significação dos trechos de informação não é um processo arbitrário do pesquisador, mas sim um processo relacionado às suas possibilidades de articulação quanto ao modelo teórico em construção, o que inaugura uma maneira diferente de definir a legitimidade da informação.

A legitimidade da informação não é produzida pela convergência de critérios externos de natureza diversa, segundo a proposta de triangulação defende, critério que, em nossa opinião, mantém as reminiscências da Epistemologia Positivista pela busca de legitimação de acordo com critérios externos ao processo teórico diferenciado que caracteriza a congruência interna do modelo em desenvolvimento.

A legitimidade da informação do estudo de caso singular está definida pelo que ela aporta à construção do modelo um desenvolvimento no curso da pesquisa. A qualidade é intrínseca ao próprio processo construtivo e às suas demandas e é incompatível com fontes extrínsecas a tal processo; um exemplo são as teorias desenvolvidas com base na psicoterapia em psicologia.

A legitimidade do conhecimento está associada ao desenvolvimento progressivo de zonas de sentido em relação ao problema estudado e à forma com que as novas categorias se articulam para aumentar a capacidade heurística do modelo diante dos desafios que aparecem na pesquisa. A legitimidade é, portanto, um processo intrínseco ao próprio desenvolvimento da pesquisa que se define pela abertura e pelo seguimento de novas zonas de sentido as quais ampliam, progressivamente, a significação do modelo em construção.

O número ideal de pessoas a ser considerado na pesquisa qualitativa deixa, dessa forma, de ser um critério quantitativo, passando a se definir pelas próprias demandas qualitativas do processo de construção de informação intrínseco à pesquisa em curso; isso dá uma dimensão teórica a essa questão que tem sido totalmente ignorada nos marcos da pesquisa positivista. Conforme expressa Silverman (1994): "É importante reconhecer que a generalização de casos a população não segue uma lógica puramente estatística na pesquisa de campo" (p. 78).

Citando Mitchell (1983), Bryman argumenta que: (...) "o problema pode ser tratado, em termos de generalidade, mais em relação a proposições teóricas que a populações ou universos" (p. 160). A questão dos casos estudados passa assim a ser uma questão teórica e não estatística, ganhando toda sua significação quando compreendemos que o objetivo da pesquisa qualitativa está na construção de modelos sobre o problema estudado e não na caracterização de populações.

Alguns problemas, apontados anteriormente, como a propagação de uma doença em uma população, envolvem necessariamente um estudo estatístico que permite identificar elementos relevantes em termos populacionais, pois o problema, por definição, é populacional; portanto a construção de qualquer modelo teórico que permita a compreensão do problema passa necessariamente pela consideração da população que, nesses casos, é parte da qualidade do problema. A construção de aspectos populacionais significativos são significados iniludíveis ao processo de construção qualitativa da informação.

O oposto ao fato anteriormente explicado ocorre quando pretendemos, pela normatização e pela padronização de um determinado teste em termos populacionais, legitimar a medição obtida com o uso desses testes em um caso concreto, como se este pudesse ser legitimado pelo procedimento populacional, o que de fato desconhece a diferenciação qualitativa dos sujeitos integrantes de uma determinada população.

O sujeito é uma unidade essencial para os processos de construção na pesquisa qualitativa, pois a singularidade é única via que estimula os processos de construção teórica portadores de um valor de generalização perante o estudo da subjetividade. A dimensão de sentido dos processos psíquicos requer chegar ao geral a partir da compreensão de processos e de formas de organização que apresentem características singulares de expressão. É o estudo da singularidade que nos permite acompanhar um modelo de valor heurístico para chegar a conclusões que estão além do singular e que são inexeqüíveis sem o estudo das diferenças que o caracterizam.

CAPÍTULO 4

OS PROCESSOS DE CONSTRUÇÃO DA INFORMAÇÃO NA PESQUISA QUALITATIVA ORIENTADA PELA EPISTEMOLOGIA QUALITATIVA

4.1 A CONSTRUÇÃO DA INFORMAÇÃO NA PESQUISA QUALITATIVA

O processo de construção da informação representa o momento mais difícil na realização da pesquisa qualitativa. Constatamos como muitos pesquisadores, que têm compreendido bem os princípios e as características gerais de nossa proposta sobre o caráter construtivo-interpretativo da pesquisa qualitativa, quando chega o momento de construção da informação, tratam o material empírico como se esse fosse portador de uma verdade única a qual deve chegar à análise e tentar buscar, nos dados, essa verdade com o qual, inconscientemente, empreendem um caminho totalmente descritivo, próprio da epistemologia positivista.

As dificuldades implícitas no processo de construção da informação têm muito a ver com o fantasma empirista que ainda circula, com grande força, no imaginário da pesquisa científica em psicologia e nas ciências sociais em geral: a prioridade dada à descrição como função principal do pesquisador em relação a seus resultados. A atribuição de um caráter indutivo-descritivo à pesquisa qualitativa retira dela o que considero sua principal virtude: o desenvolvimento de modelos teóricos sobre a informação produzida, que nos permitam visibilidade sobre um nível ontológico não acessível à observação imediata através da construção teórica de sentidos subjetivos e de configurações subjetivas envolvidas nos diferentes comportamentos e produções simbólicas do homem.

O sentido subjetivo, conforme explanamos nos capítulos anteriores, não aparece de forma direta na expressão intencional do sujeito, mas sim indiretamente na qualidade da informação, no lugar de uma palavra em uma narrativa, na comparação das significações atribuídas a conceitos distintos de uma construção, no nível de elaboração diferenciado no tratamento dos temas, na forma com que se utiliza a temporalidade, nas construções associadas a estados anímicos diferentes, nas manifestações gerais do sujeito em seus diversos tipos de expressão etc. Todas essas dimensões devem ser acompanhadas pelo pesquisador, de forma simultânea, no curso do processo construtivo-interpretativo que caracterizará sua postura durante todo o desenvolvimento do momento empírico de uma pesquisa.

Uma exigência do processo de construção da informação na pesquisa qualitativa apoiada nos princípios epistemológicos por nós defendidos, fato esse que marca sua especificidade nas múltiplas alternativas de pesquisa qualitativa presentes atualmente no cenário das ciências sociais, é o caráter ativo do pesquisador, sua responsabilidade intelectual pela construção teórica resultante da pesquisa. O processo de construção da informação é regido por um modelo que representa uma síntese teórica em processo permanente a ser desenvolvida pelo pesquisador em sua trajetória pelo momento empírico. Tal síntese teórica está envolvida sempre com representações teóricas, valores e intuições do pesquisador, mas também está aberta ao momento empírico de seu trabalho, assim como às novas idéias que aparecem nesse momento, algumas das quais podem ser totalmente inéditas.

A abertura ao momento empírico e a toda novidade por ele trazida não exclui a existência de marcos referenciais prévios do pesquisador, porém esses marcos não podem ser entidades fechadas para encaixar a informação que aparece no transcorrer da pesquisa, tendência essa muito comum na psicologia. No entanto, a solução para esse problema não a vemos dos negação de aspectos subjetivos do pesquisador – entre os quais estão suas concepções teóricas. Esses aspectos não podem ser controlados ou eliminados, como tem pretendido, cada uma à sua maneira, as duas correntes historicamente dominantes na pesquisa social: o positivismo e a fenomenologia. Na nossa opinião, tal problema pode ser resolvido apenas epistemologicamente, reconhecendo o caráter contraditório e de permanente tensão que existe entre o momento teórico do pesquisador e a complexidade inatingível do momento empírico, o que nos conduz necessariamente ao caráter construtivo-interpretativo da produção científica. Aceitar conseqüentemente esse princípio nos faz considerar o conhecimento um processo permanente de produção de inteligibilidade, que se legitima na medida em que produz novas zonas de sentido sobre o problema estudado.

A legitimação do conhecimento é necessariamente processual e está sempre envolvida com um modelo teórico em desenvolvimento. Nesta posição, não há nenhuma expectativa de conhecer a realidade tal como ela se apresenta, o que de fato despoja o pesquisador da pressão da "verdade" como momento final e indiscutível de uma pesquisa, condição indispensável para realizá-la segundo esta perspectiva.

Não está nas aparências do material empírico o objeto do pesquisador, mas nas diversas formas de organização não acessíveis da aparência sendo, no nosso caso, a organização subjetiva presente em todo tipo de comportamento ou expressão humana. Consideramos que a subjetividade, segundo a nossa definição e a forma com que dela nos aproximamos, representa uma realidade complexa, impossível de ser conhecida por categorias universais a priori que freqüentemente representam muito mais dogmas que construções científicas. A psicologia tem-se caracterizado por categorias não suscetíveis de crescer e de diferenciar-se e que são incapazes de ampliar e aprofundar a qualidade diferenciada da produção teórica desenvolvida pela pesquisa.

As categorias de sentido subjetivo e de configuração subjetiva representam modelos teóricos no sentido em que nos permitem uma representação da realidade estudada, abrangendo tanto seus aspectos de organização como sua processualidade, sem que uma dessas dimensões seja absoluta em relação à outra. No entanto, os conteúdos emocionais e simbólicos, que aparecem no estudo de ambas as categorias, podem ser construídos somente no estudo singular dos diferentes sujeitos ou nos espaços concretos da subjetividade social a serem estudados. Os modelos teóricos também podem surgir no curso da pesquisa como representações intelectuais capazes de organizar novos aspectos do problema estudado.

O princípio construtivo-interpretativo que considerarmos essencial em nossa aproximação qualitativa com relação à pesquisa não é dominante apenas no estudo da subjetividade, como também a ciência, em geral, a partir da mecânica quântica e tem estado na base de algumas alternativas epistemológicas opostas ao positivismo, tanto no âmbito da ciência como no próprio campo da filosofia; tal princípio foi muito destacado na obra de Bachelard.

Uma das tendências mais estendidas no campo da pesquisa qualitativa, a fenomenologia, enfatiza o caráter dominante da descrição e a indução na pesquisa (Bogdan e Taylor, Glasser e Strauss, Bicudo e Expósito e muitos outros). De fato, a maioria dos autores orientados pela pesquisa qualitativa tem assumido esse princípio geral que, ainda que o refiram a fenomenologia, por seu lugar reconhecido nos antecedentes desse tipo de pesquisa, são, na realidade, dois princípios dominantes da Epistemologia Positivista. Embora, quando lemos Merleau-Ponty, que é talvez o autor que mais tem preservado alguns dos princípios da fracassada proposta husserliana no campo da filosofia, é possível visualizarmos uma superação dessa tendência objetivista presente na obra de Husserl. Merleau-Ponty escreveu (1991):

> Nesse clima [refere-se ao clima por ele denominado guerra fria entre a sociologia e a psicologia], qualquer pesquisa que leve em conta idéias e fatos ao mesmo tempo é imediatamente desmembrada, porque os fatos em vez de serem compreendidos como os estímulos e a garantia de um esforço construtivo que vai ao encontro da dinâmica interna deles, são colocados na categoria de uma graça peremptória da qual tudo se deve esperar, e porque as idéias são por princípio dispensadas de qualquer confrontação com nossa experiência do mundo, do outro e de nós mesmos (...) Logo será preciso esconder do cientista essa "idealização" do fato bruto, que, no entanto, é o essencial de seu trabalho. Será preciso que ele ignore a decifração das signi-

ficações que é sua razão de ser, a construção dos modelos intelectuais do real, sem a qual não haveria sociologia hoje, assim como não teria havido outrora a física de Galileu (versão original em francês: 1960, p. 106-7).

Na citação, percebe-se a importância dada pelo autor ao complexo tecido de fatos e idéias, o que situa o conhecimento em um âmbito interpretativo, como o próprio autor afirma. Por outro lado, defende-se o desenvolvimento de um modelo intelectual como objetivo da ciência, com o qual se supera a aproximação indutivo-descritiva sustentada pelos autores que se assumem como fenomenológicos na pesquisa qualitativa.

O modelo como produção teórica em processo, o qual acompanha a pesquisa, é inseparável de uma posição ativa e produtiva do pesquisador que, ao assumir-se como sujeito da pesquisa, deve superar a imagem de coletor de dados que tem dominado o imaginário da pesquisa científica. As idéias que se vão integrando em um tecido dinâmico articulado pela reflexão do pesquisador, onde diferentes aspectos da informação aparecem articulados em uma construção teórica, é o que denominamos modelo, o qual é um sistema que se desenvolve a partir da tensão permanente entre o momento empírico e a produção intelectual do pesquisador, mas que se constitui de significações produzidas não evidentes nos fatos. Toda pesquisa empírica pode ser fonte de vários modelos teóricos, cuja legitimidade não será dada pela evidência imediata da superioridade de um sobre os outros, mas pela capacidade que terão para manter sua viabilidade e seu desenvolvimento diante de novos sistemas de informação empírica, bem como diante do surgimento de novos modelos teóricos com capacidades diferenciadas para dar sentido a qualidades distintas sobre o estudado.

É interessante como a visão dominada pelos sistemas de fatos, que se convertem em dados ao aparecer na reiteração indutiva dos instrumentos usados pelo pesquisador, seguiu dominando um ideal de cientificidade em psicologia, quando nas próprias ciências naturais já havia sido ultrapassada no começo do século XX com a revolução paradigmática provocada pela mecânica quântica. Assim, no início do século passado, um dos fundadores da mecânica quântica, Max Planck, escreveu em uma crítica ao positivismo (1944):

> As construções mentais que são possíveis fazer comparando, relacionando e sistematizando os supramencionados dados, e as teorias que podem emitir-

se para explicar por que são assim e não de outro modo, constituem uma intromissão injustificada do homem na cena. São simples invenções arbitrárias da razão humana (...) Tudo o que sabemos é o simples resultado de determinações sensoriais, mas não estamos autorizados a dar-lhe uma ulterior significação (p. 75-6).[1]

A questão da significação da informação científica é o centro da preocupação das ciências, cujo significado não está explícito nos "dados coletados". A construção de modelos representa a produção de sistemas cada vez mais complexos de significação que estão na base da construção progressiva e cada vez mais fina de elementos que aparecem na informação empírica, em relação aos quais o pensamento avança construindo representações teóricas que não estão nos dados e que permitem acessar novas regiões do problema estudado. Sem modelo, muitos elementos isolados em sua aparência empírica passariam despercebidos, pois seu significado somente é possível dentro de um sistema de significação. Portanto, o modelo não apenas é o resultado de uma intenção dirigida à produção de teoria, como também é um requisito de aproveitamento da informação empírica não explícita na aparência do dado isolado, mas implícita no sistema em que o dado é gerado, o qual está mais além do próprio dado. A subjetividade é um desses sistemas, tal como o mundo das micropartículas, que é o objeto da mecânica quântica.

A ênfase das construções teóricas como produções mentais e não como classificação de sistemas de feitos é enfaticamente exemplificada por Max Planck (1944):

> Copérnico não descobriu nada; ele apenas formulou, em uma fantástica construção mental, um conjunto de fatos que já eram conhecidos (...) Essa teoria originou uma tremenda revolução mental e, em torno dela, se empenhou uma violenta batalha. E tinha que ser assim, pois sua conseqüência lógica era dar uma explicação completamente diferente do lugar do homem no universo daquela que habitualmente se mantinha naquela época pela religião e pela filosofia na Europa (p. 77).

---

[1] Do livro *Adonde va la ciencia?* de Max Planck, impresso, pela primeira vez em espanhol, na Argentina, em 1941. A edição consultada por nos foi a segunda (1944) na qual não aparece a data do original em alemão.

Vemos como o autor não apenas destaca o valor da construção mental como alternativa criativa diante do sistema de dados já conhecido, mas também o impacto da ciência visto não como descobrimento, mas como representação que gera uma cadeia de conseqüências sobre as visões dominantes em uma determinada época acerca da realidade; tais conseqüências, por sua vez, resultam essenciais para os novos caminhos empreendidos pela ciência e para a produção de novos momentos empíricos, os quais são capazes de gerar visibilidade sobre aspectos da realidade ocultos nas visões dominantes anteriores, gerando assim o que tenho denominado em trabalhos anteriores (González Rey, 1997, 1999, 2000) como novas zonas de sentido da realidade. A ciência está muito mais envolvida com a criação e o desenvolvimento de zonas de sentido do que com uma apreensão finalista do real.

A complexa e infinita processualidade da ciência, reafirmada em sua impossibilidade de apreender algo no real que possa aparecer como produto final – fato que, até hoje, é uma espécie de obsessão de muitos pesquisadores – é também claramente expressa por Planck (1944):

> Em todos os modernos progressos científicos vemos que a solução de um problema faz aparecer o mistério de outro. Cada cume que escalamos, descobre-nos outra que se levanta atrás dela. Devemos aceitar isto como um fato absolutamente irrefutável, e nos é impossível eliminá-lo tentando trabalhar sobre uma base que reduz o alcance da ciência à simples descrição das experiências sensoriais. O objeto da ciência é algo mais, é um incessante esforço até uma meta que nunca poderia ser alcançada, pois dada sua natureza, é inacessível. É algo essencialmente metafísico, e como tal se encontra mais além de todas as nossas conquistas (p. 87-8).

A psicologia, que se manteve quase um século distante da filosofia, considerando-a de forma pejorativa, tem apresentado em seu desenvolvimento uma tendência totalmente oposta à seguida pela física, a qual tem sido o modelo de ciência mais destacado do século XX. Os físicos, com o maior domínio de artefatos metodológicos disponíveis no século XX e sendo responsáveis pelas pesquisas que estão na base das maiores transformações experimentadas pela humanidade nesse século, terminaram, em uma maioria apreciável, orientando-se ao campo da epistemologia diante das dificuldades e contradições que enfrentaram na complexa tarefa de produzir conhecimento. A realidade física é inacessível sem modelos teóricos complexos, os quais não podem ser legitimados em uma relação imediata e direta com a realidade estudada. Planck, longe de fugir da metafísica, que foi uma obsessão do pensamento positivista historicamente justificada, mas institucionalmente perpetuada e ideologizada para além de sua justificativa histórica, retoma-a, dessa vez, para ver nela o caráter essencial da ciência.

A impossibilidade de uma relação imediata entre o dado como evidência dada ou produzida com o uso de instrumentos em um nível empírico, e a teoria, é algo que um grande número de pesquisadores qualitativos não tem conseguido compreender e, portanto, não tem trabalhado no sentido de as alternativas epistemológicas e metodológicas que implicarem outras perspectivas de construção do conhecimento. Nosso esforço não conseguirá resolver o problema, mas está dirigido a seu enfrentamento e a apresentar uma proposta de opções que nos conduza, por esse caminho, no processo de construção da informação.

Merleau-Ponty (1991), novamente negando a supremacia do indutivo, realiza uma crítica epistemológica na qual envolve o nível ontológico complexo da organização subjetiva:

> O valor, a renda, a produtividade ou a população máxima são objetos de um pensamento que abrange o social. Não podemos exigir deles que se mostrem em estado puro na experiência do indivíduo. Pelo contrário, cedo ou tarde teremos que reencontrar as variáveis da antropologia no nível em que os fenômenos têm uma significação exclusivamente humana. O que nos dificulta para esse método de convergência são os preconceitos antigos que opõem a indução à dedução, como se o exemplo de Galileu já não demonstra-se que o pensamento efetivo é um vaivém entre a experiência e a construção ou a reconstrução intelectual (p. 129).

Nessa citação, o autor aponta duas questões relevantes e estreitamente relacionadas com o nosso livro: a primeira, a qual é mencionada em vários momentos nesse trabalho, está associada à forma com que aspectos especificamente sociais se expressam no indivíduo e em fenômenos com uma significação exclusivamente humana, o que aponta para uma ontologia diferenciada de um tipo de fenômeno que, mesmo expressando o social, não o reproduz, mas sim o organiza em um tipo de realidade distinta, propriamente humana. É essa realidade que nomeamos subjetividade, definindo esse nível diferenciado de integração do social em uma qualidade especificamente humana: o sentido subjetivo. Portanto, Merleau-Ponty está em uma direção de pensamento que atribui à antropologia e que é muito semelhante à que venho desenvolvendo em relação à subjetividade em uma perspectiva histórico-cultural na psicologia. Sem dúvida, essa maneira de construir o pensamento psicológico apresenta uma profunda afinidade com a antropologia e com a sociologia, pelo fato de o tema nos colocar em uma perspectiva interdisciplinar e não excludente, como a que tem caracterizado algumas das teorias psicológicas.

Outro aspecto da referida citação é um questionamento epistemológico em relação à forma excludente com que a indução e a dedução têm sido assumidas nas ciências sociais, o que uma vez mais nos expressa claramente sua inconformidade com a coisificação da indução, explícita para muitos dos autores que se intitulam fenomenólogos na pesquisa qualitativa. Esse vaivém entre a construção, a reconstrução intelectual e a experiência, indicado pelo autor, é na realidade um processo mais flexível, dinâmico e complexo que os processos de indução e de dedução. É essa a expressão real do princípio construtivo-interpretativo na pesquisa: esse vaivém é a atividade reflexiva em seus inumeráveis desdobramentos e opções, que se integram e desintegram no curso do processo construtivo do pesquisador e que temos denominado lógica configuracional (González Rey, 1999), a qual é uma expressão mais metafórica que descritiva.

A lógica configuracional realmente "não é lógica", é a organização de um processo construtivo-interpretativo que acontece no curso da própria pesquisa e mediante um sem-número de canais que o pesquisador não define a priori, mas que se articulam com o modelo *in situ* que acompanha e caracteriza o desenvolvimento da pesquisa. A intenção ao elaborarmos esse conceito foi a de destacar que o processo construtivo do pesquisador imerso no campo está além das seqüências lógicas pautadas desde a indução e a dedução.

No nosso livro *Epistemología cualitativa y subjetividad* (1997) definimos a lógica configuracional do seguinte modo:

> Temos desenvolvido o conceito de lógica configuracional para dar conta dos complexos processos de construção que estão na base da produção de

conhecimentos na Epistemologia Qualitativa. A configuração como processo construtivo é personalizado, dinâmico, interpretativo e irregular, o que nos permite explicar a própria natureza contraditória, irregular e diferenciada que o processo de construção do conhecimento tem... (p. 79).

Com freqüência sinto que a ênfase atribuída à dedução para explicar os processos propriamente construtivos da pesquisa está mais na disponibilidade e legitimidade do termo na linguagem disponível da ciência que no real caráter de seu uso no processo de construção do conhecimento. Follari (1998), partindo das concepções de Woolgar, explica:

> A lógica, entende Woolgar, opera sempre como pura reconstrução *post factum*, não tendo nenhuma função durante a própria pesquisa científica (p. 45).

Compartilho plenamente da posição referida pelo autor, considerando assim que o processo de construção de informação não se orienta por uma lógica a priori, mas está exposto a uma abertura que gira em torno da construção do pesquisador e que tem, como referência, apenas o próprio modelo que avança a partir da construção do pesquisador durante o processo da pesquisa.

A metáfora da lógica configuracional enfatiza o lugar central do pesquisador no processo de pesquisa e na sua responsabilidade pelo modelo em desenvolvimento. Os modelos das pesquisas concretas são produções singulares que mantêm uma capacidade de diálogo com as teorias e representam, talvez, a via mais eficiente de desenvolvimento daquelas. A incapacidade de desenvolvimento de uma teoria está na base do desenvolvimento das ortodoxias que tanto dano tem causado à produção do pensamento humano.

A flexibilidade, a abertura e a criatividade por nós salientada como necessária para o tipo de pesquisa proposta não podem levar-nos a pensar que se trata de uma pesquisa para "eleitos", mas para pesquisadores que começam a formar-se de um modo diferente, aprendendo, desde o início de sua formação, os recursos indispensáveis para se converterem em autores, em sujeitos da pesquisa. É certo que tal processo tem como desvantagem a própria ideologia dominante na instituição educativa, a qual é essencialmente reprodutiva. No entanto, temos tido a experiência, no transcorrer desses anos, como a modificação da relação com nossos alunos facilita o surgimento desse sujeito necessário para esse tipo de pesquisa.

Obviamente que sempre há pessoas incapazes de assumir a tarefa criativa, pois a formação historicamente recebida lhes bloqueia a capacidade para se assumirem como sujeitos de seu próprio pensamento. Essas pessoas perpetuam comumente o que Koch (1995) denominou "pensamento a-significativo", ou seja, aquele pensamento que não gera novas significações, subordinando-se ao dominante.

4.2 PROCESSOS E CATEGORIAS PARA A PRODUÇÃO DE INFORMAÇÃO NA PERSPECTIVA DA PESQUISA QUALITATIVA APOIADA NA EPISTEMOLOGIA QUALITATIVA

Nesses anos de desenvolvimento acerca de nossa proposta teórica, epistemológica e metodológica, temos apreciado como ela tem se expandido em diversos campos da pesquisa, também temos tido a oportunidade de debatê-la em diferentes fóruns com pesquisadores que, de formas distintas, têm se identificado com tal proposta. Nesse processo, temos constatado que uma das maiores dificuldades apresentadas pelos pesquisadores é a tendência em permanecer no nível descritivo da informação direta e intencionalmente expressado pelos sujeitos estudados, inclusive sem usar outros indicadores dessa própria informação, acompanhando apenas o conteúdo explicitamente declarado. Isto tem limitado o que considero como a maior inovação desta proposta: o uso de indicadores para o desenvolvimento permanente de hipóteses que dão lugar a um modelo teórico em construção e que nos permite visualizar, por via indireta, informações ocultas aos sujeitos que estão sendo estudados. As próprias expressões intencionais e diretas são portadoras de informação implícita não presente na representação consciente dos sujeitos.

O sentido subjetivo e suas distintas formas de organização e de processualidade, constantemente envolvidas nos níveis simultâneos das subjetividades social e individual, *estão permanentemente presentes nas diferentes atividades e relações do sujeito que interage nos diversos espaços e contextos da vida social. Porém, sua presença nas emoções e nos processos simbólicos atuais do sujeito não significa que os sentidos subjetivos sejam suscetíveis à significação consciente. A representação de algo nunca esgota os sentidos subjetivos presentes em suas manifestações verbais e icônicas, sendo apenas um momento possível de sentido que adquire significação em sua relação com outros momentos e formas de expressão do sujeito ou dos espaços sociais estudados que podem estar aparentemente muito distantes do que estamos estudando.*

A dimensão de sentido subjetivo facilita-nos acessar os espaços de produção subjetiva que representam complexas sínteses de momentos culturais e históricos impossíveis de serem captados pela razão dominante, centrada na aparência, na proximidade e no conscientemente significado. O histórico e o cultural têm infinitos canais de expressão presentes por meio de sua constituição subjetiva em um sujeito concreto. *A subjetividade é um sistema complexo e, como tal, suas diferentes formas de expressão no sujeito e nos diferentes espaços sociais são sempre portadoras de sentidos subjetivos gerais do sistema que estão além do evento vivido, o do contexto em que se centra a representação consciente do sujeito em suas ações concretas.*

Sentimos que as dificuldades em aplicar nossa proposta devem-se, em grande parte, à sua novidade e ao insuficiente material didático dedicado aos processos de construção de informação. Por essa razão, dedicaremos este capítulo a tais processos, cuidando por explicitar a produção de indicadores e de hipóteses dentro da configuração de modelos de produção de informação, na medida em que os diferentes instrumentos e casos usados forem sendo apresentados. A lógica escolhida por nós para expor o material é apresentar a construção de informação em distintos tipos de instrumentos, assim como relacionar instrumentos em alguns dos exemplos que serão apresentados.

4.2.1 A dinâmica conversacional

Segundo afirmamos no Capítulo 2, a conversação é um processo cujo objetivo é conduzir a pessoa estudada a campos significativos de sua experiência pessoal, os quais são capazes de envolvê-la no sentido subjetivo dos diferentes espaços delimitadores de sua subjetividade individual. A partir desses espaços, o relato expressa, de forma crescente, seu mundo, suas necessidades, seus conflitos e suas reflexões, processo esse que envolve emoções que, por sua vez, facilitam o surgimento de novos processos simbólicos e de novas emoções, levando à trama de sentidos subjetivos. Explicitaremos nesta seção o processo de construção de informação relacionado a dinâmicas conversacionais individuais.

Ao conversar com a pessoa sobre o tema-objeto de nossa pesquisa, devemos de fato abrir um espaço que se desenvolva e que se delimite mediante a própria conversação, captando para isso indicadores e elementos que nos permitam dar continuidade à expressão da pessoa sobre temas de seu interesse. Nesse sentido o pesquisador é um facilitador da dinâmica que favorece o diálogo, embora, por ocupar essa posição, precise ter consciência de que o valor da informação será dado pelo envolvimento do sujeito estudado na conversação, na qual transcendem, constantemente, os limites de sua intencionalidade consciente, sendo a evidência mais sólida disso a densidade e a riqueza dos *trechos de sua expressão*, os quais são a unidade interpretativa essencial na construção teórica da dinâmica conversacional.

Analisaremos agora um trecho de conversação entre a pesquisadora C. Bayer, aluna minha de mestrado na Universidade de Brasília, e uma paciente que passou por uma mastectomia aos 37 anos de idade. A linha de pesquisa que norteou o desenvolvimento desse trabalho de mestrado foi o estudo da configuração subjetiva do câncer de mama.

Depois de explicar a pesquisa e de conversar com cada uma das pacientes estudadas, a pesquisadora perguntou para G. A.: "Como você ficou sabendo de sua doença e que impacto isso lhe causou?" Como é possível apreciar, mais que uma pergunta, é oferecido à paciente um tema para conversar; G. A. começa dizendo:

Toda a família acaba sendo afetada; a família adoece, participa junto com a gente, sofre junto. Então, comigo, a experiência foi assim: eu já tinha um filho e queria ficar grávida de novo já fazia muito tempo; *creio que isso foi uma das causas do câncer, pois tomei muitos hormônios para ficar grávida e os médicos não me alertaram sobre a relação dos hormônios com o câncer de mama...* então, eu passei por duas situações estimuladoras de câncer de mama: a primeira, ter menstruado com 12 anos, o que, de acordo com a literatura sobre o tema, está relacionado com a aparição do câncer de mama, e a segunda, ter tomado uma determinada quantidade de hormônios para ficar grávida.

Nesse primeiro trecho de informação, aparecem elementos em duas direções: o primeiro, *refere-se ao valor da família para a paciente* o qual, pela significação que lhe foi atribuída desde o início da conversação por meio de uma indução a ela dirigida de forma pessoal, nos leva a considerá-lo *um indicador da importância da família na configuração subjetiva da doença*; o segundo concerne à preocupação de G. A. em estabelecer os motivos que puderam ter causado sua doença. Esse segundo motivo pode estar relacionado com uma tendência à reflexão e à construção pessoal dessa experiência, contudo, isso é apenas uma idéia formulada pelo pesquisador, a qual não se pode apoiar em elementos do comentado como para considerá-lo um indicador. Devemos recordar que o indicador, apesar de hipotético, deve explicitar elementos presentes na informação estudada que justifiquem a hipótese elaborada.

Diante dessa posição assumida, a pesquisadora pergunta: "Por que você diz que menstruar com 12 anos facilitou a aparição do câncer de mama?"; e G. A. continuou afirmando:

> Porque li isso em um livro de mastologia (...) [continuou falando sobre a leitura para, em seguida, passar à outra reflexão sobre a origem do câncer de mama]; o estresse também causa câncer. A mulher trabalha muito duro, pois quando se envolve com casa, filhos, problemas, *a mulher se estressa muito, se ressente; o estresse é a doença do ressentimento.* Sofri muito porque eu abortei [observem que diante de uma curiosidade da pesquisadora, ela explica, mas continua falando sobre sua vida, a doença e suas reflexões mais gerais]; por isso acho que me estressei muito e que isso também facilitou o aparecimento da doença, pois, a partir daí não fui mais a mesma pessoa, não conseguia mais ficar grávida. Quando abortei, tinha três meses de gravidez, sofri muito. Começou a depressão, rejeitei meu filho porque queria outro; queria mais, a casa é grande, adoro a casa cheia, isso me fazia falta. *A cabeça das pessoas funciona de uma forma estranha quando queremos uma coisa, só vamos nesse caminho, e se não é aquilo que queremos, não podemos nos tranqüilizar. Isso foi o que aconteceu comigo.*

O trecho destacado anteriormente nessa citação, unido ao que a paciente expressou sobre suas leituras e considerações acerca do câncer, *representa um indicador sobre a reflexão que tem caracterizado sua relação consigo mesma e com a doença,* reflexão carregada de sentido subjetivo que se converte em *um importante elemento de sentido subjetivo da doença, assim como em um instrumento nos desafios gerados pelo período de tratamento e de restabelecimento* que deve ter implicações tanto no modo como ela assume a doença, quanto nas formas com que planeja sua vida a partir de tal enfermidade.

Depois disso, G. A. continua o seu relato para entrar em um aspecto diretamente associado ao tema introduzido pela pesquisadora com o intuito de provocar o início da conversação: como a paciente soube que estava doente. G. A., então, disse:

> Veio a depressão e o mal-estar comigo mesma por não haver conseguido engravidar. Por fim, o ano passado, nós entramos de férias e decidimos adotar uma criança; e eu já havia desistido de ficar grávida, quando a mãe do nenê desistiu. Uma vez mais decidi ter o meu e desisti da adoção; ia fazer inseminação artificial, já havia conseguido a minha vez no hospital, mas estava iniciando um tratamento, pelo meu convênio de saúde, em uma clínica de reprodução humana. Eu ía começar o tratamento, quando começaram umas dores na mama esquerda, dores insuportáveis, havia feito a mamografia, tinha acusado alguma coisa, mas minha família insistia em que era uma calcificação, pois ninguém em minha família havia sofrido de câncer de mama; eles diziam que era uma calcificação, pois eu havia amamentado muito o meu outro filho, eu tinha muito leite. *Amamentei um ano e um mês; adorava amamentar, para mim foi o melhor momento de minha vida, a gravidez e amamentar. Foi tudo muito mágico, aquela imagem não saía de minha cabeça, aquele momento sublime entre mãe e filho. Eu tinha 27 anos.*

É muito interessante notar que, apesar de descrever como foi que conheceu o câncer, G. A. é capaz de expressar um indicador sobre o forte sentido subjetivo de sua experiência quanto à maternidade e ao aleitamento. *Os elementos para definir esse trecho como um indicador de sentido subjetivo e não como uma simples descrição formal são*:

- A emoção que aparece na expressão e que se produz tanto na conversação, como na elaboração da expressão: "melhor momento de minha vida"; "aquele momento sublime entre mãe e filho"; "foi tudo muito mágico, aquela imagem não saía da minha cabeça".
- A expressão sobre a maternidade e o aleitamento evidenciaram-se como um sentido subjetivo ao caracterizar sua emocionalidade diante de um tema tão difícil como o câncer.

Esse trecho, somado ao que foi comentado em relação à família nas primeiras frases, é mais um indicador do sentido subjetivo da família e de sua significação na configuração do sentido subjetivo da doença. A família, a maternidade são as coisas mais importantes de seu mundo e convertem-se em sentidos subjetivos relevantes da configuração subjetiva do câncer:

> Tive meu filho supertranqüila e depois nunca mais consegui engravidar. Eu não sou muito fértil e meu marido tampouco, então só tive aquele momento de fertilidade. Comecei com as dores na mama [isso foi aos 37 anos, dez depois do nascimento de seu filho]. Minha família não havia dado importância, pois nunca houve caso de câncer. A dor foi aumentando e não conseguia dormir; resolvi buscar um primeiro mastologista que me disse serem 99% de probabilidade de não ser nada, mas iria fazer uma cirurgia para descobrir o problema. Então, fui a um segundo mastologista que me disse não ser assim, que para ter um julgamento deveria operar e fazer a biopsia. Assim, fiz a biopsia, mas o problema não era na mama direita que era a que doía, era na esquerda. A biopsia deu câncer... *Foi uma bomba quando li o resultado do exame, foi duro, passei quase um ano sem poder ficar sozinha. Entrei em pânico, o preconceito é grande, você não escuta ninguém falar da doença e quem a tem a esconde. Tentei não esconder, não ter medo nem preconceito de mim mesma. Houve quem se distanciou de mim, mas teve quem se aproximou mais. Teve uma aproximação muito grande de muitas pessoas, meus vizinhos se reuniam para rezar por mim, foi uma coisa muito linda. Conheci pessoas maravilhosas que já haviam passado pelo que eu passei e tentavam me ajudar.*

Nesse trecho, combinam-se o impacto psicológico da doença e o respeito dos outros para com ela. Ambos os aspectos aparecem inseparáveis no relato; o sofrimento e o choque não são sentidos subjetivos isolados, integrando-se em uma mesma unidade de sentido a sua decisão e os momentos que viveu a partir do aparecimento da doença, que não a impediu de passar por novas e maravilhosas experiências. *Esse trecho se converteu em um forte indicador de sentido subjetivo do câncer, doença que ela assumiu sem negar-se a si própria e sem fixar-se no sofrimento, conseguindo assim abrir um novo campo de produção de sentidos a partir da doença o qual lhe propiciou desenvolver-se como pessoa, incluindo o desenvolvimento de sua identidade, a qual, com freqüência, se desestrutura diante do impacto da doença.*

Ela continua analisando a experiência pela qual passou, e a capacidade de análise e de reflexão mantida em seu relato é mais um indicador de até que ponto conseguiu abrir novos espaços de sentido subjetivo, sem ficar anulada com a experiência vivida em relação à doença. [Assim continua o seu relato: "O médico tem o tratamento, mas ele não passou por isso, e o paciente não tem tratamento para aquilo de que mais necessita, as suas emoções que é o lado que não sabemos trabalhar".] *Como se vê, ela sustenta uma posição de reflexão e de crítica sobre os diferentes aspectos de sua experiência que, na nossa opinião, é formada a partir dos indicadores anteriormente analisados e que se converteu em uma fonte muito importante do sentido subjetivo em relação ao momento atual de sua vida.*

Como pudemos observar nesses primeiros trechos de conversação, G. A. se expressou livremente, envolvendo-se, mediante seu relato em diferentes zonas de sua experiência pessoal, as quais são inseparáveis do sentido subjetivo que a doença tem para ela; são expressões e relatos carregados de sentido subjetivo, nos quais a doença e a vida dela se relacionam e se interpenetram configurando sua produção de sentido em relação ao câncer e à sua própria vida. São estes relatos abertos, cheios de emoção e de experiência vital, os que favorecem o surgimento de expressões que permitem construir as configurações de sentido das pessoas estudadas, as quais aparecem por meio de tais relatos como sujeitos produtores da experiência e não como respostas pontuais, induzidas por uma lógica, uma sensibilidade e uma experiência, diferente da vivida: a lógica do pesquisador. É nesse sentido que afirmamos que a pesquisa qualitativa recupera a pessoa estudada em condição de sujeito ativo na construção de sua experiência. Os caminhos de sua expressão os escolhe a pessoa estudada, transitando livremente por eles através da complexa trama de sua experiência subjetiva.

Pode observar-se que G. A., apesar de expressar-se quanto ao tema que a pesquisadora disponibiliza para começar o diálogo, faz isso por meio de sua expressão pessoal, bem como pelas necessidades pessoais que, no decorrer de sua expressão, se constituem a partir das configurações de sentido que sua narração vai estimulando e que se organizam através dela.

Ainda nesses primeiros trechos de informação, desenvolvemos indicadores que nos autorizam a identificar as seguintes hipóteses sobre os núcleos de sentido que apareceram na sua expressão:

- Um *núcleo de sentido subjetivo forte em relação à família*, em cuja configuração parecem estar presentes afetos profundos tanto em relação a seus pais como a seu filho e marido. A família parece ser fonte de apoio, afeto, vivências de aceitação de si mesma e segurança, constituindo uma importante configuração subjetiva de sua personalidade e tendo um valor importante na produção de sentidos em relação à sua doença.

- Outro núcleo de sentido subjetivo importante construído por nós mediante os trechos analisados se refere à maternidade; a qual é produtora de emoções e de processos simbólicos responsáveis por sua organização como uma das fortes configurações subjetivas de sua personalidade. Por sua vez, tal configuração está de forma geral alimentada pela qualidade de seus afetos familiares e pessoais em geral. Lembremos sua expressão carregada de afeto e de bem-estar, ao se referir às orações feitas por seus vizinhos durante os piores momentos de seu confronto com a doença.

- Um terceiro núcleo de sentido subjetivo a ser destacado no trecho analisado é *sua posição pessoal perante a doença, sua capacidade para resgatar-se a si mesma quanto aos preconceitos dominantes sobre a doença e de manter uma posição ativa em sua produção intelectual* que, na nossa opinião, se converteu, como dissemos antes, em uma importante fonte de sentidos subjetivos em relação à doença. Sua capacidade para significar a nova situação vital pela qual está passando e para se reencontrar nela como pessoa é um indicador central para lhe definir como *sujeito da doença*. Diante da enfermidade, ela não se subordina, tomando uma posição ativa que marca o sentido subjetivo da doença. Ela é capaz de sentir o preconceito vivenciado em pessoas que se afastaram dela, mas ela não fica neste ponto, continua valorizando sua nova situação e vai além das barreiras que aparecem.

Esses três núcleos de sentido, cujas configurações foram aprofundadas tanto no diálogo como nos outros instrumentos utilizados na pesquisa, constituem as primeiras hipóteses que organizam o modelo de produção teórica, orientando o conhecimento sobre a configuração subjetiva do câncer que é o objetivo central dessa linha de pesquisa.

Embora analisamos mais para a frente o completamento de frases, apresentaremos aqui algumas respostas do completamento muito significativas quanto aos núcleos de sentido que temos apresentado a partir da conversação:

2 – Quisera saber: mais sobre meu câncer.

3 – O tempo mais feliz de minha vida: foi quando meu filho nasceu.

5 – Gosto: da minha vida.
6 – Os estudos: quero voltar a estudar.
7 – Infelizmente não posso: carregar meu filho no peito.
13 – Minha família para mim: é tudo.
17 – Amo verdadeiramente: meus filhos, meu marido e meus pais.
18 – Minhas ambições: estão em ter meus estudos concluídos.

Em todas essas frases, as quais não analisaremos detalhadamente, pois esse é o objetivo da próxima seção, se observa um compromisso emocional em expressões muito coerentes com os núcleos de sentido destacados no trecho de informação analisado na conversação. Podem-se apreciar as diferentes referências, tanto diretas como indiretas, à sua relação com os filhos. Essa pluralidade de alternativas de construção sobre o tema é um forte indicador de sentido subjetivo dessa área de vida para ela; por exemplo, na frase 7 G. A. expressa, diante de um indutor totalmente indireto, uma frase que, unida às outras, de caráter direto, se constitui como um forte indicador do núcleo de sentido subjetivo sobre a maternidade. A frase 5 é muito significativa em relação ao núcleo de sentido subjetivo que está envolvido na forma com que ela se assume perante a doença, da conservação de sua identidade apesar dos preconceitos e das pressões do meio. A pesquisa, como demonstraremos neste último capítulo dedicado à produção de informação, representa um processo de tecido e de construção de informações procedentes de fontes diversas que convergem para a elaboração de determinados núcleos de sentido subjetivo.

De forma colateral a esse conhecimento, que responde ao foco de nossa pesquisa, produzem-se conhecimentos importantes sobre outros aspectos essenciais no estudo dessa área, como a falta de atendimento psicológico ao paciente, o que reafirma a orientação curativa centrada no orgânico a qual ignora essa importante trama que trazemos no estudo dos aspectos subjetivos e sociais da doença, os quais são parte do sistema e de sua própria experiência diante do forte impacto criado pela doença. Outro aspecto importante que, assim como o anterior, pode ter distintos desdobramentos é a atitude da família para minimizar a alteração da mamografia. Essa é uma questão importante a ser considerada nas campanhas de prevenção que têm estado mais centradas em aspectos gerais, que no desenvolvimento de uma posição crítica e vigilante quanto a todos os fatores envolvidos na doença, questão essencial para as pessoas assumirem uma posição diferente em relação a si mesmas, a qual deve ser o verdadeiro significado da promoção de saúde.

Os aspectos colaterais que contribuem para o campo de estudo em que a pesquisa se desenvolve devem ser apresentados por qualquer pesquisa independente de seu foco central, pois uma pesquisa abre um cosmo de informação que não deve ser ignorado por causas formais ou de outra índole. É nossa responsabilidade construir tudo o que sejamos capazes de visualizar nesse cosmo de informação que se nos abre nesse processo.

G. A. não oculta seu sofrimento, a tensão que produz o relacionamento estabelecido com o paciente no processo de tratamento; nesse sentido, expressa:

> O que me afetou muito na quimioterapia foi que o médico me disse que seriam quatro sessões e foram seis. Me senti enganada, eles fazem isso a maioria das vezes para diminuir sua agonia, se são quatro, na segunda dizem que faltam duas e assim, na quarta, repetem esse recurso, mas dá muita agonia, pois a quimioterapia afeta todo o organismo, tanto o emocional, como o físico, um fica muito debilitado. Há pessoas que se dão bem, que toleram as seis sessões e nem a sentem, mas, para outras, é muito difícil.

Esse é o momento de sofrimento, de impacto, que se configura subjetivamente pelos sistemas de relações do paciente, bem como pela intervenção de seus recursos subjetivos. A produção de sentidos subjetivos dependerá da emotividade e dos processos simbólicos que o paciente possa desenvolver quanto à sua doença e à sua vida em geral.

Em sua recuperação afetiva, na recuperação da intencionalidade voluntária, orientada a manter seus projetos e a desfrutar a vida, a reencontrar-se consigo mesma, sua família teve um papel fundamental, tanto pela forma com que se portou com ela durante todo esse tempo como pelo sentido que já sua família tinha em sua história pessoal; sua recuperação passou pelo lugar que se deu a si mesma dentro dos diferentes espaços de sua vida, em especial o familiar:

> Eu tenho que pensar no lado bom do que me ocorreu. Estava no carro, pois havia levado meu filho à colônia de férias e comecei a me questionar sobre por que Deus havia colocado esse problema na minha vida. Foi como se eu tivesse me encontrado com minha prima e fosse conversando com ela sobre

meus pensamentos. Deus me deu essa doença, mas não gostei, mas eu não tinha como evitar. *Depois eu pensei, não interessa o porquê, mas para quê. Tenho que trabalhar isso muito na minha cabeça: esse para quê.* O que esse problema trouxe de bom, o que posso melhorar em minha vida, o que estava errado e o que vou fazer para mudar. Foi uma parada estratégica, um pit stop, mudar o defeito que devia melhorar e seguir adiante.

Nesse trecho, observamos uma complexa produção de sentido, pois sua decisão de ir adiante, e o afeto para com os seus familiares integram-se em uma poderosa produção de sentido subjetivo que inclui o religioso e a estimula em sua revisão crítica sobre sua vida, bem como a ajuda a reposicionar-se como pessoa. Esse é mais um indicador de seu caráter ativo tanto diante da doença como da vida. *Esta "breve parada" a que se refere quanto ao curso de sua vida é um belo indicador da integração da doença em sua vida; o sentido subjetivo associa-se a um "para quê" que não a leva a posicionar-se como vítima, mas a refletir ativamente sobre as mudanças necessárias para a sua vida pessoal; projeta-a para uma nova temporalidade que a orienta ao futuro e que a separa da idéia do fim. Aqui se vê claramente o sentido da sobrevivência, não por meio do significado declarado, mas da perspectiva temporal assumida.* Mais adiante G. A. continua:

Não fui eu que procurei o problema. Não procurei essa doença. Tinha que procurar dentro de mim a resposta, corrigir os defeitos e não ficar me lamentando como algo triste, uma coisa de que não gostei, algo mau, mas que a partir de agora vou melhorar em minha vida. E olhando para meu filho, para meu marido e para minha filha, não podia ficar olhando para o passado.

Constatamos, nesse trecho, tanto o lugar da família no sentido subjetivo da doença e na posição assumida em relação à própria vida, como a importância do sentido subjetivo da temporalidade. *Essa configuração subjetiva sobre a doença leva a paciente a valorizar o futuro sobre o passado, o positivo sobre o negativo, a reflexão crítica sobre a queixa, aspectos esses portadores da emotividade desse sentido capaz de expressar-se em formas simbólicas e comportamentais muito diferentes.*

Em outro momento desse mesmo trecho de sentido subjetivo dentro de sua conversação, G. A. afirma:

Depois disso, eu parei para pensar em mim, sobre por que em dez anos de casada vivi em função do meu marido, de meus filhos e esqueci que eu existia. Quando veio o câncer, tive que dar uma parada e olhar para mim; apesar de essa parada ter sido sofrida, uma parada difícil que me deu a oportunidade para pensar mais em mim, apesar de manter o amor por meus filhos e por meu marido, também me considero. Estou nessa linha de pensamento, trabalho para eles, ajudo em tudo, mas também penso em mim.

Notamos como ela se reivindica como pessoa, como toma consciência de seu lugar em relação aos outros; atender-se, cuidar-se, desfrutar a vida não significa não querer bem os outros. Nesse trecho, aparece um sentido subjetivo fortemente associado à construção de gênero em nossa cultura: a mulher é símbolo de entrega e de serviço; ela se assume de forma secundária, estando na família cheia de deveres para cumprir, o que a faz se situar em um espaço de demanda e trabalho orientado aos outros. Esse sentido subjetivo está constituído em sua história pessoal, primeiro, pela posição de sua mãe em relação ao pai e, depois, pelas expectativas que desenvolveu em seus filhos e esposo, assim como pela média, e nos múltiplos discursos e produções da subjetividade social e de sua própria subjetividade individual.

Nesse caso, o sentido subjetivo da religião é muito diferente do expresso por outras mulheres que têm padecido da mesma doença. O câncer é freqüentemente sentido como castigo, como prova, como desafio. No caso de G. A. era um alerta que indicava que algo não estava bem, que algo devia ser investigado. Na produção desse sentido subjetivo, produziram-se fé e cura, esperança e segurança para a revisão de um caminho; o reposicionamento pessoal se ajuda da fé religiosa. O sentido subjetivo da religião estimulou uma posição ativa e de superação, e não a passividade de quem expressa "Meu destino está nas mãos de Deus". Deus a alerta, mas ela assume seu destino, a figura divina aparece em uma dimensão subjetiva distinta.

Pudemos observar na análise desse caso, como a pessoa se expressa na produção de verdadeiros campos de sentido subjetivo caracterizados por sua elaboração pessoal, pela afetividade envolvida, pelos desdobramentos que a própria narrativa vai tomando, pela densidade e continuidade de sua expressão. Essa possibilidade de gerar campos de sentido subjetivo no decorrer de sua narrativa é uma necessidade para a construção de configurações subjetivas por parte do pesquisador. A produção de sentidos subjetivos é facilitada nas narrativas de um sujeito assumido, para quem o diálogo com o outro segue o curso das necessidades que vão aparecendo a cada momento nesse processo, sem ver-se constrangido, nem interrompido pelo pesquisador. É nesse aspecto que o termo conversação substitui o termo entrevista, cujo foco está mais centrado na pergunta e cuja unidade de análise são respostas que, às vezes, impedem a expressão íntegra de zonas de sentido subjetivo que se organizam no curso da expressão do sujeito.

Uma vez explicitada a produção de indicadores e o processo de construção de núcleos ou eixos de sentido subjetivo no transcorrer da pesquisa por meio de trechos de análises conversacionais, passamos a mostrar o processo construtivo-interpretativo no complemento de frases. Antes de fechar esta epígrafe dedicada à construção da informação na conversação, queremos reiterar alguns aspectos já discutidos, mas que por sua importância nesta metodologia considero importante enfatizar novamente o seu valor para a construção da informação em geral:

- Em primeiro lugar, o processo de construção da informação é um processo hipotético. A produção de hipóteses mediante a construção de indicadores e das idéias e reflexões que se articulam nesse processo e que definem um modelo teórico, como pode ser a representação de uma configuração subjetiva, é um processo mediato, que integra informações de diferentes instrumentos e situações vivas que se vão produzindo e desenvolvendo ao longo do processo de pesquisa.
- A proposta de uma configuração subjetiva é uma representação teórica capaz de nos fornecer visibilidade sobre processos que, até hoje, haviam sido desconsiderados pela psicologia, permitindo uma construção que acompanha o caráter contextual, processual e dinâmico da subjetividade e, ao mesmo tempo, suas formas de organização, a história dessas formas de organização e sua constante tensão e compromisso com os contextos e campos de ação atuais da pessoa. As configurações subjetivas remetem-nos a uma representação complexa da realidade, apresentando-se como uma representação teórica sobre uma delimitação do real, impossível de ser esgotada, demonstrada ou evidenciada em sua completude pela representação teórica em que as simbolizamos.

- As configurações subjetivas podem ser construídas somente ao longo da pesquisa ou do diagnóstico; elas não aparecem de forma imediata em instrumentos isolados. É por isso que usamos os termos núcleos ou eixos de sentido para expressar conteúdos portadores de sentido subjetivo, sobre os quais não podemos, todavia, representar sua organização mais complexa como configurações subjetivas.
- O pesquisador deve ser prudente em suas afirmações. Há uma tendência muito arraigada de afirmações categóricas, resultante do imaginário positivista que nos faz sentir segurança na produção do conhecimento quando somos capazes de classificar, demonstrar ou concluir algo. Desde a perspectiva epistemológica por nós assumida, o conhecimento apresenta-se como uma produção teórica capaz de produzir inteligibilidade sobre o estudado, mas que nunca se expressa numa relação isomórfica com o estudado que lhe permita um reflexo acabado daquilo.
- Conforme pudemos observar, o pesquisador compromete-se com seu pensamento no decorrer da análise e esse compromisso o conduz a formular hipóteses e categorias que lhe permitem significar seus pensamentos. A partir dessa perspectiva, a informação está sempre em processo de construção e pode ter várias saídas conceituais ao mesmo tempo. Assim, por exemplo, no caso apresentado, unido ao esforço para construir a configuração subjetiva do câncer na análise conversacional, apareceram importantes aspectos da desconsideração dos fatos psicológico do paciente e da dinâmica hospitalar, os quais poderiam haver sido categorizados de diversas formas no caminho de construção teórica de novos problemas e categorias, como, por exemplo, a despersonalização do tratamento hospitalar, a substituição do diálogo pela prescrição e o tempo institucional em contraposição ao tempo pessoal, para assinalar apenas algumas das categorias possíveis a serem desenvolvidas sobre o material estudado. Elas poderiam levar-nos à construção de um eixo de sentido relacionado à desconsideração institucionalizada da condição de sujeito nos pacientes.

As categorias representam formas de concretização e de organização do processo construtivo-interpretativo que permitem seu desenvolvimento por meio de núcleos de significação teórica portadores de uma certa estabilidade. Sem categorias, a processualidade pode-se desfigurar diante da falta de organização do processo construtivo. Devemos conceber as categorias não como entidades rígidas e fragmentadas, mas como momentos de organização e visibilidade de uma produção teórica, em cujo processo as categorias se mantêm em constante movimento dentro das construções em que se articulam entre si.

4.2.2 Completamento de frases

O completamento de frases, como qualquer instrumento, é suscetível de múltiplas opções de análise qualitativa. Há muitos pesquisadores que gostam de fazer agrupamentos a priori sobre frases que se relacionam entre si pelo tipo de conteúdo explícito, o qual nos permite organizar um momento macro, mais geral, acerca das tendências que se fazem diretamente explícitas no instrumento. Isso pode ser útil se usarmos esses agrupamentos como significados a serem relacionados com outros que construiremos por meio de outras opções interpretativas. Se desejarmos realizar a análise completa pelas categorias explícitas a priori, embarcaremos nas mesmas limitações da análise descritiva de conteúdo: não conseguiremos integrar unidades de interpretação a partir do tecido de relações explícitas e implícitas que caracterizaram a produção de um trecho de informação, nem seremos sensíveis às diferenças qualitativas sutis expressas em um mesmo conteúdo que aparece em construções e contextos diferenciados de expressão.

O agrupamento de expressões diferentes através de um conteúdo explícito que as une suprime a possibilidade de entrar em campos de sentidos complexos, no qual o conteúdo está mais associado a sentidos subjetivos de procedência distante e diferente que ao conteúdo explícito que, na aparência, une essas expressões diferentes. Outro problema complexo ao fazer agrupamentos por conteúdo é que se perde o contexto de informação em que tal conteúdo aparece. Assim, por exemplo, em seu trabalho de doutorado, elaborado sob nossa direção, A. Arrais, que está estudando a depressão pós-parto em mães jovens, realiza um agrupamento de frases do comportamento, seguindo as unidades de conteúdo explícitas nas frases. Nesse sentido, integra sob o rótulo "relação com a maternidade", as seguintes frases de G. T., 33 anos:

Desejo: ser uma boa mãe.
Esforço-me diariamente: para ser uma boa mãe.
Sempre quis: ser uma boa esposa e uma boa mãe.
Quando estava grávida: estava protegida.
Penso em amamentar: é bom e ao mesmo tempo cansa.
Meu parto: foi horrível.
Para mim a maternidade: é muita responsabilidade.
A paternidade: acredito que deve ser melhor que a maternidade.

Nesse bloco de frase, as expressões afetivas quanto à maternidade são positivas. Caso nossa análise se reduza a um critério de freqüência, sem dúvida chegaríamos à conclusão de que sua relação com a maternidade é positiva. No entanto, uma análise qualitativa da própria unidade selecionada para tal exemplo coloca-nos diante de um quadro paradoxal, motivado por uma incongruência que não pode ser resolvida em termos descritivos. A grande maioria das frases expressa uma positividade em relação à mãe, porém os elementos seguintes, resultantes da interpretação, questionam isso:

- As frases estão construídas em termos de desejos e de esforço, de querer ser, o que pode expressar mais uma intenção que uma realidade; intenção que pode estar animada porque suas emoções, e talvez suas próprias reflexões, lhe indicam outra coisa quanto à sua função de mãe. Esta dúvida pode ser construída somente a partir de outras fontes de informação que nos autorizem a aprofundar aquilo que G. T. não pode nos expressar explicitamente.
- A frase sobre a paternidade, ainda que seja apenas uma, contém uma informação muito significativa: para ela, a paternidade deve ser melhor que a maternidade, ou seja, a maternidade não deve ser sentida e vivida como algo muito bom, quando se pensa que o outro, o pai, está melhor. Quando essa frase se une à característica "horrível" atribuída ao parto, podemos tomar essa relação como um indicador de dificuldades no rol de mãe, embora, partindo de nossa definição sobre sentido subjetivo, consideremos que o sentido subjetivo da maternidade não está limitado pelo espaço simbólico, nem real da maternidade, mas está integrado por sentidos subjetivos que foram gerados em outras zonas da vida da pessoa e que se tecem e se integram na configuração subjetiva da maternidade. Esta posição teórica nos faz ques-

tionar o diagnóstico de depressão pós-parto em geral, preferindo falar de mãe recém-parida deprimida. A depressão tem um sujeito concreto situado histórica e contextualmente, condições essas fortemente geradoras de sentido subjetivo nas diversas experiências cotidianas atravessadas por esse espaço histórico-contextual.

Ao utilizarmos o completamento de frases; encontramos rapidamente um conjunto de frases que, sem dúvida, relaciona-se com o sentido subjetivo da maternidade e que não se refere diretamente à sua maternidade. Desse modo, G. T. completou outras frases da seguinte maneira:

Minha mãe: é desagradável.
Meu pai: é radical demais.
O trabalho: eu gosto.
Minhas aspirações: terminar a pós-graduação.
Eu prefiro: estar na rua que em minha casa.
Fracassei: como dona-de-casa.

Uma vista rápida sobre essas frases nos permite abrir um conjunto de hipóteses que desenvolveremos mais adiante na análise detalhada acerca desse completamento de frases e que, sem dúvida, nos remete a sentidos subjetivos que marcam o caráter conflitivo do momento atual de sua vida, o qual não pode ser alheio ao sentido subjetivo da maternidade. Os agrupamentos por unidades de conteúdo podem ser uma tática do pesquisador, mas esses agrupamentos devem ser usados para produzir significados, os quais se integrarão a outros trechos de tal processo. Essa é uma diferença essencial entre a produção de informações em uma perspectiva construtivo-interpretativa e a análise de conteúdo. Nesse último, o pesquisador não transcende o plano descritivo-indutivo na análise da informação.

Os agrupamentos de informação devem representar momentos, unidades de uma análise integral, não podendo representar o objetivo final do trabalho. Elas representam, essencialmente, uma ferramenta interpretativa e um momento na organização do processo interpretativo.

Analisaremos aqui dois completamentos de frases: um de uma jovem universitária cubana que tinha acabado de ingressar na sua vida profissional, e outro de uma mulher brasileira diagnosticada como caso de depressão pós-parto, ao qual nos referimos anteriormente para exemplificar os agrupamentos primários iniciais da informação. Os diferentes cortes e alternativas de análises ficam abertas às capacidades, possibilidades e preferências dos pesquisadores, sempre que se mantenha o caráter construtivo-interpretativo da produção de informação. Quanto ao primeiro caso de completamento, explicarei o processo de produção de indicadores e hipóteses que deve caracterizar o curso do processo de construção sobre o material usado.

T. J., 23 anos, cubana.

1 – Gosto: de conversar, de participar, de ler, de passear, de querer, que me queiram.

Sempre apresentei o completamento de frases analisando blocos de frases; agora irei acompanhando as frases no processamento de meu pensamento, apresentando ao leitor como o pesquisador elabora, interpreta, inventa e produz, de modo permanente, hipóteses que somente tomam forma como construção teórica em determinados momentos do processo. Em geral, tal processo, que explicarei na análise do completamento de frases, é o desenvolvimento de minhas notas ao analisar o instrumento. Nessa frase, expressam-se, explicitamente, interesses, socialização e necessidades afetivas. *Pela forma tão declaratória com que esses elementos aparecem, podemos considerá-los mais como significativos de sua representação que como portadores de sentido subjetivo. O sentido subjetivo desses aspectos será construído por nós progressivamente ao longo do instrumento, bem como em sua relação com outras fontes de informação na pesquisa, não obstante a diversidade da expressão e o uso do verbo "querer" em relação ao outro e a si mesma nos parece significativa.*

2 – O tempo mais feliz: não implica que me aconteça algo muito significativo em um espaço determinado, mas que os espaços que mais me interessam ou de que mais necessito estejam bastante bem. O Ensino Médio e a Universidade foram os tempos mais felizes.

No complemento dessa frase ela fez uso da folha de papel adicional que lhe entregamos para completar o que desejava expressar, caso necessitasse. Nessa segunda frase, aparece um elemento direto que pode ser um indicador de que o *momento atual é percebido como menos feliz aos anteriores de sua vida, pelo fato de colocar os momentos institucionais mais felizes no passado.*

3 – Queria saber: se meu namorado me ama e em outra ordem de coisas queria saber muito mais da vida, da história, do porquê de alguns fenômenos, sobretudo dos sociais.

É interessante como T. J. relaciona, em uma mesma unidade de informação, o interesse por seu namorado, ou melhor, a sua preocupação em ser amada, com o interesse por conhecimento, o que poderia ser *um indicador sobre o sentido que o conhecimento e o estudo* têm para ela. No entanto, preferimos acompanhar um pouco mais sua expressão antes de definir esse elemento como indicador. Já a figura do namorado nesse momento tão cedo de sua expressão no instrumento se integra ao significado que comentamos na primeira frase sobre sua expressão "querer e ser querida", e é essa relação que pode ser definida como um indicador da importância do afeto, do amor em sua vida. Também aparece aqui seu interesse pelo social.

4 – Lamento: que os relacionamentos afetivos mais próximos não andem bem.

Esse conflito, também expresso de forma direta e referente aos afetos pessoais, poderia ser um dos elementos de sentido presente em seu *mal-estar profissional*, fato no qual penso e que anoto para continuar analisando; também se converte em um elemento a mais sobre o significado de sua vida afetiva, cujo sentido subjetivo precisamos descobrir caso esteja entre os objetivos de nossa pesquisa.

5 – Meu maior temor: nesse momento, é que meu noivo não me ame; também temo, ainda que não o veja tão perto, não ser boa profissional, não me sentir realizada.

É curioso que, nessa frase, aparece o mesmo fenômeno já comentado na frase 3: unem-se dois processos de natureza distintas em seu significado emocional, um *relacionado a seu amor e outro à sua vida profissional*, o que já poderia ser considerado, para ela, um *indicador indireto sobre o sentido subjetivo de ambas as esferas da vida*. Quero destacar que o indicador não aparece pelo que explicita diretamente, mas pela unidade de significado que emprega: a união em uma frase de significação emocional intensa, como o temor, em dois espaços diferentes de sua vida, o amor e a profissão. Aqui não se pode afirmar nada, mas apenas hipotetizar, com o objetivo de enriquecer nossa hipótese com novas informações.

6 – Na escola: quase sempre me saí bem, me lembro dela com carinho, me sentia bem.

Essa frase nos permite *a idéia sobre o sentido subjetivo que o conhecimento para ela tem, bem como os interesses que ela expressa*. Em relação ao sentido subjetivo do conhecimento, nos informa sobre a emotividade positiva associada ao estudo, o que também é um elemento indireto sobre a emotividade autêntica presente em suas expressões diretas concernentes a seus interesses; também nos informa sobre a *felicidade de sua vida passada*, à qual já havia feito alusão. Por ser o passado um sentido e não uma soma de recordações, a afetividade relacionada a algo tão central como a vida escolar é importante não apenas para julgar sua passagem pela escola, mas também para julgar aquela época de vida. No sentido subjetivo da escola, estão a família, os professores, os colegas de sala, suas experiências escolares, enfim, cada momento relevante portador de sentido é uma intrincada síntese desse momento de vida, cujo desentranhamento é mais complexo e vai depender sempre dos objetivos da pesquisa.

7 – Não consigo: me concentrar bem em quase nenhuma atividade que realizo.

Indicador sobre os conflitos em sua vida presente, os quais já explicitou antes, mas cuja configuração de sentido devemos aprofundar. Nessa frase, o conflito expressa-se em uma de suas conseqüências e não apenas no reconhecimento de sua presença, elemento decisivo para ser considerado como um indicador e não meramente como um aspecto representacional. Ela não fala intencionalmente do conflito, refere-se a suas conseqüências.

8 – Sofro: por estar tão insegura, por racionalizar um grupo de coisas, mas seguir sentindo outras. Sofro por ver como estão as relações entre meu pai e minha mãe e também como eles estão, nesses momentos, com J. (o namorado).

Apesar de ser uma frase direta, aparece nela, com mais clareza, uma fonte de emotividade que pode ser um elemento de sentido subjetivo de seus diferentes espaços atuais de vida: os conflitos entre seus pais e o deles com o namorado, sendo que cada um desses conflitos são elementos de sentido do outro. Essa frase é importante para nosso conhecimento da jovem, ainda que seja um elemento de informação direta que responde à sua atual representação acerca dos fatos, pois as representações também são elementos de significação sobre os processos de produção dos sentidos subjetivos que estão em sua base. *A partir dessa frase, sintetiza-se um conjunto de hipóteses que estão em processo: sua sensibilidade em relação ao namorado, a significação de seus pais associada ao valor da escola, seu mal-estar no trabalho, enfim, começam a perfilar-se elementos de sentido subjetivo importantes para a análise das diferentes configurações subjetivas de sua vida atual.*

Podemos afirmar que as respostas diretas, apesar de seu conteúdo representacional, entram em estruturas de significação do pesquisador e que não podemos ser mecânicos em nossa consideração acerca da categoria indicador, a qual tem sido usada de maneira indiscriminada em algumas pesquisas concretas. O indicador, de acordo com nossa própria definição (1999):

> (...)
> são aqueles elementos que adquirem significado graças à interpretação do pesquisador, isto é, que seu significado não é acessível, de forma direta à experiência, nem aparece em sistemas de correlação (...) o indicador somente se constrói sobre a base de informação implícita e indireta... (p. 113).

9 – Fracassei: em determinadas ocasiões por ter sido honesta e coerente com o que penso.

É interessante que o fracasso, outra experiência emocional intensa, faça parte do campo da reflexão, do pensamento. Isso reforça a hipótese em andamento sobre o significado que, para T. J., possuem o conhecimento e seus diferentes interesses, aspectos esses que já têm aparecido por uma multiplicidade de vias. Por trás de significações tão fortes sempre há configurações de sentido; por sua vez, seus interesses e seu afã em conhecer possivelmente sejam elementos de sentido amplamente estendidos em suas diversas configurações subjetivas atuais.

Por outro lado, essa expressão é um primeiro elemento na busca por outro indicador referente tanto a si mesma como à subjetividade social. *Ela fracassou no esforço de abrir um caminho e lutar por seu próprio espaço a partir do que pensa.* Isso pode significar que, no espaço em que atualmente convive, a honestidade não é um valor real. Já na frase 1 havia mencionado que gosta de participar, mas, em todo caso, preferimos analisar mais informações e ter novos elementos para definir um indicador nesse sentido.

10 – A leitura: me faz sentir prazer, me envolve, às vezes deixa marcas, que eu poderia qualificar como agradáveis.

Essa frase, por sua construção e pelo uso dos elementos afetivos, representa um indicador de sentido subjetivo de seu interesse e da significação que atribui ao conhecimento. *Ela representa um indicador em sua relação com frases anteriores que já foram referendadas ao tema, assim como pela forma com que organiza sua significação sobre a leitura. A elaboração e a construção emocional e personalizada são indicadores da emotividade subjacente ao representacional.* De qualquer maneira, devemos lembrar sempre que o indicador não tem caráter absoluto, é apenas uma peça interpretativa que se integra a um sistema de interpretação em processo.

11 – Meu futuro: importa-me muito ainda que não me assuste; não faço coisas pensando o tempo todo no futuro; acho que não sacrifico coisas que necessito fazer no presente pensando no futuro. O vejo positivamente.

É interessante notar, considerando o imaginário da sociedade cubana, no qual o tema do futuro é objeto de uma coisificação ideológica em que tudo se encaixa "em um futuro melhor" ou em "sacrificar o presente em benefício do futuro", *como essa jovem é capaz de afirmar o seu direito ao presente. Essa frase, unida à 9, constitui um indicador de sua posição como sujeito, de sua capacidade para manter a tensão necessária entre a responsabilidade por suas posições e as pressões simbólicas da sociedade orientadas à padronização da própria linguagem.* Os jovens dessa geração, mais especificamente até os anos de 1980, e das gerações precedentes em Cuba,[2] tinham desenvolvido uma forte orientação volitiva que, entre outras coisas, se expressava em uma alta elaboração de suas posições pessoais. As exigências de um processo revolucionário que socializou e politizou fortemente a vida cotidiana, influíram, conforme o caso que analisamos, no desenvolvimento de sujeitos fortes e ativos, bem como engendrou, em outros setores da sociedade e da própria juventude, a passividade e o seguimento estereotipado das exigências sociais. Foram esses dois extremos do processo de subjetivação da realidade cubana na época que nos conduziu à definição dos níveis de regulação da personalidade.

12 – O casamento: creio que será importante no equilíbrio da minha vida, que me compensará, mas não visto de uma perspectiva de compromisso legal nem social, mas como um meio de dar e receber amor; acho que não será limitante para decidir separar-me de alguém. Nesse momento não o necessito, embora não acharia ruim se J. me pedisse em casamento. Não obstante penso nisso como algo muito sério.

---

[2] Os interessados na análise da juventude cubana da época podem ver meu livro *Motivación moral en adolescentes y jóvenes*. Havana: Científico-Técnica, 1982.

Nessa frase, reafirma-se a importância desse acontecimento em sua vida e vemos como sua expressão intencional oculta o profundo desejo de se casar com seu atual parceiro, o que é um recurso no controle da emotividade gerada por sentidos subjetivos que escapam de seu controle. Isto fica evidente quando ela afirma que *acredita que não seria limitante para separar-se de alguém, bem como na paradoxal expressão de que agora não necessita casar-se, mas que, se J. lhe pedisse em casamento, não acharia a idéia ruim.* Em momentos anteriores de sua expressão, pudemos notar a importância da vida afetiva para ela, assim como o significado que atribui a J., mas, por outra parte, observa-se também a força de vontade de quem sabe tomar posições pessoais e ser coerente com elas. Os afetos profundos podem lhe gerar temor em relação a sua capacidade para dirigir a sua própria vida, aspecto muito importante para ela.

13 – Estou melhor quando: me sinto reconhecida e querida pelas pessoas, sobretudo quando são pessoas que quero e que necessito.

Nessa frase, expressam-se dois conteúdos que são reiterados por ela e que aparecem associados a distintas áreas da vida em frases anteriores, tanto direta como indiretamente, o que constitui um indicador para considerá-los como sentidos subjetivos que participam de diferentes configurações de sua personalidade: *ser reconhecida e querida*. É interessante como essa expressão aparece diante de uma frase que representa um indutor indireto em relação ao conteúdo expresso, o que lhe dá um valor maior como indicador de sentido. Tal frase integra um novo aspecto ao valor do afeto em sua vida pessoal que, unido aos elementos já presentes em frases anteriores, nos permite construir um *indicador sobre a consideração do afeto e do reconhecimento pessoal como sentidos subjetivos importantes* que aparecem de formas diferentes em sua expressão simbólica e que devem constituir suas configurações subjetivas em diversas áreas da vida, hipótese essa que devemos acompanhar no processo de construção do material. O sentido subjetivo que se expressa em sua necessidade de ser reconhecida é, entre outros elementos portadores de sentido, uma expressão de sua forte identidade, da força que é capaz de desenvolver para manter e cultivar seus espaços próprios.

14 – Algumas vezes: me sinto dependente.

A dependência a que se refere a vemos associada ao sentido subjetivo de seus afetos mais íntimos, em relação aos quais está passando por momentos de tensão e de contradição, conforme se evidencia em diversas frases anteriores. Ao expressar sua dependência, T. J. assume um código de classificação que está no sentido comum e que considera a personalidade um conjunto de traços. A dependência a que ela se refere pode ser o temor de perder o namorado, com relação a quem se sente insegura, fato esse já expresso em frases anteriores. Todo afeto intenso produz vivências e emoções como a dependência e a insegurança, que podem ser significativas, sem que isso signifique que a pessoa seja dependente ou insegura. Estamos tão acostumados, em nossa cultura ocidental, a rotular e assumir as teorias implícitas que se escondem atrás dos rótulos, que ficamos presos ao rótulo que nos aplicam ou ao que nos auto-aplicamos a partir de um imaginário social dominante. É precisamente sua reação ao temor de ser dependente, atributo que não lhe agrada minimamente, o que a leva a enfatizar sua independência e capacidade para decisões próprias em frases anteriores.

15 – Este lugar: pode ser agradável para estudar; me tem feito sentir mais tranqüila.

Esta frase se integra às outras que, em sua relação, temos tomado como indicador de seu interesse pelo conhecimento. O caráter indireto da frase, unido à emotividade que experimenta no lugar, a leva a evocar o estudo, o que nos mostra a emotividade que sente por ele, bem como a significação dessa atividade na sua vida. A significação do conhecimento como uma área de sentido subjetivo nesta jovem é uma hipótese que se consolida no curso de suas respostas ao instrumento.

16 – A preocupação principal: neste momento é que J. me queira.

Vemos explícita sua preocupação em relação ao namorado, o que confirma, uma vez mais, o valor dos afetos íntimos em sua vida. São as emoções resultantes desse sentido subjetivo dominante em sua vida que, em determinadas ocasiões, lhe provocam as vivências de dependência e insegurança.

17 – Desejo: ser genuína, me sentir bem comigo mesma, ter muitas coisas para fazer.

Nessa frase, surge novamente o sujeito ativo, com forte ênfase nos processos de significação relacionados a si mesma e à sua vida. Aparece um elemento que devemos explorar mais, para definir seu significado no contexto atual de sua vida: *sua referência a "ter muitas coisas para fazer"*.

18 – Secretamente eu: reconheço que, às vezes, não sou tão bom ser humano; inclusive não reconheço isso apenas secretamente.

Esta frase nos evidencia a capacidade crítica do sujeito, sua capacidade ideativa, essa possibilidade de estar permanentemente em um fluxo de pensamentos que se desdobra de formas diversas e que é suscetível de adquirir significados diferentes quanto a si mesma e à sua vida. Tal frase se integra como um indicador da sua posição ativa como sujeito em relação à sua vida e às suas circunstâncias, bem como nos expressa um funcionamento intelectual ideativo e próprio, o que é uma expressão essencial de um intelecto carregado de sentido subjetivo, aspecto ao qual damos uma importância crescente no estudo da criatividade.

19 – Eu: temo ao eu que levo dentro e que, às vezes, não é doce nem bom.

Essa construção sobre os aspectos contraditórios e imprevisíveis do ser humano, a qual rompe com a representação ideal do homem como sujeito racional, representação que tem marcado de uma forma ou outra toda a filosofia do século XX, aparece em uma construção de sentido comum de uma jovem de 23 anos, o que destaca o valor da filosofia da vida na definição do sujeito. O sujeito é reflexivo por definição, e a reflexão o leva a construções permanentes no sentido da filosofia da vida de que falava G. Allport.

Nessa forma de construir, é possível apreciar como o pensamento do pesquisador avança e toma forma de diversas maneiras sobre o momento empírico, levando a desdobramentos que podem estar associados aos mais diferentes problemas de pesquisa. Essa construção sobre o sujeito, organizada no curso da expressão da jovem nesse instrumento, é impossível de poder ser realizada de outra forma que não pela aproximação construtivo-interpretativa. A categoria sujeito existe, mas sua concretização na pesquisa e seu diagnóstico é um processo criativo do pesquisador.

20 – Meu maior problema é: não conseguir agir sempre como penso que devo fazer, e agir como sinto.

Essa frase nos introduz em outro importante núcleo de sentido subjetivo desta personalidade, muito envolvido com um dos núcleos fortes de sentido da subjetividade social nesse momento histórico: *a moral*. Em momentos anteriores, vimos frases de significação moral, embora não havíamos entrado explicitamente na construção desse eixo de interpretação. É interessante o conflito que ela experimenta entre o pensar, o agir e o sentir, o qual está mediado por uma pressão social que já apareceu na frase 9, cujo sentido subjetivo se expressa não somente pelo conteúdo explícito da frase, como também pelo indutor indireto que a evoca: o fracasso. Sem dúvida, uma das tensões essenciais do desenvolvimento moral na sociedade é a que resulta de ser autêntico, tensão essa que é maior nas sociedades autoritárias e centralizadoras, como a cubana naquele momento.

A fase revolucionária da Revolução Cubana facilitou o surgimento de um sujeito para quem a esfera moral era muito significativa, sujeito que se educou a partir do exemplo dos pais, professores e figuras da revolução, dentro de um imaginário carregado de valores morais, e que se perpetuou por estas vias em um momento em que a sociedade cubana já havia entrado em processos de deformação essenciais, que nada tinham a ver com os princípios que a animaram. A revolução era usada na retórica como o escudo simbólico que protegia o grupo instalado no poder, sendo a figura de Fidel Castro responsável por muitas destas deformações. É precisamente a sociedade cubana da década de 1980 que essa jovem enfrenta. Educada segundo os valores da revolução, convertidos em sentidos subjetivos por meio de suas figuras mais queridas, de seus pais aos símbolos heróicos socialmente compartilhados, ela entrava em contradição, mediante seus valores autênticos, com uma sociedade que havia se afastado de tais valores, os quais eram preservados no discurso, mas sub-repticiamente negados na prática, criando assim um efeito paradoxal muito nocivo, tanto para o desenvolvimento da subjetividade social, como para o da subjetividade individual.

21 – O trabalho: neste momento o tenho assumido como uma tarefa, a qual não exige de mim a dedicação de que eu necessito. O trabalho não é ruim, mas por sorte não é definitivo; gosto muito de trabalhar, penso que isso pode compensar muito a minha vida espiritual, pois é algo que exige muito de mim.

Nessa frase se observa uma vida influenciada fortemente por uma posição moral, assim como pela paixão de seus interesses, o que é sintetizado na entrega ao trabalho. É importante assinalar como ela sente o trabalho em função do sentido subjetivo que a compromete, pois, em termos de vantagens, o lugar onde começou a trabalhar é talvez o melhor do país para uma jovem recém-graduada e um dos mais atrativos para os jovens de sua geração, até pelas possibilidades de ir ao exterior, o que, já em sua época, havia se convertido em uma das necessidades mais importantes da juventude. Essa frase nos permite dar um significado à expressão que havíamos deixado pendente na frase 17 em que T. J. mostrava o desejo de ter muitas coisas para realizar. *O núcleo de sentido subjetivo a que estão relacionadas ambas as frases parece ser a vida profissional*, o que implica que duas frases, tomadas em sua relação, nos permite abrir um indicador para a construção do sentido subjetivo do trabalho. A configuração subjetiva do trabalho envolve elementos morais, de realização pessoal, de uso de conhecimentos técnicos e de concentração de suas energias, representação essa que devemos continuar elaborando.

22 – Amo: a vida, meu namorado J., meus pais, minha irmã, alguns amigos. Creio que também amo Cuba.

Essa frase, apoiada em um forte indutor afetivo, se centra em suas relações íntimas e na amizade. É muito interessante que abre um espaço através do ponto que divide a frase e usa uma palavra menos firme ao referir-se a seu amor por Cuba; nisso vejo mais o desgaste de um conceito de pátria muito manipulado e politizado que uma dúvida sobre seu amor por Cuba. É necessário dizer que T. J. é uma jovem muito destacada e que tem sido merecedora de todas as distinções dadas pelo estado cubano à sua geração. *A família tem um importante significado em sua vida, o que já estava implícito em sua valorização sobre a escola que, como afirmamos, é apenas uma expressão de sentido em que intervêm as mais diversas experiências daquele momento da vida.*

23 – Minha principal ambição: ser uma boa profissional.

Essa frase nos evidencia uma vez mais um dos sentidos *subjetivos essenciais em sua personalidade: seus interesses, sua orientação à profissão e ao conhecimento*. Em seu caso, por ser uma profissional, o conhecimento está sempre envolvido em sua realização profissional.

24 – Eu prefiro: às vezes entregar a receber algo, porque penso que o que é dado, o que é entregue, é absolutamente próprio, é parte de nós.

Nessa frase, *aparecem o sujeito e o envolvimento moral que já vimos anteriormente*. O valor moral de ser autêntico, de ter a capacidade de dar sem condicioná-la ao receber; de desfrutar do entregar-se ao outro. Associado a isso, evidencia-se, uma vez mais, sua orientação ativa à significação de sua experiência.

25 – Meu problema principal: é que, às vezes, levanto a bandeira para defender o ideal de pessoa que desejo ser, não defendo mais a pessoa que realmente sou.

Notamos o conflito entre um projeto como pessoa, o desenvolvimento de um modelo a ser alcançado pela pessoa e o que de fato ela é, posicionando-se por ser quem é, o que às vezes se torna difícil diante das exigências de como gostaria de ser. Esse é outro atributo muito presente na subjetividade social dominante em Cuba, resumida em "clichês sociais" que, em determinados momentos, tiveram um forte sentido para a juventude cubana, como "seremos sempre os melhores", "vamos nos superar mais a cada dia", "os melhores são a vanguarda", sentidos esses que em um imaginário de valores revolucionários implicaram uma posição crítica quanto às nossas debilidades e defeitos, uma posição volitiva em ser "melhores e superar as dificuldades". O ideal social estimulado por muitas vias diferentes entra em contradição com o "eu" que somos, o qual não é perfeito, mas é autêntico, e T. J. posiciona-se diante disso. Uma vez mais se estabelece a tensão entre o sujeito, que se reafirma em seu espaço, e a subjetividade social que a pressiona em um tipo de modelo e de posição com relação a si mesma.

Nessa posição, vemos o sujeito em tensão com as figuras simbólicas produzidas nos discursos sociais dominantes, as quais estão presentes em todos os espaços institucionalizados do país. Vemos também que esse sujeito complexo por nós defendido, embora constituído dentro dos espaços simbólicos dominantes, representa uma alternativa singular diante deles, apoiada em sua capacidade singular geradora de sentidos subjetivos.

26 – Quisera ser: uma Eva não saída das costelas, mas do amor e respeito; quisera ser uma mulher em que se combinam força e ternura.

Aqui vemos a identidade, o sujeito tomando posição de gênero, querendo manter a ternura, mas sem perder a força, algo muito inspirado no imaginário social a partir de uma famosa frase de Che Guevara. Ela é sempre mulher, mulher apaixonada, mas também forte, pois não tem nenhuma intenção de renunciar a seus espaços e projetos próprios.

27 – Creio que minhas melhores atitudes são: a simplicidade, porque isso me facilita o respeito e não subestimar outras pessoas, assim como me manter sincera e espontânea.

Nessa frase, aparece, de outra forma, *sua sensibilidade e seus valores morais muito comprometidos com a percepção que tem de si própria, o que lhe confere um valor particular como elemento constitutivo de sua identidade.*

28 – A felicidade: acho que existe, não como constante abstrata, mas como espaços que, de vez em quando, são alcançados e que nos fazem melhor como ser humano. Creio que é bom lutar por tê-la de vez em

quando, e não me dá medo o fato de saber que às vezes as coisas que mais felicidade me dão são também as que podem me deixar mais triste.

Uma vez mais se observam sua filosofia pessoal de vida e sua capacidade para significar suas experiências e questões gerais da vida, capacidade essa que distingue o ser sujeito. Para o sujeito, o conhecimento é um sistema portador de sentido subjetivo comprometido nas diferentes instâncias e espaços da vida pessoal; sua definição de felicidade é uma excelente construção intelectual em uma jovem de sua idade. Mantém sua posição explícita de não ter medo em face do não previsível, o que interpretamos mais como um esforço intencional de não se amedrontar perante coisas que não estão sob seu controle e que, sem dúvida, podem ter um forte impacto emocional.

29 – Considero que posso: conseguir a maior parte das coisas que me proponho.

Nessa resposta, evidenciam-se, uma vez mais, sua tendência à autodeterminação e sua ativa orientação volitiva, o que representou uma das características centrais do nível de regulação por mim denominada consciente-volitivo durante a primeira etapa de minhas pesquisas sobre os jovens cubanos (1973-1986). Essa tendência estava fortemente alimentada em um imaginário político-social que estimulava o esforço, o sacrifício e a capacidade sem limites por parte do sujeito para vencer as dificuldades. Esse discurso, porém, não ficou em uma dimensão externa formal, mas influiu, fortemente, junto a muitos outros valores e sentidos subjetivos que vinculavam aquela geração de jovens com o processo revolucionário cubano, no desenvolvimento de valores que marcaram a vida daquelas gerações, e que tiveram um forte impacto na subjetividade social.

30 – Esforço-me diariamente por: ser uma boa pessoa, por aprender mais e ampliar minha capacidade para compreender melhor as pessoas que me rodeiam e que quero.

É muito interessante perceber que sua *capacidade volitiva é parte de uma configuração subjetiva que integra o conhecimento, seus afetos íntimos e sua motivação social,* a qual, em vez de tomar forma em um social geral (pátria-nação), conforme ocorria com os jovens cubanos da geração anterior à dela, toma forma em um social mais íntimo, mais pessoal. Acredito que essa jovem, da geração do final dos anos de 1980 e princípios de 1990, já expressa um tipo diferente de relação com o social, o qual vamos apreciar, mais tarde, nos jovens universitários estudados nesse mesmo período. Nessa análise podemos notar como o estudo de casos constitui uma importante via para a psicologia social, pois aparecem tendências sociais muito complexas que não se expressam fora de situações de intimidade e de confiança, portadoras de forte sentido subjetivo, como as que se conseguem no clima de relação que domina o estudo de casos.

Assim, neste momento da construção da informação, é possível organizar um modelo teórico que pode apresentar diversos desdobramentos e aspectos a serem aprofundados e que pode conduzir a diferentes processos de construção teórica em função dos objetivos de pesquisa.

Até este momento podemos identificar os seguintes núcleos teóricos na análise de T. J.:

- Jovem com uma forte orientação volitiva que se posiciona como sujeito em seus diversos sistemas de relação nos quais tenta ter seu próprio espaço, incluindo o social em uma perspectiva mais ampla. Destacam-se, a todo momento, seus projetos de vida, os que estão presentes em suas diferentes posições, porém recusa intencionalmente a coisificação idealizada de futuro que domina o discurso político dominante de seu momento histórico.
- O conhecimento, a profissão e o estudo representam uma configuração central de sentido subjetivo em sua personalidade, atuando como fonte importante de sentido subjetivo de outras configurações, também muito importantes em sua personalidade, como as relações íntimas pessoais, seja com o namorado, seja com a família. No conhecimento e na profissão, expressam-se sua auto-estima, sua realização, a legitimidade de seus espaços próprios etc.
- Observa-se uma confrontação não explícita com os valores sociais dominantes, que se expressa na ausência de referências associadas aos clichês oficiais em relação à pátria, ao socialismo ou à figura de Fidel, o que era muito freqüente e autêntico nos jovens da década de 1970. A jovem mantém um discurso singular e é cuidadosa na defesa de seu espaço pessoal, apesar de muitos dos valores que a movem pertencerem a esse espaço simbólico em relação ao qual ela se posiciona, gerando a tensão necessária que a preserva como sujeito de sua própria ação e de suas próprias posições. Tal confrontação e tensão que a caracterizam como sujeito aparecem em muitas das frases enunciadas em seus

conflitos ou nas que indiretamente se chocam com valores políticos dominantes, como as frases 8, 11, 20 e 22.

- Expressa pouca realização profissional por sentir que o trabalho não lhe exige dedicação no seu cumprimento, o que evidencia um profundo compromisso com sua realização profissional e pessoal. O sentido subjetivo ligado ao esforço, ao envolvimento e ao desafio resulta essencial para sua realização profissional. Esse momento de transição, marcado por seu ingresso na vida profissional, apresenta diferentes impactos emocionais, os quais, unidos às dificuldades de sua vida íntima afetiva – tanto familiar como amorosa –, lhe provocam emoções que entram em choque com a representação de si mesmos e com os comportamentos relacionados à sua identidade, como a insegurança e a dependência, termos que usa a partir do senso comum e que entram em franca contradição com a representação de si mesma.

- O passado aparece em uma dimensão de sentido associada em seus comentários à família e à escola; tem uma forte necessidade afetiva em relação a seu noivo, cuja constituição subjetiva está fora de nossas possibilidades de análise com a informação disponível até o momento. *Vemos que uma de suas posições como sujeito está em seu esforço intencional para poder enfrentar as dificuldades pelas quais possa passar nessa área de sua vida.*

- Observa-se um envolvimento moral que fomos destacando nas frases analisadas. O mais interessante é que seus valores morais não aparecem em uma dimensão declarada e intencional, mas implícitos em posições e juízos assumidos. Tais valores passam pelo compromisso com os outros, pela sua capacidade de crítica, pela simplicidade, pela honestidade e pela coerência consigo mesma; seus valores morais se expressam em uma filosofia de vida que defende e envolve construções pessoais sobre diferentes áreas da vida. São valores articulados em suas construções pessoais e não exigências externas a serem cumpridas de forma despersonalizada.

- Expressa duas fortes necessidades cuja configuração de sentido não é possível construir só a partir deste instrumento: necessidade de ser querida e de ser reconhecida; ambas se expressam de diferentes formas nos espaços mais importantes de sua atividade atual. Estes eixos de significação constituem um modelo que nos permite acompanhar tanto a construção teórica do sujeito estudado em um nível diagnóstico, as hipóteses de trabalho associadas a outros objetivos de pesquisa, como o aprofundamento nos conceitos de configuração subjetiva, a relação do sentido subjetivo e as representações sociais na expressão individual, o estudo de aspectos constitutivos da subjetividade social em Cuba, e a configuração subjetiva da moral entre outras.

Os núcleos teóricos apresentados, articulados na sua inter-relação, representam o modelo teórico que orientará o estudo de T. J., e que, por sua vez, continuará se enriquecendo diante das novas informações que irão aparecendo. Este núcleo teórico, a partir de agora, irá tornar-se um referente necessário das novas construções a serem realizadas no estudo de T. J.

Analisaremos agora, de forma seletiva, suas respostas dadas a outras frases que nos contradigam ou reafirmem as hipóteses em desenvolvimento a partir dos núcleos de sentido subjetivo por nós apresentados, ou que nos permitam novas hipóteses afirmando, complementando ou negando as anteriores.

32 – Meu maior desejo: encontrar-me um pouco com a T. J. alegre e segura que em outros momentos tenho sentido que sou.

Evidencia-se claramente os tipos de emoções que ela experimenta na situação em que se encontra, a qual se constitui de três áreas de sentido essenciais de sua vida que lhe estão gerando conflitos: o namoro, a família e o trabalho. Suas preocupações com a dependência e a insegurança vêm desses tipos de emoções dissonantes com aquelas outras em que consegue reconhecer-se como ela mesma. É esse tipo de conflito o que caracteriza as chamadas crises de identidade.

34 – Custa-me muito: adotar atitudes supostamente "inteligentes" e entender as pessoas que delas se valem constantemente para conseguir coisas na vida.

Nessa frase, continua-se o núcleo de sentido referido às *suas confrontações com os valores envolvidos no cotidiano cubano, entre os quais está a "inteligência" a que se refere que, em outros termos, é a praga de oportunismo* que invadiu a subjetividade social cubana muito particularmente a partir dos anos de 1980, embora já fosse apreciável nos de 1970; também se evidencia um *importante valor moral de autenticidade, implícito em sua análise acerca dessa manifestação social.* O fato de expressar seus valores associados a juízos, ações e valorizações é um elemento importante na consideração de seus valores como sentidos subjetivos que, tomando diferentes formas simbólicas segundo o contexto, expressam emoções que estão na base de seu comportamento.

36 – Meus estudos: foram prioridades constantes enquanto fui estudante, e recebi gratificações suficientes que me estimulavam; acredito que incorpore não somente elementos cognitivos, *mas também conhecimentos que contribuíram na hora de analisar e compreender as coisas.* Apesar de ter me formado, acho que meus estudos não terminaram e que tenho que continuar, *não apenas pelo que externamente a sociedade exige, mas porque eu preciso.*

Expressa, mais uma vez, o *sentido do estudo para ela, pois, embora estejamos diante de uma frase que representa um indutor direto, essa frase, unida às anteriores, representa um forte indicador do sentido subjetivo do conhecimento, do estudo, pela maneira com que ela se envolve na elaboração do que o conhecimento tem representado em sua vida.* Ela enfatiza o valor do conhecimento não somente pelas suas implicações cognitivas e formais, mas também pelos matizes que apresentou "na hora de analisar e compreender as coisas". O conhecimento torna-se para ela um instrumento para suas produções cotidianas como sujeito. Na realidade, ela representa um sujeito com uma capacidade de construção de sua experiência pessoal que colabora sensivelmente para a construção do pesquisador, fenômeno que Freud já havia descrito no seu estudo sobre Ana O. Esse caso expressa o valor das construções da pessoa na produção teórica do pesquisador. Por outro lado, nessa frase também se revela *sua orientação própria e pessoal nos caminhos escolhidos,* o que fica claro quando enfatiza sua necessidade em relação ao estudo, independentemente do que a sociedade exige.

Finalmente, observa-se algo que já havíamos destacado desde sua frase inicial em relação à escola: *esta, em sentido geral, e o estudo e seus resultados como estudante têm representado uma gratificação muito grande em sua vida individual,* podendo ser um dos elementos de sentido subjetivo que estão na base de sua necessidade de reconhecimento.

37 – Minha vida futura: vejo-a como positiva, *espero que algumas coisas no país possam melhorar e organizar-se, visto que agora qualquer tipo de plano a médio e longo prazos é impossível. Mas se não melhoram não penso ficar esperando a minha vida passar.* Sempre acreditei que poderia realizar coisas que ajudariam Cuba, me ajudariam e ajudariam as pessoas que estão ao meu redor.

Novamente presenciamos os indicadores que reforçam os núcleos teóricos definidos como parte do modelo em construção a partir desse instrumento. Em primeiro lugar, observa-se um elemento que, se o tomássemos isoladamente, poderia levar-nos só a significar sua preocupação com o futuro do país; mas relacionando-o às expressões anteriores, tal frase se converte em um *indicador de seu descontentamento com a realidade social pela qual está passando. Essas palavras, proferidas por uma jovem que faz parte da vanguarda de sua geração, representam também um importantíssimo indicador sobre o sentido subjetivo que a realidade cubana tinha, naquele momento para essa geração, mantendo uma relação tensa de envolvimento e crítica com tal realidade.* A impossibilidade de realizar projetos, destacada por ela, cria uma impossibilidade de projeção futura e, conseqüentemente, de qualquer tipo de esperança, o que representa um dos elementos que aparecem com mais força na emigração jovem cubana.

Esse estudo de casos nos aponta elementos da subjetividade social que guardam estreita relação com outras pesquisas mais numerosas e amplas devido ao número de participantes, que já foram realizadas antes (González Rey, 1994).

38 – Tentarei conseguir: ser respeitada pelas pessoas que me rodeiam, não pela força ou pelos interesses, mas pelo conhecimento e pela capacidade que possuo como pessoa.

Novamente aparece um valor moral explícito que reforça *sua orientação a conquistar um espaço como sujeito por meio do que é capaz de fazer, e não por atributos externos à sua pessoa. Implicitamente, nesta frase está tomando posição diante das tendências disseminadas em seu meio social: o uso da força ou dos recursos para ganhar uma posição diante dos outros.* O referencial social está constantemente presente em sua expressão, mas indireta e implicitamente. Por outro lado, essa frase também expressa uma tendência central de sua personalidade a qual já havíamos comentado: *ser reconhecida socialmente, e sê-lo por meio de seu conhecimento, o que reafirma o conhecimento e tudo o que a ele se relaciona – como profissão, escola, superação – como uma configuração subjetiva essencial de sua personalidade.*

Verificamos, depois de definir os núcleos teóricos da primeira parte da análise, que aparecem frases consideradas como indicadores graças ao significado que adquirem por sua relação com campos de significado que já foram abertos a partir das frases já analisadas e, que tomadas isoladamente, não poderiam ser consideradas indicadores de nada, pois é precisamente em sua relação com um campo de significação que adquirem seu significado, o qual não está explícito no conteúdo da frase. A produção de indicadores é um processo contínuo e em desenvolvimento que deve ser seguido no estudo e na construção do material. O indicador não é uma entidade que se descreve, como tenho visto em algumas pesquisas realizadas sobre este marco teórico; os indicadores formam verdadeiras "cadeias de significação", sendo os anteriores matéria-prima dos que aparecem depois, relacionando-se todos pelo modelo em construção mediante o qual vão se significando teoricamente as diferentes questões que orientam o interesse do pesquisador. O modelo não é uma realidade com vida própria, mas que se alimenta pelas construções do pesquisador.

39 – Muitas vezes reflito sobre: a situação do país, a falta de espaços necessários.

Uma vez mais a crítica ao país se exerce, desta vez, de forma direta e intencional, ampliando o material significativo que serve de base a nosso núcleo teórico já explicitado anteriormente. Esta é uma crítica desde dentro, embora até hoje não tenha sido ouvida nem assumida pela direção pública cubana. Este comentário explícito legitima, com mais força, as hipóteses em desenvolvimento no curso da construção de informação sobre sua posição em relação a Cuba.

43 – Luto: para não ser superficial, por ser capaz de valorizar as coisas por mim mesma.

Nessa frase, aparece mais um elemento que constitui um indicador de seus conflitos com aspectos significativos da realidade social em que se desenvolve: *sua ênfase em atuar com critério próprio, que é um indicador essencial da condição de atuar como sujeito e que é permanentemente desestimulado por diferentes vias nos espaços institucionais da sociedade cubana; ser sujeito, ter opinião própria é sinônimo de "conflitivo", segundo o jargão oficial.* Vemos como a qualidade de sujeito pode ser construída somente no processo atuante do indivíduo em meio da malha da subjetividade social em que se vive. Em T. J., expressa-se, com toda clareza, a tensão entre um ambiente autoritário e sua posição individual, a qual toma formas diversas ao longo do presente instrumento.

44 – O passado: me traz boas lembranças.

O valor do passado, que na realidade está presente nos sentidos subjetivos mais significativos de sua vida, já havia sido definido por nós em sua expressão sobre a escola, a escola como sentido subjetivo é uma síntese dos processos subjetivos mais significativos daquela etapa da vida. Tais processos tomam novas formas subjetivas ao integrar-se como sentidos subjetivos de novas configurações, mudando sua articulação simbólico-emocional, o que é um dos indicadores importantes da saúde mental.

Seu passado está integrado, como sentido subjetivo, a três fontes emocionais essenciais: o afeto e a felicidade familiar, o reconhecimento e a felicidade escolar e dentro da escola: a significação de seus estudos e as emoções e os processos simbólicos significativos em sua atividade de estudo. Esse sentido subjetivo integra sua configuração-subjetiva atual relacionada ao valor do conhecimento, a seus interesses e a sua profissão.

45 – Com freqüência sinto: que agora não estou muito feliz.

Percebe-se claramente a vivência de infelicidade que aparece, de diferentes maneiras, desde suas frases iniciais, nas quais se integram os sentidos associados a seu ingresso no meio de trabalho, os conflitos com seu namorado, bem como os conflitos entre seus pais e com eles, o que não tem sido muito comentado direta ou indiretamente. No entanto, sua capacidade de estar envolvida simultaneamente em vários campos de sentido subjetivo lhe permite uma produção de sentido tão rica neste instrumento, que nos leva a constatar, de forma indireta, sua capacidade de enfrentar e superar conflitos, o que é precisamente uma expressão de sua capacidade para a produção de novos sentidos subjetivos. Esta é uma hipótese teórica que não está em nosso foco atual de pesquisa, mas que representa um de nossos interesses teóricos: o funcionamento sadio da subjetividade. Este instrumento se converte em um trecho de informação significativo para o momento em que fôssemos centrar o foco sobre esse núcleo teórico, para o qual contribuirão todas as pesquisas atuais sob minha direção sobre a subjetividade e as doenças crônicas.

Essa interessante capacidade de produzir novos sentidos que impedem uma crise na pessoa foi chamada, em nossos primeiros trabalhos, capacidade para estruturar o campo de ação, a qual era um dos indicadores que considerávamos na definição do nível consciente volitivo de regulação da personalidade (González Rey e Mitjáns, 1989).

48 – Minha opinião: é humilde, mas sincera e, por sorte, tem sido bastante respeitada.

Nessa frase, constata-se seu nível de realização e de reconhecimento social que está precisamente na base de sua necessidade de reconhecimento. Ela sente-se respeitada, o que é um elemento central no reconhecimento social e, ao mesmo tempo, é congruente com o afirmado antes sobre o espaço social conquistado por ela como sujeito, o que representa um aspecto importante de sua identidade.

50 – O lar: é um espaço que, tanto no âmbito físico como no espiritual, necessito que seja já meu. Às vezes sinto que a casa dos meus pais já não é meu lar, ainda que, às vezes, necessite dela. Mas, quando penso em arrumar, comprar e fazer algo penso em outro lugar, onde eu possa arrumar e pôr as coisas de acordo com a minha vontade. Meu lar o imagino quase sempre compartilhando com alguém a quem ame.

Nessa frase, aparece uma nova necessidade: a de ter o próprio lar. *Observa-se a necessidade de desenvolver sua própria vida, a qual poderia ser uma expressão de conflito entre suas visões de vida e seu crescente desenvolvimento e seus pais, que têm um baixo nível cultural,* mas essa suspeita não tem caráter de indicador, sendo a expressão ativa da imaginação do pesquisador diante do sistema de informação em que atua. Essa imaginação deve aparecer, mas devemos deixar claro o status em que atua, o qual poderia mudar diante do surgimento de novas informações. *Essa necessidade de ter um lar próprio é uma expressão do sujeito em desenvolvimento, quem, entre os espaços que tenta conquistar, está seu próprio espaço físico para viver,* o que possui um importante valor simbólico no desenvolvimento pessoal.

54 – A gente: quer viver bem em última instância.

Essa frase, tão simples, representa o enfrentamento de um tema tabu no discurso político dominante: viver bem, o qual tem um caráter paradoxal para a população, por um lado, implica o apelo constante ao sacrifício e a negação ao direito de "viver bem", frase estigmatizada e usada para rotular pejorativamente aqueles que de uma forma ou de outra são sancionados pelo sistema, os assim chamados "vive bem", as pessoas da "doce vida"; mas, por outro lado, representam características gerais da elite política que mantém padrões de vida muito distantes dos que caracterizam a média da população cubana e que ostenta produtos de consumo totalmente desnecessários aos efeitos da conservação de seu bem-estar e saúde, como excelentes e caras bebidas, manjares de todo tipo etc. Assumir essa frase implica, considerando o imaginário simbólico da realidade cubana, uma forte confrontação dessa jovem com os valores oficiais, o qual se vai reiterando em jovens pertencentes a camadas menos favorecidas da sociedade cubana, os quais optaram por sair do país da forma mais perigosa possível: ilegalmente pelo mar, em direção aos Estados Unidos, mediante meios de transporte improvisados e inseguros (Arbesún e Martin, 1996).

56 – Sinto: como se estivesse pendurada por um fio frágil que, a qualquer momento, poderá se romper.

Essa frase poderia ser uma metáfora em relação à situação conflituosa vivenciada ou poderia ter outro sentido em relação ao qual não podemos nos posicionar considerando os marcos de informação do presente instrumento. Essa frase é um exemplo do tipo de unidade de informação que pode aparecer em qualquer instrumento qualitativo e que deve manter-se aberta tentando chegar a seu significado teórico a partir de outras fontes de informação da pesquisa.

57 – Os filhos: não são propriedade dos pais; é preciso deixá-los serem eles próprios, terem o direito de experimentar os acontecimentos.

Essa frase, relacionada à anterior, que trata da necessidade de ter um lar próprio, poderia ser considerada um indicador de conflito com seus pais, pois provavelmente está falando de sua experiência como filha, já que ainda não é mãe; é claro, que, também poderia ser uma reflexão teórica apoiada em sua experiência de vida, no entanto, considerando um conjunto de elementos anteriores que tomam uma significação nova diante do surgimento dessa frase, acredito que haja conflitos com seus pais que, como já vimos, não vêm do passado. A abertura desse indicador nos obriga a buscar outros que referendem nossa interpretação, antes de convertê-la em um dos núcleos teóricos do modelo em desenvolvimento.

58 – Quando era criança: era tudo oito ou oitenta, as coisas eram boas ou más.

Essa frase é mais uma expressão da *capacidade do sujeito para adentrar em visões complexas da realidade, que não resistem à simplificação dos dogmas e dos estereótipos sociais*; representa mais um indicador da infância tranqüila e ordenada por ela vivida e de seu posicionamento questionador hoje.

59 – Quando tenho dúvidas: trato de dissipá-las e, se efetivamente não me trazem muitas complicações, até posso desfrutá-las.

Outra vez aparece sua *capacidade de construção teórica acerca da experiência de vida, que é um dos atributos significativos do sujeito*. O sujeito define-se, entre outras coisas, pela sua capacidade de construir e de elaborar sua experiência, qualidade essa que lhe permite construir e defender seu espaço subjetivo singular ante as infinitas pressões simbólicas que configuram seus espaços sociais. Isso é indicador de uma capacidade intelectual que não tem sido explorada pela psicologia, produto da dicotomia que tem caracterizado sua posição diante do tema da relação entre o cognitivo e o afetivo. Essa expressão está associada a uma capacidade de produção ideativa que caracteriza o pensamento que atua por meio de informações carregadas de sentido subjetivo.

Nessa frase aparece outra característica de sua expressão diante desse instrumento: sua honestidade. Como ela afirma, é capaz de desfrutar as dúvidas, o que representa mais um indicador de seus interesses e do sentido subjetivo de sua vida intelectual, o qual ocorre sempre que não esteja muito envolvida, ou seja, sempre que a contradição não a comprometa muito emocionalmente, o que é totalmente coerente com o caráter não racional dos sentidos subjetivos defendido por mim em termos teóricos.

60 – No futuro: queria, de vez em quando, lembrar quando fui criança e jovem, para manter-me espontânea e clara e não estabelecer compromissos que anulem minha visão de como alcançar coisas na vida.

Muito interessante a visão que ela nos passa da vida como adulto. Evidentemente está manifestando um conflito de geração; com quem? Com seus pais, com os líderes da revolução? Não fica claro, mas pelos sistemas de informação construídos até aqui, acredito que com ambos e que esse conflito é maior com as figuras da revolução, tema sobre o qual não se pode expressar explicitamente.

64 – Quando estou sozinha: desfruto o momento, mas sempre quando estou segura de que estou assim porque quero e não porque não tenho outra opção.

Uma vez mais vemos sua honestidade, seu lado humano real, sua autenticidade na expressão, o valor de sua autodeterminação e a riqueza dos múltiplos espaços em que atua e nos que consegue encontrar-se como sujeito. Gosta da solidão, mas quando representa uma opção pessoal, não, quando fica sozinha por não ter mais alternativa. A opção é uma expressão autêntica do sujeito. O sujeito se posiciona diante de opções diversas e é neste posicionamento, na construção de sua opção, que aparece um dos sentidos subjetivos essenciais do indivíduo ao se tornar sujeito.

66 – Sem trabalho: gosto de fazer as coisas bem e entregar-me.

A entrega, o compromisso, é uma característica das atividades que têm sentido subjetivo para o sujeito, entre as quais está o trabalho que, como temos visto, é um dos campos importantes de sentido subjetivo nela. *O trabalho alimenta-se de outros sentidos subjetivos importantes em sua configuração subjetiva, como são, nesse caso, seus interesses pelo conhecimento, o prazer pela sua profissão, suas motivações políticas, morais, sua necessidade de realização e de reconhecimento etc., aspectos esses que têm aparecido de diferentes formas ao longo do instrumento.*

68 – O estudo: me compensa e me fortalece; deverá ser uma constante.

Vemos novamente a força de sua significação consciente diante de indutores diretos em áreas de forte sentido subjetivo para ela. A expressão que usa em sua relação ao estudo está carregada de sentido que não está explícito, mas sim implícito na significação emocional que ela lhe atribui. Isso ressalta a importância e a significação das frases diretas nesse tipo de instrumento, as quais tomam significação não pelo que nelas está descrito explicitamente, mas pela significação implícita que tem em dependência dos atributos de significação usados pela pessoa.

69 – Meus amigos: são pessoas maravilhosas que nem sempre dizem o que eu quero.

Outra vez emprega um recurso que já havia usado antes: envia uma mensagem sem destinatário explícito, ao mesmo tempo que toma posição sobre um tema. Define a amizade por meio do valor implícito da independência autêntica que deve caracterizar os amigos, com o qual ressalta indiretamente algo da subjetividade social em que vive, a pressão e a subordinação como sinônimos de lealdade, o qual é bem característico do meio político-intelectual em que ela se move na sociedade cubana.

Na segunda parte das frases analisadas enriquecem-se os núcleos temáticos que caracterizaram o modelo teórico apresentado ao final da primeira parte, que seguem expressando sua viabilidade no processo de construção de informação, mas nesta parte, aparece uma hipótese que não conseguimos aprofundar em relação ao conflito com seus pais, o qual está enquadrado, sem dúvida, no momento atual de sua vida, possivelmente como resultado de suas visões de vida e de mundo, as quais provavelmente têm entrado em contradição com a visão mais conservadora de seus pais que provém de um meio populacional de pouco desenvolvimento cultural e mais apegado a normas dominantes.

Na medida em que T. J. se manifestava no instrumento, apareceram novos elementos e áreas que enriqueceram nossas hipóteses sobre a subjetividade social em Cuba e sobre suas contradições com elementos dominantes desta subjetividade. Os núcleos teóricos em desenvolvimento que apresentamos na análise desse instrumento são suscetíveis de múltiplos desdobramentos em dependência de nosso problema de pesquisa. Isso nos indica um aspecto essencial nesta metodologia: os instrumentos são fontes integrais de informação que tomaram um significado ou outro por meio dos interesses e dos objetivos do pesquisador. Como vimos na explicitação da análise desse trecho complexo de informação representado pelo completamento de frases de T. J., aparecem informações significativas para o estudo da moral, da subjetividade social, da configuração de sentido da profissão, da saúde mental, do jovem cubano em um momento histórico do país etc.

O recorte, o tipo de modelo que desenvolvemos para construir teoricamente vários desses aspectos, dependerá de uma posição intencional do pesquisador. Todavia, um dos aspectos importantes do estudo das configurações subjetivas e dos sentidos subjetivos é que nos permite romper com as taxonomias fenomênicas de categoria parciais que têm dominado o campo da psicologia e passar a um novo tipo de representação, no qual elementos de áreas diferentes da vida da pessoa e de tempos distintos são parte constitutiva da organização de sentido subjetivo de qualquer campo de sua atividade ou área particular de sua subjetividade.

Os instrumentos são verdadeiros "trechos vivos" de informação quando conseguimos converter nossa relação com os sujeitos estudados em um espaço produtor de sentidos subjetivos, no qual sua expressão com e diante do pesquisador cobra um sentido particular para o sujeito. O sujeito aparece ante esses instrumentos em sua complexidade real. Os sentidos são impossíveis de reconhecer em expressões pontuais e diretas diante de perguntas do pesquisador; o sentido subjetivo aparece na medida em que o sujeito consegue expressar-se de forma livre, criativa e personalizada em um espaço e sobre um tema que facilita a produção de sentido. O estudo sobre T. J. possibilita-nos construir, simultaneamente, processos e configurações da subjetividade individual da jovem com processos que caracterizavam a subjetividade social de Cuba no momento do estudo.

Tem sido muito interessante poder interpretar, no momento histórico atual em que me encontro como pesquisador e como pessoa, o caso apresentado, pois este expressa muito dos indicadores que no começo de minha vida como pesquisador conceitualizei como nível consciente volitiva de organização da personalidade, o qual usei para dar conta de pessoas que, como no caso analisado, têm uma grande capacidade de significar sua experiência e de orientar-se volitivamente em seus diferentes campos da vida. Essa tendência não representava um traço isolado, mas sim uma maneira distinta de funcionamento da personalidade que, em seu caráter sistêmico, definimos como nível de regulação, o que marcou uma aproximação mais dinâmica, complexa e processual em relação ao estudo da personalidade. Essa categoria teve um importante valor heurístico para caracterizar processos psíquicos da personalidade que percebíamos em nossas pesquisas e que não podíamos construir a partir das teorias dominantes da personalidade. Esse desafio teórico nos permitiu registrar um momento histórico muito rico, em termos de suas conseqüências subjetivas, e iniciar um caminho de construção teórica, epistemológica e metodológica que continua até hoje e que me permitiu desenvolver uma linha de pesquisa que mantém sua capacidade de produção de novas zonas de sentido em um processo teórico que, de forma permanente, vai tomando novas alternativas e desenvolvendo novas categorias.

No entanto, naquele momento inicial de nossos trabalhos de pesquisa, ainda nos animava um imaginário resultante da epistemologia positivista, orientado a procurar padrões de personalidade suscetíveis de generalizações, o que não nos deixava aproveitar, em toda sua riqueza, o valor da singularidade na produção de um modelo teórico, fato que hoje constitui um dos aspectos centrais de nossa aproximação à construção do conhecimento.

Na pesquisa, os problemas particulares se articulam de muitos modos com a produção de questões teóricas gerais, o que significa que todo pesquisador se oriente, necessariamente, em ambos os níveis do conhecimento de forma simultânea.

Passaremos agora à análise sobre L. I., jovem brasileira, de 33 anos, diagnosticada como depressão pós-parto. Faremos esta análise por meio de sínteses maiores que as anteriores, apesar de que nosso processo de pensamento, como o detalhamos no caso anterior, em realidade fosse de forma simultânea analisando cada frase e suas relações com outras contíguas ou já ditas. Mas como isso já foi explicitado em detalhe no caso anterior, neste caso vamos avançar por unidades de informação maiores, o que representa outra opção de trabalho diante desses instrumentos.

1 – Gosto: de dançar.

2 – O tempo mais feliz: foi quando viajei a Fortaleza (cidade de grande atrativo turístico do nordeste brasileiro).

Nessas duas frases, já surgem reflexões do pesquisador: a primeira é que uma pessoa deprimida dificilmente expressa gostos presentes e menos algo tão expressivo como dançar; a segunda refere-se *ao fato de situar o tempo mais feliz no passado e em algo tão particular como uma viagem*. Isso significa que o tempo mais feliz não se associa a nenhuma pessoa ou atividade essencial para ela no presente. *Essa segunda frase pode ser considerada, a partir dessa reflexão, um indicador de conflitos no presente.* Observe-se que é a hipótese construída pelo pesquisador sobre o manifestado por ela que nos permite falar de indicador. Lembremos também que o indicador possui um caráter hipotético orientado à produção de outros indicadores que apóiam as construções que nos conduzirão ao modelo teórico resultante de nossa pesquisa.

3 – Gostaria de saber: o que está passando comigo.

4 – Lamento: estar deprimida.

5 – Meu maior medo: ficar louca.

6 – Não posso: trabalhar.

7 – Sofro: quando penso em minha situação.

Nessas cinco frases, observa-se a forma com que ela assume seu diagnóstico e suas referências à loucura, ao mal-estar, ao sofrimento e à limitação, atributos esses que expressam sua subordinação ao rótulo socialmente produzido de sua depressão. O caráter "grave" da expressão sintomática, declarado nestas frases, entra em contradição com a primeira, sobre a qual já havíamos comentado.

8 – Fracassei: como dona-de-casa.

Que significa fracassar como dona-de-casa? Na realidade, significa não ter a aprovação do outro que, nesse caso, só poderia ser o marido, pois sua filha é pequena e L. I. vive só com a filha e com o marido. Essa frase poderia, portanto, estar nos indicando um conflito com o marido. Realmente estamos especulando, pois essa frase não nos permite a elaboração que fizemos na frase 2 que nos autorizou defini-la como um indicador. Essa especulação é, sem dúvida, parte do trabalho intelectual do pesquisador, podendo ser significativa na posterior definição de um indicador nessa direção; é uma idéia que abre visibilidade a um tema e que devemos acompanhar.

9 – Meu futuro: é incerto.

10 – Algumas vezes: tenho vontade de desaparecer.

11 – Este lugar: é bom.

12 – A principal preocupação: estar bem e poder trabalhar.

A frase 9 expressa insegurança, indefinição e temor em relação ao futuro, o que pode ser uma expressão de seu estado psicológico atual, mas cujo sentido subjetivo é impossível ser definido a partir da informação de que dispomos nesse momento. *A frase 10 também pode ser uma expressão de conflito e de depressão que L. I. vivencia, podendo, assim, considerá-la mais um indicador de conflito em seu momento atual de vida, embora não tenhamos clara a configuração subjetiva desse conflito.* Pode indicar alguma tendência suicida, o que não nos parece, mas não podemos deixar de expressá-la entre os sentidos que, a partir dessa frase, teríamos que buscar.

Ela segue atribuindo sua impossibilidade de trabalhar a seu estado psíquico, levando-nos a pensar que há alguma prescrição médica nesse sentido, quando, na realidade, o que pensamos é que o trabalho poderia ser de grande ajuda, se é algo que a gratifica.

13 – Desejo: ser uma boa mãe.

14 – Eu secretamente: tenho medo de não ser feliz.

15 – Eu: me considero boa e, ao mesmo tempo, superficial.

16 – Meu maior problema: é estar com esta doença.

O ser mãe, como já havíamos destacado ao analisar os agrupamentos de frases no primeiro momento deste tópico, aparece como desejo, o qual pode ser expressão de muitos sentidos impossíveis de serem definidos neste momento da produção de informação. *A frase 14 é mais uma evidência de sua infelicidade atual, representando neste sentido mais um indicador de conflitos atuais,* cuja natureza e sentido subjetivo não estão claros até o momento. A frase 15 expressa tensão quanto à valorização que L. I. tem de si mesma, no que pode estar envolvida uma emotividade associada à sua auto-estima, como resultado de seus relacionamentos atuais.

Algo muito interessante presente na afirmação da frase 16 na qual se lê que seu maior problema é estar com a doença, é que esta pode ser uma expressão do processo de naturalização da enfermidade, o que pode permitir colocar nela os reais problemas que a causaram, para defender-se de ter que assumir uma posição pessoal. Esse processo de naturalização pode estar relacionado com o fato de a doença passar a ser parte da identidade de L. I., levando-a a assumir-se como doente em suas diferentes relações e espaços cotidianos. Esta hipótese tem interesse não apenas para o conhecimento da subjetividade individual, mas também para o estudo dos processos de subjetivação dos diferentes conceitos usados para a avaliação social das pessoas, cujas teorias implícitas são portadoras, em geral, de preconceitos sociais.

17 – O trabalho: gosto.
18 – Amo: meus filhos.
19 – Minha principal ambição: estabilizar minha vida financeira.

Como o trabalho a gratifica, não entendemos que ela esteja limitada a exercê-lo por causa de sua doença. Não sabemos se isso representa, como já dissemos antes, uma prescrição médica, pois, ao desconsiderar a dimensão de sentido subjetivo das atividades humanas, os médicos, em determinadas ocasiões afiliam-se a um conceito de repouso que, aos afeitos da saúde mental, pode acarretar mais dano que bem. Também existiria a possibilidade de ela haver procurado a prescrição médica como modo de reforçar sua identidade de doente e do que esta representa em suas diferentes relações sociais. Isso é algo que necessitamos aprofundar para descobrir seu verdadeiro sentido subjetivo. É o tipo de questão que levantamos em um instrumento e a acompanhamos no curso da pesquisa.

Na frase 18, L. I. expressa diretamente o amor pelos filhos, o que, em termos de sentido subjetivo, não nos diz muito, *porém o mais importante é que essa frase representa um elemento relevante para considerar que entre os conflitos que a afetam no momento atual, está o conflito com o marido.* Para afirmar isso como indicador, consideramos os seguintes elementos:

- Já estamos na frase 18 do instrumento e o marido não tem aparecido em nenhuma frase de forma explícita, o que é estranho, se considerarmos o período pós-parto em que se encontra.
- Uma frase de tanta implicação emocional como amar está associada aos filhos, sobre quem já se expressou de diversas formas ao longo do instrumento.
- Em nenhuma das frases anteriores referentes à felicidade ou à emotividade positiva aparece o marido, nem o casamento.

- Seu fracasso como dona-de-casa deve integrar algum sentido subjetivo procedente desse espaço. Seus filhos não devem ser, pois são pequenos e, pela forma geral com que se tem referido a eles durante as frases, a hipótese mais consistente, portanto, nesse sentido, é que seja o marido.

A explicitação da definição desse indicador tem por objetivo fazer o leitor acompanhar o modo como se integram todos os elementos possíveis – tanto interpretativos como da expressão analisada – que contribuem para a visualização da hipótese apontada pelo indicador.

Quanto à frase 19, nela aparece um elemento de sentido de seus conflitos atuais relacionado à sua vida financeira, o que poderia representar um novo sentido subjetivo na configuração subjetiva de seus conflitos atuais.

20 – Eu prefiro: estar na rua a estar em minha casa.

Essa frase, considerando as anteriores que nos levaram à hipótese do conflito com o marido, nos conduz a reafirmar essa hipótese como o conflito essencial que a afeta no momento atual

21 – Meu principal problema: falta de dinheiro e estar deprimida.

É interessante observar que o problema maior, o que tem um sentido subjetivo central no momento atual de sua vida, não aparece explícito. Essa é uma tendência muito interessante que devemos continuar estudando e que tem aparecido tanto no contexto clínico como na pesquisa. É como se a pessoa quisesse evitar as emoções que acompanham a expressão simbólica das situações de sentido subjetivo que provocam dor, tristeza, medo ou outras emoções intensas vivenciadas negativamente pelo sujeito.

22 – Gostaria: de estar bem de saúde.

23 – A felicidade: é difícil com todos esses problemas no mundo.

24 – Considero: que posso ser feliz.

25 – Esforço-me diariamente: por ser uma boa mãe.

L. I. *refere-se à saúde como se o problema fosse intrínseco a ela, alheio a seu esforço e a posição e situação social concreta.* Estar bem de saúde significaria ter que enfrentar a situação pela qual atravessa e assumir uma posição diante dela, tarefas essas que ela evita por todas as vias possíveis, incluindo o sentido subjetivo que aparece em sua posição perante a doença.

Considerar a possibilidade de ser feliz expressa uma expectativa que não aparece quando a depressão é forte, o que representa mais um indicador de que a importância da doença está muito mais pela representação que tem assumido perante ela, que pelos sentidos subjetivos que aparecem em sua condição subjetiva.

26 – É difícil: manter minha casa organizada.
27 – Meu maior desejo: realizar-me em todos os sentidos.
28 – Sempre quis: ser uma boa mãe e uma boa esposa.
29 – Gosto muito: de ajudar as pessoas.
30 – Minhas aspirações: terminar a pós-graduação.
31 – Tratarei de obter: minha carteira de motorista.

Nesse bloco de frases, vemos algo que já havíamos indicado e que contrasta com a depressão diagnosticada e assumida: *a emotividade positiva associada a formas de expressão e atividades de diferentes naturezas, assim como a conservação de uma expectativa associada à consecução de planos.* Isso se observa, com muita clareza, nas frases 27, 29, 30 e 31. Pela primeira vez aparece o marido de forma indireta ao referir-se ao desejo de haver sido uma boa esposa, o que, pelo caráter de aspiração, se expressa como algo não realizado. A referência à dificuldade em manter a casa organizada nos reafirma que o lar é um espaço de dificuldades que, pelo tipo de atributos em que estas se concentram, evidencia mais uma vez que o conflito de L. I. é com a figura do marido.

Parece-me importante fazer, neste momento de análise da informação, como foi feito no caso anterior, um resumo dos núcleos essenciais de sentido subjetivo que aparecem em nossa análise e que permitem um primeiro momento de organização de um modelo teórico em andamento. Esses núcleos são:

- Conflitos com seu marido os quais poderiam estar configurados por um conjunto de sentidos subjetivos muito diferentes, como, por exemplo: as exigências em relação à organização da casa e as funções domésticas de L. I. como esposa, o qual traduz uma posição de gênero como elemento de sentido do conflito, sua renúncia ao trabalhar, a postergação de sua pós-graduação, as dificuldades surgidas das exigências de ser mãe etc. Todos esses elementos, pela forma com que tem aparecido no instrumento, poderiam ser sentidos subjetivos constituintes de seu conflito atual com o marido, o qual tem um lugar central no sentido de sua vida no momento atual, e na sua configuração subjetiva dominante.

- Identidade de doente, o que constitui um núcleo de sentido subjetivo que a leva a naturalizar seu estado e a evitar o enfrentamento com o marido, o qual não aparece explicitamente em nenhum momento de suas expressões no instrumento. Em termos subjetivos, está-se produzindo, na realidade, uma inversão do que acontece: a doença apresenta-se como o problema, o que faz a L. I. evitar o enfrentamento com o problema real que está na base da doença.
- Outro aspecto conflitivo que, sem dúvida, representa uma configuração subjetiva importante de seu momento atual é o conflito em relação a seu papel de mãe, o qual de fato está afetado por seu conflito com o esposo e com sua vida atual de um modo geral. O fato de não trabalhar, de prorrogar sua pós-graduação, bem como as pressões domésticas, integram-se em uma configuração de sentido que, junto ao conflito com o marido, define os sentidos subjetivos sobre sua maternidade, nos quais se expressa a tensão entre amor, culpa e desejos de realização.

Esses três núcleos de sentido, estreitamente relacionados entre si em suas diferentes configurações subjetivas, constituem o centro atual da configuração de sua personalidade, na qual o conflito, a frustração e o medo assumem um sentido subjetivo particular ao L. I. assumir-se como doente.

Com o objetivo de controlar a extensão excessiva do presente capítulo, comentarei, a partir de agora, somente frases que trazem novas zonas de sentido para a interpretação ou que não permitam construções teóricas relacionadas ao caso ou ao tema, evitando outras que, essencialmente, reafirmarão o que já foi construído até o momento.

34 – Sempre que posso: vejo televisão.

35 – Luto: para não ficar louca.

É interessante esse contraste entre duas frases seguidas e de natureza tão distinta. Na primeira delas, coerentemente ao que havíamos analisado no bloco anterior, L. I. expressa seu interesse pela televisão, o que caracteriza uma disposição e uma positividade que não é própria dos depressivos, e na próxima frase, comenta, de forma imediata, "que luta para não ficar louca". Essa proximidade nos autoriza duvidar da preocupação com a loucura, convertendo-se assim em mais *um indicador de algo que já havíamos afirmado: tanto a sua depressão, como a loucura a que se refere representam mais a apro-*

priação de uma construção social como crença pessoal que um estado afetivo de depressão. O estado da tristeza que sente pelo seu conflito, o que é natural, passa dessa forma a se patologizar, o que lhe protege de ter que enfrentar e se posicionar frente aos elementos reais envolvidos no conflito.

Esta frase nos dá a oportunidade de expressar um dos recursos indiretos que usamos nestes instrumentos para avaliar a emotividade. A emoção caracteriza estados que conduzem a uma congruência em processos contíguos, próximos de significação, como, por exemplo, se expressa na análise do bloco que integra as frases de 26 a 31. *Quando uma pessoa se expressa significando em uma continuidade imediata estados emocionais profundamente contraditórios, isso pode ser um indicador de que um dos estados referidos representa mais um significado do que um sentido subjetivo*. Neste caso, o passo imediato da frase 34 à 35, representa mais um indicador de que a preocupação com a doença é muito mais algo socialmente produzido do que um estado emocional de depressão.

Não há dúvida de que ela está passando por um conflito forte que, associado à sua maternidade recente, às dificuldades financeiras e ao fato de não estar estudando nem trabalhando como quer, dá lugar a configurações subjetivas que a impactam tanto em sua emotividade como nos sentidos subjetivos relacionados à sua própria pessoa, o qual, no entanto, considero estar distante da depressão como patologia. O impacto da situação enfrentada em sua vida psíquica expressa-se em muitos momentos do completamento de frases, embora sua expressão integral como pessoa nos leve a questionar esse quadro como depressão. Às frases já analisadas, as quais nos permite questionar a depressão, somam-se as seguintes:

44 – O sexo: é agradável.

45 – As pessoas: não entendem e não respeitam minha doença.

51 – Quando estou sozinha: me sinto bem.

Na primeira dessas frases, aparece mais um indicador de que seu estado emocional real não corresponde ao da depressão assumida; na segunda, a 45, integra-se outro indicador à hipótese em desenvolvimento, o que nos permite pensar que L. I. apropriou-se da doença como instrumento protetor de suas relações sociais e como escudo para normalizar os conflitos que ela experimenta no momento atual. Ela deseja encontrar o respeito e a compreensão por meio de sua condição de doente, e não pelo o que ela é.

Na frase 51, aparece seu bem-estar quando está sozinha, condição na que um deprimido nunca conseguiria sentir-se bem e que nos evidencia que seu mal-estar está mais associado a seu conflito com os outros (o marido, nesse caso).

Uma frase muito interessante, que nos revela o apoio social de que L. I. necessita e o qual ela não tem nesse momento de sua vida, na frase 55 é seu comentário: "Quando estava grávida: me sentia protegida". Tal proteção ela perdeu por causa do conflito com seu marido e das ambivalências e incertezas geradas por sua atual situação vital; por sua vez, esse comentário representa um sentido subjetivo central na configuração subjetiva de seu mal-estar, sentido esse que teve sua principal expressão após o parto, pois, pelo significado emocional que o marido tem para ela, sem dúvida, a proteção que sentia durante a gravidez foi uma expressão da qualidade de sua relação com ele, afeto que não obtev após a gravidez.

Um novo núcleo de sentido subjetivo que se integra a seu mal-estar e que pode estar relacionado com dificuldades em sua esfera emocional aparece como expressão de uma seqüência de frases da segunda metade do instrumento. As frases, que não são contínuas, são:

37 – O passado: confuso.

54 – Minha mãe: é muito desagradável.

61 – Meu pai: extremamente radical.

Recordemos que, no caso de T. J., ela se referia às boas lembranças de sua vida escolar infantil e às boas lembranças de fatos passado que não expressam apenas uma relação específica com uma experiência concreta, mas que são expressões do sentido subjetivo desse passado configurado pelos elementos de sentido envolvidos nos diferentes sistemas de relações e experiências do sujeito nessa etapa da vida; o mesmo ocorre com L. I., mas com outro sentido: seu "passado confuso" converte-se em um indicador que nos leva a hipotetizar dificuldades em suas relações de vida e em suas experiências nessa época. As frases 54 e 61 dão visibilidade a esta hipótese e nos levam a considerar um novo sentido subjetivo na configuração de seu conflito atual: suas relações com os pais e as conseqüências destas em seu mundo afetivo.

Sua relação com a mãe pode também ser um elemento de sentido subjetivo em sua preocupação por ser uma boa mãe e nas possíveis reações de culpa e de ambivalência quanto ao tipo de mãe que é.

Nessa segunda parte do instrumento, reafirma-se sua relação ambivalente com a maternidade, a qual se expressa claramente nas seguintes frases:

57 – Penso que amamentar: é bom e ao mesmo tempo cansativo.
58 – Meu parto: foi horrível.
60 – Para mim: a maternidade é muita responsabilidade.
62 – A paternidade: eu acho que deve ser melhor que a maternidade.

Já havíamos feito referência a esse bloco de frases no começo desta seção, quando analisamos o valor dos agrupamentos para a análise do instrumento. *Agora, observamos o trânsito de valorizações e emoções contraditórias em reação com a maternidade; assim, na minha opinião, a frase 62 é a mais significativa ao afirmar, justamente, que paternidade deve ser melhor que a maternidade.* A maternidade é uma configuração subjetiva que, como qualquer outra, se constitui de uma multiplicidade de sentidos subjetivos da história da pessoa e dos contextos em que vive. Nesse caso, sua situação com o marido, suas frustrações no trabalho e nos estudos, o trabalho do dia-a-dia, a má relação com seus pais, em especial com sua mãe, tudo o que está muito presente nas diferentes configurações subjetivas dominantes nesse momento de sua vida não podem ser alheios ao sentido subjetivo da maternidade.

Esse caso nos permite organizar um conjunto de reflexões em relação à configuração subjetiva da depressão pós-parto. O modelo conceitual que começamos a organizar a partir do estudo do completamento de frases, apoiado em nosso referencial teórico, nos permite representar a depressão pós-parto como uma configuração de sentidos subjetivos muito diversos, associada à história de vida da pessoa, ao contexto atual de sua vida e à cultura dentro da qual se desenvolve. Assim, por exemplo, no caso que analisamos, seus conflitos com o marido, a concepção de gênero dominante em nossa sociedade, segundo a qual a mulher só é "boa mãe" caso largue tudo para dedicar-se a seu bebê – exigência feita tanto pelas pessoas mais próximas a ela, como pelas mais diversas vias da subjetividade social – as renúncias a favor de seu novo papel de mãe, o conflito com seus pais, em especial com sua mãe, e outros elementos que eventualmente não apareceram, são elementos que, sem dúvida, tomaram forma tanto na configuração subjetiva sobre a maternidade como em sua atual sintomatologia psicológica.

O modo com que os núcleos de sentido definidos neste instrumento se articulam em suas diferentes configurações de sentido subjetivo tem que seguir sendo construído a partir das novas fontes de informação comprometidas na pesquisa e/ou no diagnóstico desse caso. O sentido subjetivo da maternidade e, portanto, da depressão pós-parto é distinto em cada mãe concreta, e a visibilidade de cada configuração subjetiva será o resultado da pesquisa empírica, e não de uma imposição a priori do pesquisador. É nesse sentido que a categoria de configuração subjetiva, embora seja expressão de um marco teórico particular, não representa uma organização subjetiva universal e padronizada, devendo ser construída na permanente tensão com o empírico que deve caracterizar a produção do conhecimento científico na pesquisa ou em qualquer outro tipo de prática profissional.

Como se pôde verificar nessa seção, o instrumento de completamento de frases nos permite produzir indicadores que, em sua relação através da interpretação do pesquisador, são fontes das construções teóricas que permitem o desenvolvimento de modelos responsáveis pela inteligibilidade do problema estudado. Tais modelos teóricos que vão surgindo e desenvolvendo-se na pesquisa não se esgotam nos marcos de uma pesquisa concreta, transformando-se em verdadeiras linhas de pesquisa cuja legitimidade está em sua própria processualidade, em sua contínua extensão a novos problemas ou em novos aspectos dos problemas já estudados. É essa capacidade geradora o maior indicador de sua viabilidade que se traduz na produção permanente de novas ações associadas à pesquisa e aos diferentes campos de atividade profissional.

4.2.3 A construção de informação em questionários abertos

Como havíamos afirmado no Capítulo 2, o questionário mais usado na pesquisa qualitativa é o questionário aberto que não tenta padronizar as respostas para analisá-las por sua significação estatística. Pelo contrário, o questionário que usamos pretende, de forma simultânea, produzir informação sobre um grupo, bem como sobre os sujeitos singulares que o constituem, sendo informações complementares em relação ao que nos interessa conhecer. Analisaremos nessa seção o questionário apresentado e explicado no Capítulo 2, o qual foi aplicado a estudantes universitários cubanos em três Faculdades da Universidade de Havana durante o ano de 1993.

As perguntas, conforme afirmamos no capítulo dedicado à construção dos instrumentos, destinam-se a procurar a expressão do jovem em temas que consideramos que tem um forte sentido subjetivo para eles em função do momento pelo qual passava a sociedade cubana. Não se pretendiam perguntas orientadas a respostas concretas, mas a produção de trechos complexos de informação que facilitaram a expressão de sentido subjetivo que nos permitisse a construção dos aspectos que desejávamos estudar. Com as perguntas, esperávamos que o jovem produzisse campos de sentido subjetivo em sua verbalização, por isso elas estavam estreitamente relacionadas ao redor de um campo de produção de sentido subjetivo: a sociedade cubana. De forma direta ou indireta, analisávamos, por meio das perguntas usadas, as representações sociais dominantes nesses jovens sobre a sociedade cubana, bem como os valores dominantes neles, os quais sempre estavam em jogo na organização de suas respostas.

Na avaliação do questionário, podem-se usar tabelas, comparações e outros recursos de construção e interpretação em nível macro; no entanto, o que mostraremos na presente seção é uma forma de análise semelhante à usada nos instrumentos anteriores que nos permitirá construir hipóteses e afirmações, tanto sobre o grupo estudado, como sobre as questões que temos focalizado em nossos objetivos: os valores e as representações sociais dominantes e sua relação com a sociedade cubana. Unido a isso, queremos analisar os elementos gerais da subjetividade social em Cuba que emergem nesse estudo.

Pelas limitações próprias de nosso objetivo neste livro, o qual não é apresentar os resultados de pesquisas concretas, mas usá-los para explicar os processos de construção de informação a partir da perspectiva apresentada, optou-se por trabalhar a informação reportada pelo instrumento em uma das faculdades estudadas, dentro da qual participaram voluntariamente 23 sujeitos.

No procedimento empregado, fomos lendo, um por um, os questionários e definindo hipóteses que tomavam corpo ao longo de nossa leitura. Associados às questões gerais por nós definidas, foram-se combinando aspectos singulares que enriqueciam nossa interpretação e que legitimamos por diferentes recursos os quais explicaremos durante a análise. Em sentido geral, destacaram-se aspectos que apresentaremos logo a seguir e sobre os quais construímos a informação do questionário tendo por base os nossos objetivos:

Expressou-se *uma forte tendência a avaliar o cubano de hoje em terceira pessoa*, estabelecendo-se, na grande maioria dos casos, análises em que a pessoa não se incluía; apenas dois jovens realizaram essa análise em primeira pessoa. De forma geral, em 18 dos jovens, a análise foi extremamente crítica, passando uma imagem negativa do cubano atual. Assim, por exemplo, o sujeito 1 expressa:

> Os cubanos atualmente são pessoas grosseiras, alteradas. Em nossa sociedade dada a situação pela qual passa o país, as pessoas tornaram-se *individualistas, pensam só no dinheiro, valorizam os outros segundo à classe a que pertencem e tratam de aproximar-se destes por interesse.* Nós mesmos nos maltratamos uns aos outros, *embora ainda haja uma mão solidária para estender-se e essas são as de nossas amizades...*

Nesse trecho, observa-se uma avaliação negativa acerca do cubano atual que, por sua vez, é desenvolvida a partir dos valores opostos aos que se criticam, ou seja, o jovem expressa os valores que historicamente caracterizaram o discurso oficial e que têm sido efetivos para muitas gerações de cubanos, inclusive para a que analisamos, mas, pelas circunstâncias de vida, tais valores começam a deteriorar-se, fato que esses jovens percebem a seu o redor e com o qual não se identificam. Acreditamos ser essa uma das razões que provoca a análise em terceira pessoa.

Isso tudo expressa uma tensão no desenvolvimento da identidade desses jovens, cujas conseqüências devemos acompanhar durante a pesquisa. É interessante notar que, ao referir-se à solidariedade, ele o faz em relação às suas amizades, não destacando aspectos sociais nem políticos.

Esse conteúdo crítico na avaliação do cubano é muito geral ao grupo, somente dois dos jovens fizeram outro tipo de valorização, com independência de que o tom emocional usado e a análise das causas que geraram esses problemas variaram nos diferentes sujeitos. No entanto, o fato de jovens com posições políticas e sociais distintas coincidirem nos problemas assinalados é um elemento importante sobre a legitimidade dessa percepção que, sem dúvida, se refere a um elemento do núcleo de sentido subjetivo sobre a representação social do cubano nessa população.

Esse sujeito 1, por outro lado, compartilha a representação crítica oficial em relação aos Estados Unidos e a posição de Cuba quanto ao resto dos países da América Latina, ou seja, ele tem consciência crítica dos problemas sofridos pelo cubano e pelo país, mas isso não o conduziu, como ocorreu apenas com quatro dos jovens estudados, a uma ruptura com um núcleo simbólico e de sentido da representação social hegemônica sobre a revolução cubana e suas vantagens. Assim, na pergunta 3, do questionário que aparece explícita no capítulo 2, orientada a conhecer a opinião dos jovens sobre os Estados Unidos, ela comenta: *"Para mim, são economicamente um país bastante organizado, desenvolvido, mas a isso se une o fato de que, socialmente, são um país cheio de erros e de maus vícios".*

A representação sobre os Estados Unidos reúne os elementos do estereótipo, sendo, pois, pouco reflexiva, apresentada com muito pouca elaboração e destacando os elementos que permanentemente são reiterados pela informação dada pelos canais oficiais. Esse tipo de resposta dificulta definir se ela realmente é portadora de sentido subjetivo, se está envolvida com a ação ou se é apenas a expressão de um "espaço não pensado", de um espaço assumido que não tem maiores implicações em suas inquietudes e vivências cotidianas. *O mesmo tipo de resposta expresso em sua valorização sobre os países da América Latina, na qual, parece referir-se a realidades homogêneas e "más", excluindo-se, assim, qualquer reflexão que pretenda resgatar algo valioso nesses espaços. Isso conduz, imperceptivelmente, à idéia de que Cuba é um país com melhor situação que todos os outros da América Latina vivenciadas pelos demais países latino-americanos, apesar de suas contradições e problemas.* O nacionalismo e a exclusão ocupam um espaço por trás de uma fraseologia revolucionária. Naturaliza-se a divisão entre "bons" e "maus" que tem sido uma característica essencial nas narrativas nacionalistas ao longo da história.

Outro jovem, o sujeito 2, é um dos que manifestou uma valorização positiva sobre o cubano, na qual, de modo implícito, também expressa o caráter dramático da sociedade cubana nesse momento. Ele escreve em sua resposta à pergunta 1:

> O cubano atual é uma pessoa com seus conflitos internos dentro de sua sociedade. *Pode-se caracterizá-lo como uma pessoa alegre e ativa, creio que como uma tentativa de compensar os problemas atuais.*

Nessa resposta, destacam-se atributos positivos sobre o cubano que se apresentam como uma tentativa de compensar seus problemas. Nessa afirmação, *os problemas da sociedade cubana aparecem como fundo, o que contribui mais ainda para legitimar as dificuldades* as quais, de uma forma ou de outra e com sentidos subjetivos diferentes, aparecem em todos os jovens estudados. *Sua intenção é destacar o caráter alegre e ativo dos cubanos e, explicitando isto, destaca, não como centro de sua resposta, os problemas da sociedade cubana, o que pode-se considerar um indicador sobre a veracidade destes problemas, precisamente pela não intencionalidade na expressão deles.*

É muito interessante o uso da terceira pessoa para julgar o cubano, assim como para criticá-lo por valores diferentes dos de quem julga, tendência essa dominante no grupo e que demonstra um alto grau de coerência entre as valorizações dos jovens estudados. O fato de existir coerência entre os jovens que expressam sentidos subjetivos distintos em relação às suas valorizações, bem como posições políticas explícitas diferentes, faz dessas valorizações um elemento importante na avaliação acerca da sociedade cubana.

Na análise dessa primeira tendência geral observada no questionário, evidencia-se a quantidade de elementos que pode considerar-se no estudo dessas respostas, as quais sempre estão relacionadas com outras respostas do questionário, assim como com as respostas dadas por outros jovens, o que nos permite definir núcleos de sentido subjetivo que se alimentam de indicadores diferentes.

Observa-se uma orientação crítica muito forte em relação à sociedade cubana atual, crítica que chega até a direção política, mas que, no entanto, não rompe com o núcleo de sentido subjetivo que permite a esses jovens compartilharem a representação social sobre a revolução. Desse modo, o sujeito 3 expressa-se da seguinte forma diante da pergunta 2 dirigida a conhecer como os jovens imaginam Cuba dentro de 15 anos:

> *Tudo depende do muito que isto possa mudar e, específico, eu não estou contra isto,* pelo contrário, tomará que mude para melhor, pois esta sociedade tem mil defeitos e problemas, mas tem conseguido coisas que dificilmente se poderia acreditar que seriam obtidas; e voltando ao tema, os erros cometidos deixaram marcas muito profundas nas bases fazendo com que, para conseguir a mudança necessária, fosse preciso tomar medidas radicais, tanto no sentido espiritual, como no material. Se isso não fosse conseguido em 15 anos, teríamos retrocedido 50. *Prefiro não pensar, mas acho que isto é o que vai acontecer.*

Na resposta desse jovem, observam-se várias tendências de informação, tanto diretas como indiretas. Diretamente, ele expressa sua preocupação com o país, suas poucas esperanças em que a situação mudará, sua posição favorável a que se encontre um caminho no futuro e sua crítica aos erros cometidos, destacando o dano que lhe tem causado a sociedade cubana. Indiretamente, observa-se a dificuldade que as pessoas têm para pensar de forma crítica, fato expresso *pelo jovem quando esclarece não estar contra o sistema, depois de fazer uma crítica. Isso representa um indicador da relação oficial estabelecido entre a crítica e o inimigo,* o que faz a pessoa, ao criticar, sentir culpa e explicitar sua posição em relação ao sistema, o qual aparece na subjetividade social como algo homogêneo, despersonalizado, corporalizado que, de fato, exclui o envolvimento crítico reclamando uma obediência absoluta. O sistema não tem cara, é sagrado, intocável, os erros não têm a ver com sua organização, senão com desviações de pessoas más, o que faz das críticas ao sistema algo inaceitável.

Ao reconhecer as coisas boas que se tem feito, o jovem destaca seu envolvimento afetivo com o sistema, bem como sua vontade de que as coisas melhorem. A crítica, que nele tem implicações para a direção do país, a qual atribui sérios erros, não o leva a romper com uma representação socialmente compartilhada sobre os valores do sistema.

O envolvimento desse jovem com a revolução e a coerência de sua posição crítica e de sentir-se revolucionário são expressas em sua resposta à pergunta 15 orientada a conhecer o que a pessoa admira. A maioria dos jovens afirma admirar seus pais, o que foi outra das tendências do grupo a qual analisaremos mais adiante; esse jovem admira Silvio Rodriguez, que talvez possa ser considerado o cantante da revolução. Em sua resposta, expressa: "Admiro Silvio, pois, apesar de ser revolucionário, critica com força os problemas sem esse maldito medo que todos têm de serem destruídos". Essa identificação com Silvio e com o valor moral de seu comportamento *é mais um indicador de sua identificação com os valores que ele associa à revolução, mas, como acontece em toda expressão, aparece um elemento que se pode integrar ao indicador construído anteriormente sobre as dificuldades para expressar o que se sente em Cuba.* O jovem fala do medo que todos têm de serem destruídos, mas esse medo não é inerente aos indivíduos, e sim está determinado pela subjetividade social envolvida no funcionamento do sistema.

A tendência à repressão da expressão individual na sociedade cubana aparece em vários dos casos estudados, e seu valor como indicador de um aspecto significativo na sociedade cubana atual é que, de fato, aparece em jovens que expressam um sentido subjetivo distinto em relação ao sistema político. Outra jovem desse grupo, o sujeito 12, revela ao ser perguntada sobre como se vê dentro de 15 anos: "Espero realizar vários de meus sonhos, tratar de ajudar meu país, sobretudo tratar de não esquecer as humilhações que sofri por não pensar como os outros queriam que eu pensasse". Nesse caso, ela manifesta um sentido subjetivo diferente, a mesma tendência expressa pelo sujeito 3, mas com um sentido subjetivo diferente. Esse é um dos casos em que as críticas são expressas por meio de uma posição política oposta ao sistema. A jovem também tem sido vítima da repressão à religião que caracterizou determinados momentos da vida do país.

A crítica que tem sua principal legitimação no fato de ser compartilhada pela maioria dos participantes na pesquisa não conduz, em grande parte dos casos, a um rompimento no núcleo de sentido subjetivo sobre a revolução cubana o qual sustenta a representação social compartilhada por eles sobre o processo político cubano e que lhes faz manter um comportamento que perpetua o sistema no poder. Apesar disso, esse mal-estar geral com a situação pode modificar seu sentido subjetivo em gerações posteriores, podendo levar a uma mudança nos processos subjetivos que até hoje mantêm o sistema.

A terceira tendência relevante observada nos questionários é a incerteza futura em relação ao país, a que já foi exemplificada nos casos anteriores e que se manifesta, de forma particular, na resposta à pergunta 2. Em geral, as respostas são de incerteza quanto ao futuro, embora os sentidos subjetivos expressos pelas respostas sejam diferentes. Assim, por exemplo, o sujeito 16 comenta: "Talvez dentro de 15 anos o país já tenha tomado seu curso: o salário será valorizado, as pessoas trabalhadoras terão, ao menos, o indispensável para viver". *Nesse comentário, manifesta-se uma das principais contradições indicadas na resposta dos jovens diante da pergunta sobre as principais contradições da sociedade cubana atual: a impossibilidade de viver com o salário. Para esta jovem, conseguir mudar isso já seria muito importante.*

O sujeito número 7, em sua resposta, contestaria o sistema tanto política como ideologicamente ao afirmar:

> Sou uma pessoa bastante otimista, com muitas esperanças e acredito que, com o socialismo, não há mais nada a fazer, o que tem sido bastante claro na

prática. Se Cuba não muda de política, acho que haverá uma catástrofe, porque a vida que levamos agora, se isso pode se chamar vida, é horripilante.

É interessante observar que, com independência de sua posição política atual, não há um só jovem que, diante dessa pergunta, tenha dado uma resposta positiva. Portanto, o temor e a insegurança no futuro estão presentes em todos, porém o sentido subjetivo desse temor é diferente para uns, mas para a maior parte, esse temor aparece associado a um desejo de que as coisas melhores e que se possa preservar o sistema. Para outros, essa preocupação está associada a um desejo de que o sistema acabe. Na análise desse tema, não foi necessário trabalhar com a informação indireta, pois a clareza das respostas direitas e explícitas não exigiram isso.

Outro jovem (22) assiná-la em sua resposta: "Nosso país dentro de 15 anos, pode ser que esteja como há dez anos, mas também pode sofrer uma mudança brusca e adequar-se ao capitalismo". Para esse jovem, o melhor é estar como há 15 anos; no entanto, isso expressa claramente sua impossibilidade de conceber um desenvolvimento futuro do sistema. *Em sua resposta ele abre também a possibilidade de um futuro pior, o que, para ele, estaria relacionado à volta ao capitalismo. Essa idéia é um indicador de sua identificação com o sistema político cubano.* Vemos como esse núcleo de sentido subjetivo, que mantém uma integração em torno da revolução, tem como elemento central uma recusa total, por vezes estereotipada, ao capitalismo. Isto fica muito evidente nas respostas dos jovens à pergunta sobre a América Latina e os Estados Unidos. Essa recusa e a representação homogênea sobre o capitalismo são um elemento essencial para perceber a revolução como única opção possível, impedindo, pois, o exercício de qualquer crítica ou reflexão orientada a uma mudança; toda mudança é maniqueistamente colocada num retorno ao capitalismo pelas posições oficiais. A polarização capitalismo-revolução aprofunda-se em dois sentidos diferenciados "bom-mau", os quais, por sua vez, mantêm a revolução separada radicalmente do capitalismo, representação subjetiva que não tem nada a ver com o rumo dos fatos no país.

Outra tendência geral expressa no questionário se refere aos pais aparecerem como as pessoas mais admiradas. É interessante que jovens universitários tenham, como principal foco de identificação, os seus pais.

A sociedade, em seus diferentes setores, todos os quais são vivenciados por esses jovens de forma mais ampla que em etapas anteriores de seu desenvolvimento, não tem sido capaz de exercer neles uma influência por meio de pessoas que lhes despertaram admiração. Os afetos de relação mais intensos se mantêm na família, o que implica ser ela o espaço de maior influência que os jovens têm. É talvez por esse motivo que muitos deles, apesar de uma visão muito crítica sobre a sociedade, mantêm associados à revolução sentidos subjetivos muito arraigados na geração de seus pais; por outra parte, essa tendência pode expressar também o empobrecimento dos espaços institucionalizados na sociedade.

No nosso livro *Motivación moral en adolescentes y jóvenes*, escrito sobre material de pesquisas desenvolvidas no início dos anos de 1970, expressou-se uma forte identificação dos adolescentes e jovens estudados com figuras políticas da revolução cubana; ao mesmo tempo, na fundamentação dessa identificação, mostraram-se valores políticos raramente explícitos na valorização feita por estes jovens sobre os pais como figuras mais admiradas, predominando na fundamentação valores morais e afetos pessoais, mas não políticos.

Depois dos pais, aparecem, nesta ordem, namorados, amigos e colegas como as pessoas mais admiradas por estes jovens. Aparece Deus como a figura mais admirada em quatro do total de jovens estudados em cada uma das faculdades, não se diferenciando muito da freqüência daqueles que indicam figuras políticas como as mais admiradas. Somente na faculdade X, cujo ingresso é restrito ocorrendo por meio de seleção, Deus não apareceu entre as pessoas mais admiradas, embora o perfil geral sobre as pessoas admiradas se manteve igual ao do restante das faculdades estudadas.

Entre as expressões dos alunos estudados em relação à pessoa que mais admiram, apresentaremos alguns exemplos para ilustrar as diferentes tendências que descrevemos anteriormente; S. (18) da Faculdade por nós analisada, comentou:

> Admiro muitíssimo a minha mãe e o meu noivo atual por ser um jovem integral [palavra muito em moda no cotidiano; integral é o termo que designa a pessoa que se destaca em tudo, é uma palavra usada no linguajar político oficial para destacar a pessoa ideal] e um dos poucos que ainda prestam. *E admiro muitíssimo (de coração) Fidel porque, apesar de tudo* até hoje ele soube man-

ter a revolução que criou, apesar de acreditar também que já é tempo de mudar, para ver como o país caminha, pois acho que já não anda bem.

É muito interessante a posição dessa jovem que, como os demais, enfatiza, em primeiro lugar, sua admiração pela família e pelas pessoas mais próximas, mas incluindo também a figura de Fidel. Essa jovem, pelo sentido de sua expressão em seu conjunto e dos próprios termos valorativos por ela empregados, é uma pessoa que se identifica com a revolução. Ao expressar sua admiração por Fidel, manifestam-se elementos que consideramos indicadores quanto ao sentido subjetivo que esta figura tem para os que a rodeiam, inclusive para ela mesma, sentido esse que está além da admiração expressa. *Assim, por exemplo, explicita que o ama "de coração", expressão que segundo a variante cubana do espanhol significa, "com honestidade", "de maneira pura", o que poderia nos indicar uma distinção que a jovem estabeleceu entre a forma como ela o ama e o amor público, rotinizado e mediado pelo poder de Fidel que caracteriza a subjetividade social dominante.* Também ao expressar sua admiração por Fidel, emprega a frase "apesar de tudo" que é um *indicador de que apesar dos fatos negativos ou das opiniões dominantes, ela ainda o admira.*

Sua autenticidade também se manifesta no fato de, apesar de amar Fidel, sentir que é o momento de ele deixar o poder, o que cobra um forte valor para analisar o sentido subjetivo de sua figura nesse segmento jovem da intelectualidade cubana: os alunos universitários, em relação aos quais sempre se têm mantido uma preocupação e um temor particulares por parte da direção política cubana, em especial em relação aos da Universidade de Havana.

Outro aspecto muito interessante na expressão de S (18), o qual guarda uma relação muito estreita com a valorização dos cubanos já analisada, *refere-se ao fato de ela destacar o valor de seu noivo, ao afirmar ser ele um dos poucos jovens que "ainda prestam",* isto é, como um dos poucos jovens que ainda mantêm qualidade humana, o que, na minha opinião, representa um indicador mais da valorização dominante entre esses jovens sobre o cubano atual, *elemento esse de singular importância para julgar sua representação social sobre o país, com independência das diferentes intencionalidades e sentidos subjetivos associados a essa representação,* pois se representar que o cubano não tem qualidade, que lhe faltam valores, que é oportunista e interesseiro é, de fato, um elemento muito importante na representação social sobre o país.

Isso nos abre um espaço interessante para um debate teórico acerca da relação entre sentido subjetivo e representações sociais que não desenvolvemos em trabalhos anteriores e que inclusive não apareceu em nossa primeira produção teórica sobre esse termo que apareceu em nosso livro *Epistemología cualitativa y subjetividade* (1997), quando não nos orientamos à construção desse material usando a categoria de representação social. Trataremos desse tema, contudo, em uma outra publicação, pois isso está além dos objetivos e possibilidades do presente livro, embora nos permita explicitar como um sistema de informação em processo de construção é infinito com relação às opções de produção teórica, conservando um valor para a pesquisa que está além da intencionalidade do pesquisador e de suas possibilidades ao desenvolver esse momento empírico. Também desejamos destacar, a partir desta reflexão, o compromisso teórico permanente da pesquisa, e sua relação com o momento em que se encontra o pesquisador em sua produção de pensamento.

Na expressão usada por essa jovem ao diferenciar seu noivo dos demais jovens da sociedade cubana, expressa-se a mesma tendência que marcou a separação entre a primeira e a terceira pessoas na valorização sobre os cubanos a qual estava explícita nas respostas dos jovens estudados em relação à primeira pergunta do questionário. Aqui de fato o que se explicita é: "o meu mundo, meus afetos são bons, os 'outros' não servem, são diferentes". Isso representa uma tendência preocupante na integração da identidade social da população, podendo estar na base da identificação com membros da família como valor dominante desse grupo de jovens. Interessa observar que, apesar das muitas medidas do estado cubano que de fato enfraqueceram o valor da família na educação dos jovens, como é o ensino médio obrigatório no campo, a família, de fato, se tem convertido no principal referente afetivo-moral dos jovens, podendo representar para muitos deles um sentido subjetivo essencial da representação social dominante sobre a Revolução Cubana.

Em outra resposta similar à analisada no caso de S (18) ante a mesma pergunta do questionário, mas dessa vez expressa por uma jovem de outra faculdade, fato que destaca a singularidade da resposta, a aluna S (10) da Faculdade P, comentou:

Admiro o Che, porque foi um grande homem, *a Fidel, pois ainda que digam o que digam*, o admiro por seu gênio político e por sua inteligência e dedicação; admiro Lívia, a mulher do imperador romano Augusto, porque morreu velha (conseguiu essa façanha), e meu noivo, pelo seu controle, sua capacidade de raciocinar e pela sua ânsia ilimitada por ser melhor *[É interessante porque ela escreve de forma espontânea ao final de suas resposta: "suas perguntas não são nada estereotipadas"].*

Este caso é importante, pois é muito similar ao analisado anteriormente; é um dos poucos que expressa admiração sentida e elaborada por Fidel Castro e que, como o outro, é muito relevante na construção sobre o sentido subjetivo que, para essa população, tem a figura de Fidel Castro. Conforme o caso anterior, a expressão de sua admiração por Fidel é acompanhada de elementos que representam indicadores da controvérsia ou recusa que resulta dessa figura no meio em que ela se move. *A passagem "digam o que quiserem" indica, na expressão dessa aluna, algo muito semelhante ao "apesar de tudo" que sobre esse mesmo tema manifestou a jovem anteriormente estudada.* Essas duas afirmações, sendo feitas por jovens que mantêm afeto pela figura de Fidel, representam um importante indicador do que os "outros" pensam e sentem por essa pessoa, informação que, perguntando diretamente a esses outros será bem difícil de acessar, dada a pressão política no redor de qualquer comentário sobre a figura do Fidel. Vemos como a construção do sentido subjetivo sobre aspectos da subjetividade social é possível a partir de produções subjetivas de sujeitos individuais que, tomadas em sua especificidade, nos permitem, por meio da interpretação, acessar a aspectos não explícitos pela população estudada. Um detalhe inovador metodologicamente neste processo de construção é que realmente temos podido hipotetizar o sentido subjetivo da figura de Fidel para este grupo de pessoas, só de forma indireta e por pessoas que o admiram e que estão identificadas com a Revolução, o que constitui uma evidência mais de como os sentidos subjetivos das pessoas concretas são uma via privilegiada para o estudo dos sentidos subjetivos socialmente produzidos.

Nesse caso, conforme o anterior, vemos o envolvimento com o processo político cubano não apenas na explicitação de admiração por figuras políticas que o simbolizam, mas também pela linguagem e valores explícitos nas pessoas admiradas, os quais são parte da linguagem oficial e dos valores explicitamente promovidos pelo sistema. No caso anterior a admiração pelo namorado explica-se por ele ser um jovem integral, e nesse que agora está sendo analisado, a admiração do jovem justifica-se "pela sua ânsia ilimitada por "ser melhor", aspecto que, segundo expressamos em nosso livro *Personalidade, saúde e modo de vida*, representa uma das *tendências subjetivas muito freqüentes na população de pessoas hipertensas que é precisamente a coisificação do perfeito que significa não ter erros, o que de fato pode expressar-se em um sentido subjetivo associado a um peso emocional insuportável da valorização social.*

Algo que também merece ser comentado no questionário anterior é o trecho final da resposta que está entre parênteses, o qual nos revela o valor da informação não formal e espontânea para esse tipo de pesquisa. *Considero a afirmação "suas perguntas não são nada estereotipadas"* um indicador do predomínio dos estereótipos no tratamento a esse tipo de informação. Tal indicador adquire significado em relação a outros elementos relevantes já definidos anteriormente, como a dificuldade presente na sociedade cubana quanto à expressão de opinião, de crítica e de idéias.

Esse indicador também se expressa em um outro jovem que, com uma posição política radicalmente diferente da de S (10), manifesta uma recusa política ao sistema cubano; o jovem em questão é S (6) o qual estuda na mesma faculdade que S (10) e que embora não pertença ao grupo analisado neste processo de construção de informação, decidimos trazê-lo a esta análise em relação a certos núcleos de informação, com o objetivo de ilustrar uma operação possível neste tipo de pesquisa norteada pelo desenvolvimento de um modelo teórico: trazer casos, situados fora do grupo, mas com uma significação especial para o modelo teórico em desenvolvimento na pesquisa.

S (6) manifesta como a pessoa mais admirada a "DEUS", expressão que, em si mesma, e dado o significado atribuído a Deus entre os jovens mais envolvidos com o sistema político cubano, já constitui um indicador da posição política que aparece explícita no curso de suas construções durante o questionário. Esse jovem, em uma expressão que, para nós, representa um indicador muito semelhante ao definido pela expressão espontânea da jovem anterior, colocou: *"Muito boa a pesquisa, faz falta que haja mais pesquisas como essa, para que se veja como* realmente *pensam os cubanos"*, o trecho sublinhado é do jovem. Essa expressão informal e espontânea que, como no caso anterior, se expressou ao final do questionário, *representou mais um indicador sobre o fato de esses temas aparecerem encobertos na sociedade cubana e lhes ser dado um tratamento estereotipado*, orientado a ocultar as informações mais comprometedoras da sociedade cubana. Esse indicador, por sua vez, se integra àqueles sobre os quais nos apoiamos para afirmar algumas das tendências significativas já destacadas e que se relacionam estreitamente com a que ocupa nossa atenção neste momento. Esta hipótese, sobre a forma em que o tema da sociedade cubana é tratado, sustentada nos indicadores assinalados, foi construída a partir de duas expressões informais e espontâneas que não se apoiaram nas perguntas e que foram muito significativas para corroborar o fato de o questionário conseguir produzir sentido subjetivo nos jovens que o responderam; outro indicador desse sentido subjetivo que o complementa totalmente é a própria qualidade das respostas.

Como o nosso objetivo neste capítulo é explicitar processos e alternativas de construção da informação, somos levados a nos estender em alternativas que não estão dirigidas, como no caso de uma pesquisa, por uma intencionalidade mais articulada sobre o sistema de informação estudado, o que nos faz estender-nos em desdobramentos da informação, com o objetivo de aprofundar o estudo sobre o próprio processo de construção e de enfatizar seu caráter infinito em relação às opções teóricas na construção do conhecimento.

Uma outra tendência, que chamou nossa atenção durante a análise da expressão dos jovens sobre a pergunta 13 e que se relaciona aos resultados de nossa pesquisa de doutorado orientada ao estudo dos ideais morais nos jovens, concerne ao fato de alguns jovens não expressarem admiração por pessoas concretas, mas por valores concretos, neste sentido, S (16) manifestou:

> Particularmente, não admiro ninguém, mas admiro aquelas pessoas que têm um propósito na vida, uma razão, e que o conseguem com persistência, mas não sem escrúpulos. Admiro aqueles que se esforçaram e, depois de muitos fracassos, chegaram à sua meta.

Nesta expressão observa-se a admiração pela tenacidade, pela luta por uma meta na vida e por saber enfrentar os fracassos; expressa-se com clareza o sentido moral do êxito que não está na perda de escrúpulos para alcançar o que se quer, o qual não aparece à toa, tendo essa preocupação um fundamento no cotidiano da vida social.

Se analisarmos os valores manifestados nesse fragmento, veremos que são coerentes com alguns dos valores que haviam sido empregados na análise crítica acerca do cubano atual; são valores exaltados diante de a uma realidade em que outros são os valores dominantes. Os valores destacados significam a capacidade para manter objetivos próprios na vida, para enfrentar a frustração, o que demonstra o sentido de luta e de confrontação que o cotidiano apresenta para esses jovens, afirmação também amplamente fundamentada nos fragmentos usados para afirmar as tendências anteriores destacadas nesta epígrafe em relação à análise do questionário. Outro jovem sobre essa mesma pergunta escreveu:

> Eu admiro, em particular, todos os estudantes da universidade que lutam por conseguir seu maior propósito, ser alguém nessa vida tão curta e cheia de problemas, e que são capazes de resolver todos os seus problemas por si mesmos, não esperando que esta revolução o faça por eles, porque se não, vão se encontrar em um grande problema, tanto econômico como social e político.

Esse trecho volta a afirmar, dessa vez por via indireta e, portanto, sem ser uma informação intencional, a dificuldade da realidade cotidiana cubana e a expressar, como no caso anterior, admiração do jovem pelo esforço, pela luta para "ser alguém nessa vida tão curta e cheia de problemas". É característico da juventude cubana um esforço por conceitualizar o que o rodeia, por tomar posição ativa ante essa realidade e não abdicar diante das dificuldades, o que, em geral, é um valor do povo cubano que lhe permitiu sobreviver às múltiplas dificuldades desses anos de revolução.

Embora nesse processo de luta e de esforço que o jovem analisado descreveu, observa-se também que a palavra "revolução" foi naturalizada considerando-se uma essência invariável, algo eterno. O cotidiano pode ser discutido, criticado, mas a revolução está revestida de uma sacralização que a imortaliza e que representa um status inquestionável, como se ela legitimasse os homens no poder, e não o contrário, que é ela como projeto social a que se legitima pelos atos e decisões dos homens que a representam e que deveriam prestar contas a todo o povo do que fazem em nome dela, e não atuar impunemente em seu nome, segundo seus interesses próprios como ocorre hoje.

A forma com que esse jovem se refere à revolução é completamente substanciada e, por sua vez, antromorfizada, pois se lhe atribui ao termo uma racionalidade e uma capacidade de ação própria. A revolução é justa, ela resolve os problemas, dela se esperam atitudes, enfim, a revolução converteu-se em uma produção simbólica com vida própria, com muitas das qualidades normalmente atribuídas à figura de Deus. Ela é independente de homens, de gestões e de contextos históricos, ela representa um bem supremo, o que é um dos aspectos da subjetividade social que influenciam que apesar das críticas à realidade cotidiana, aos processos concretos de gestão e de funcionamento do país, aos problemas de seus dirigentes etc., não todos os jovens passem a ter uma posição crítica perante a "revolução". A carga simbólica do termo, a rede de sentidos subjetivos associada a ele e, finalmente, o processo de sacralização simbólica, que tem naturalizado o termo como algo em cima do cotidiano e seus protagonistas, faz dele um instrumento simbólico muito poderoso de manipulação e de domesticação.

Nessa seção, desejamos mostrar como um questionário aberto em relação a um tema portador de sentido subjetivo para as pessoas estudadas, sentido definido desde o momento da criação do cenário de pesquisa com esses jovens, permite o surgimento de trechos complexos de informação capazes de serem utilizados em construções teóricas não apenas sobre os jovens estudados, mas também sobre a subjetividade social do país. O questionário atua como um indutor para a expressão plena dos jovens, que, mais do que responder, se expressam de forma aberta e reflexiva diante dele. O material produzido através do grupo estudado pelo questionário é muito congruente com o produzido na análise do completamento de frases referente à jovem cubana na seção anterior.

Como mostramos, a informação que o questionário nos reporta é suscetível de estratégias diferentes de construção, as quais não estão limitadas a uma análise fragmentada feita por perguntas, mas que pode ser realizada, conforme foi feita aqui, mediante certos temas significativos escolhidos pelo pesquisador e os quais estão definidos, em grande parte, pelas hipóteses que o próprio pesquisador realiza a partir de sua leitura inicial dos questionários, assim como pelo modelo teórico que orienta sua procura por informações. Isso significa que, desde o início, o pesquisador entra no processo de construção da informação por meio de construções e interpretações que desenvolveu em sua relação com essa informação.

Como foi apresentado, o pesquisador ao longo da análise do questionário integra perguntas e informações, tanto de diferentes partes do questionário, como de diferentes fontes, nem sempre restritas às perguntas do questionário, desenvolvendo processos abrangentes de construção teórica dos tópicos que norteiam a pesquisa.

Na perspectiva analisada, o questionário é construído mais como um sistema de informação aberta, usando a interpretação e a construção na mesma medida em que é utilizada em outras formas de expressão dos sujeitos estudados. O questionário analisado serviu-nos para levantar um conjunto de hipóteses que tomou forma em um modelo teórico que se perfilou no curso do processo de produção de informação, em que se relacionaram estreitamente os temas das representações sociais, a subjetividade social, os valores e a identidade, mediante os quais foi possível perfilar tendências importantes do momento atual da subjetividade social em Cuba, em particular da população universitária, bem como tendências do funcionamento político e social da sociedade cubana. É interessante notar como as convergências e as divergências entre sujeitos com posições diferenciadas dentro do grupo, bem como a própria coerência entre as formas de expressão de muitos dos sujeitos analisados, converteram-se em elementos de legitimidade de muitas das interpretações por nós desenvolvidas. As próprias características qualitativas do sistema de informação estudadas nos proporcionaram elementos para julgar a legitimidade da informação, tendência essa que deve continuar sendo desenvolvida segundo esta perspectiva de pesquisa.

4.2.4 Instrumento de conflito de diálogos: os processos de construção da informação

Nossa experiência com a utilização do conflito de diálogos remonta às nossas primeiras pesquisas sobre o desenvolvimento moral dos jovens cubanos realizadas no princípio dos anos de 1970. Estávamos particularmente interessados em definir elementos que nos permitissem conhecer a efetividade do desenvolvimento moral para além das expressões verbais diretas. Os diálogos que apresentaremos a seguir estão baseados em situações portadoras de um forte sentido subjetivo para várias gerações de jovens cubanos situadas entre o final dos anos de 1960 e o princípio dos anos de 1970.

De modo geral, a idéia do conflito de diálogos como fundamento para o desenvolvimento de um instrumento psicológico está no fato de que o diálogo é fonte, tanto direta como indiretamente, de um conjunto de valores e de posições diante da vida e que, quando um conteúdo é apresentado como diálogo, toma uma forma menos estruturada e mais flexível que qualquer tipo de pergunta ou material de análise. Isso facilita uma expressão carregada de sentido subjetivo para quem os analisa toda vez que o envolvimento na análise de algo permite ao sujeito expressar-se com mais liberdade, pois ele sente que está tomando posição diante de algo dado, sem ter consciência de que essa posição é uma via idônea para conhecer sua própria subjetividade. O ideal de objetividade dominante em nossa cultura oculta, aos efeitos de quem realiza a valorização, o fato de que a valorização é uma via privilegiada para o conhecimento da pessoa.

Partindo dos princípios anteriores, elaboramos várias situações de diálogos em pesquisas de diferente natureza, no entanto, retomaremos aqui apenas os diálogos que usamos nas pesquisas sobre o desenvolvimento moral já referidos em publicações anterior (González Rey, 1985).

Dos vários diálogos que elaboramos, aquele que provou ter uma maior capacidade mobilizadora de sentido nos jovens estudados foi o apresentado por nós no Capítulo 3, quando fizemos a apresentação de alguns instrumentos típicos da pesquisa qualitativa, e que por razões práticas, para poupar o tempo do leitor, será reproduzido. O diálogo, cuja valorização submetemos à análise, foi o seguinte:

> João (jovem de 17 anos): Eu não desejo estudar a carreira que me pedem, pois minha vocação é engenharia mecânica. Li livros fora de meu horário de aula e visitei fábricas. É uma carreira que sempre amei e que a transformei no sentido de minha vida. Acho que, quando alguém consegue interessar-se assim por algo na vida, é muito mais útil sendo coerente com essa opção.
> Ernesto (jovem de 18 anos): João, acho que o mais importante é dar o passo para ajudar o país; acredito que a vocação se volta a formar, pois não é possível estar tão definido sem começar algo; pense nisso.

Depois do diálogo, eram apresentadas as seguintes perguntas para serem respondidas pelos jovens que o analisavam:

1 – Que características tem João e Ernesto como jovens?

2 – Como você acha que essa situação será resolvida? Por quê?

3 – O que você acha que levou João e Ernesto a travarem esse tipo de diálogo?

Como é possível apreciar nas perguntas realizadas, na realidade, obriga-se o jovem a uma construção sobre aspectos que não estão explícitos no diálogo, mas, ao pedir-lhe essa análise sobre a base de algo já construído, criamos nele o sentido de que está analisando algo, quando, na realidade, o que está fazendo é produzindo esse algo.

É interessante observar que, no momento de construir os resultados dessa pesquisa, eu me encontrava no processo de definir os aspectos da informação que poderiam ser relevantes para julgar o envolvimento real do que foi expresso pelo jovem no plano oral e escrito, com sua motivação e comportamento. Já naqueles momentos eu havia desenvolvido três categorias para a análise da informação que me permitiam realizar construções sobre o conteúdo estudado as quais transcendiam o que nele estava explícito, embora essas características só me permitiam uma discriminação global da informação, que me levou a definir diferentes tipos e formas gerais de organização de um conteúdo, o que me levou à definição de diferentes tipologias na análise de uma população; todavia, tais características não me permitiam um acompanhamento processual e singular que requeria diferenciar outros aspectos significativos dos sujeitos singulares estudados, o que me conduz à definição de relações muito diretas entre as tendências gerais que eu conseguia identificar e os comportamentos gerais das pessoas que apresentavam essas características, fato esse que limitava as possibilidades de significação no estudo de um sistema de informação.

Assim, na pesquisa que descrevo, cujos resultados foram apresentados pela primeira vez em meu livro *Psicología de la personalidad*,[1] centrei minha análise em duas características gerais expressas nas respostas dos jovens estudados e que me levaram a classificá-los em dois grupos: jovens com respostas reflexivas, capazes de apreciar aspectos positivos e negativos em suas análises, bem como capazes de valorizar as qualidades dos personagens envolvidos no diálogo; e jovens com uma tendência à estereotipia em suas respostas, centrados de forma dogmática na classificação do personagem analisado de modo maniqueísta e pouco reflexivo, do tipo revolucionário-não revolucionário, individualista-coletivista etc.

Como é possível perceber, na análise feito naquele momento, centrava-me em um atributo da categoria sujeito que eu começava a elaborar

---

[1] González Rey F. (1985). *Psicología de la Personalidad*. Havana: Editora Pueblo y Educación.

dentro de meu repertório: o posicionamento ativo reflexivo do sujeito como condição de uma definição moral realmente efetiva e autodeterminada. Essa preocupação teórica já expressava minha inquietação com a dupla moral e com o oportunismo que começava a aparecer com maior força na sociedade cubana e que, como vimos na Seção 4.2.3, tomaram especial significação em algumas gerações posteriores.

Esse primeiro nível de análise da informação, mais apegado à evidencia, à descrição no nível empírico, resultou essencial para passar a um nível de análise da moral que transcendesse o conteúdo explícito intencional expresso pela pessoa. A dimensão de efetividade dos valores morais passou a ter uma especial relevância junto à dimensão de conteúdo, sendo esta última a que predominava nos estudos sobre os valores morais desenvolvidos em Cuba na época, assim como em muitas outras partes do mundo. Os valores eram estudados por meio de testes, entrevistas, observações, mas sempre atendendo a um conteúdo explícito, fosse este verbal ou comportamental; porém, o estudo dos aspectos que influíam na eficiência de um valor no comportamento da pessoa estava ausente na literatura sobre o tema.

Agora, ao retomar a análise desses casos a partir da perspectiva construtivo-interpretativa, definida por mim como aspecto central na definição da Epistemologia Qualitativa, a mesma informação que analisei anos atrás me permitiu construções que permaneceram ocultas para mim naquele momento, e que agora lhes apresento sobre a análise do instrumento de conflito de diálogos.

> Passemos a construir algumas das respostas dadas pelos jovens:
> M. E. C., de 17 anos, estudante de Ensino Médio, escreveu:
> Creio que João tem uma magnífica orientação profissional, está seguro de ser mais útil na profissão escolhida. É decidido, seguro em sua decisão, acredita que a melhor forma de ajudar a sociedade que lhe possibilitou estudar, é ser útil trabalhando no que realmente o atrai e não em outra atividade a qual não se sente inclinado e que, portanto, pode levá-lo a se tornar um mal profissional. Percebe-se que sua decisão não é um equívoco, porque conhece bem o que deseja estudar; vejo nele alguns traços individualistas.

Na sua fundamentação sobre as características psicológicas de João, M. E. C. é capaz de organizar, de forma reflexiva suas considerações, de assumir sua responsabilidade pela análise diferenciada que ele realiza. Distancia-se de estereótipos classificatórios, embora manifeste uma série de indicadores que nos levam a hipóteses que passamos por alto em nossa primeira análise sobre o material em 1985; por exemplo, a frase "(...) acredita que a melhor forma de ajudar a sociedade, que lhe possibilitou estudar (...)" poderia ser um indicador de que M. E. C. concorda com que a motivação principal que deve orientar o jovem em sua seleção profissional, é a de ser útil ao país, legitimando, assim, ser tal utilidade definida por uma instância que está acima dele e que deve ser acatada. A própria definição do que é útil ou não útil ao país está além da decisão dos indivíduos.

Ser útil ao país, na verdade, é um sentido subjetivo presente na ação individual, e seremos úteis em qualquer campo devido à qualidade do que faremos. Todavia, ser útil neste caso aparece associado a demandas imediatas da sociedade, o que é compreensível se considerarmos as condições vivenciadas pela sociedade cubana na época, as quais se referem à explosão de novas necessidades que invadiu praticamente todos os campos da sociedade. Contudo, queremos chamar a atenção sobre o fato de que o útil ou não útil se despersonalizou e se converteu em um valor supra-individual, e tudo o que fosse diferente, se colocou no campo do individualismo, com o qual as opções singulares se eliminaram. Isto ocorreu imperceptivelmente e acho que involuntariamente, gerando uma expectativa de que as decisões e os chamados feitos em nome da direção política encarnavam o justo, o útil, o necessário e que deviam ser feitos de forma imediata, com o qual critérios humanos se sacramentavam em nome da verdade, gerando um tipo de institucionalização dos espaços da subjetividade social centrado em relações de obediência. Esse processo foi corrompendo sutilmente a subjetividade social, e ali, onde primeiro havia valores, como é o caso da jovem analisada, depois havia interesses. O singular escondia-se na fraseologia de ordem, pois não podia expressar-se diretamente; disso decorrem os desvios que apareceram em algumas gerações posteriores como constatou-se no estudo do grupo de estudantes universitários analisado.

Inclusive ao analisar o que foi expresso pela própria M. E. C., quando afirma a existência de traços individualistas em João, isso parece mais uma concessão à linguagem oficial dominante, convertida ou não num valor nela, mas isso é uma hipótese que não tem como se sustentar com a informação disponível, porém é uma hipótese interessante para acompanhar o estudo do desenvolvimento moral do grupo analisado. As idéias que aparecem no processo de construção da informação precisam ser registradas, pois muitas delas podem virar hipóteses importantes no curso de pesquisa.

Na análise sobre a resposta de M. E. C., explicita-se muito bem a diferença entre a dimensão construtivo-interpretativa da análise e a dimensão descritiva. A descritiva, realizada na análise sobre este material, nos levou a enfatizar a posição reflexiva de M. E. C., a qual foi de muito valor para a questão que naquele momento centrava minha atenção como pesquisador: a determinação da efetividade dos valores morais envolvidos na análise. Mas as questões mais sutis, analisadas aqui através da alternativa construtivo-interpretativa, não apareceram, dadas as próprias limitações da análise descritiva. Desta vez o próprio trecho de informação analisado nos permitiu construir também hipóteses sobre os aspectos do funcionamento da subjetividade social que não vimos no momento de nossa primeira aproximação a essa pesquisa.

Com relação a Ernesto, M. E. C. expressa:

> Tem espírito coletivo, está disposto a servir no que for necessário, ainda que isso contrarie seus gostos pessoais. Acha que a vocação nascerá depois e poderá transformar-se em algo útil no momento em que for necessário. Considero que ele seja uma pessoa sem vocação e que acredita sentir-se bem independentemente da escolha que fizer.

No livro anteriormente comentado, em que aparecem os primeiros resultados dessa pesquisa, escrevi:

> Podemos apreciar como esta jovem julga as características pessoais dos sujeitos que intervêm no diálogo, apreciando as características positivas e negativas de cada um, bem como valorizando as qualidades que cada jovem expressa. É capaz de refletir sobre os personagens, sem fazer classificações absolutas de "bom" e "mau" (González Rey, 1985).

Como se pôde apreciar, eu estava completamente centrado, naquele momento, na possibilidade reflexiva sobre a construção da informação, a qual foi muito importante para o avanço das minhas construções teóricas sobre o desenvolvimento moral, embora a valorização de M. E. C. sobre Ernesto manifeste indicadores que complementam os expressos por ela ao analisar as características de João.

Considerar dimensões do sujeito ativo no estudo do desenvolvimento moral, como a expressão reflexiva e diferenciada das análises feitas, representa um momento importante para superar a aproximação descritiva centrada nos conteúdos morais que eram explicitados de forma direta pelos jovens estudados.

Voltando à análise de M. E. C. sobre o Ernesto, o primeiro aspecto que chama a atenção é a sua definição de coletivista: "(...) está disposto a servir no que for necessário, ainda que isso contrarie seus gostos pessoais (...)." Nesse trecho, vemos como o coletivismo se despersonaliza, se divorcia do pessoal, conduzindo, assim, a uma visão de coletivismo como sacrifício, quando na realidade acredito que não há coletivismo autêntico se este não for acompanhado de uma produção de sentidos subjetivos profundamente pessoais. O que se faz pelo outro, não é por um outro em abstrato, mas com quem se tem um compromisso definido por valores morais. Essa perversão do coletivismo é que gera o conformismo e a dupla moral diante de solicitações feitas a um povo em nome de um coletivismo que ele não sente, pois não tem podido desenvolver um sentido subjetivo em relação aos que lhe é pedido, e quando isso está tão longe de sua experiência e interesses pessoais, o que leva à pessoa atuar apoiado na disciplina, em interesses ou no medo, segundo o caso.

E. I. A., jovem de 18 anos, expressa na sua resposta à pergunta 1:

> João é um rapaz com vocação, mas que se apega a uma só carreira; ele deveria ser mais analítico e conhecer mais sobre outras especialidades, ver em qual delas realmente ele pode ser mais útil – desde que goste da especialidade escolhida. Ernesto pensa que o mais importante é ajudar o país, mas acho que para cumprir o compromisso com a revolução, não devemos nos lançar de olhos fechados a qualquer especialidade; o ideal é que haja coincidência entre pedido e vocação, mas acho que Ernesto deve ser também mais analítico; sua atitude é realmente positiva, mas antes de tudo, penso que deve vir a vocação, pois desta depende o trabalho a posterior.

Já essa jovem, diferentemente de M. E. C., não centraliza sua análise na dimensão coletivismo-individualismo, mas vai mais além, analisa outras características de ambos os sujeitos, realizando uma importante análise sobre o valor de uma definição própria em relação ao que será estudado. O significado que uma decisão tem para quem a assume é central na construção de E. I. A., o que diferencia sua resposta da anterior, porém, o fato de omitir os matizes singulares da informação analisada nos tenha levado a situar ambas em um mesmo grupo de desenvolvimento moral na pesquisa de 1985, o que se explica pelo fato de ter focado nossa análise só na construção reflexiva da resposta.

Essa jovem, diante da pergunta 2, construiu uma reflexão muito interessante:

> Essa situação se resolverá com uma informação mais ampla e profunda aos estudantes que vão começar os estudos universitários, ainda que desde cedo, desde pequeno, se deve ir formando nossa vocação – tendo em conta também as necessidades do país – e nisso influencia muitíssimo o funcionamento dos círculos de interesse para os pioneiros.
> Acredito nisso, porque, dessa forma, chegará o momento em que coincidam as necessidades do país com a vocação individual.

Essa resposta vai precisamente na direção de que o coletivo, o social, não pode entrar em contradição com o individual, mas do que se trata é desenvolver os interesses individuais de forma que eles coincidam com as necessidades sociais, processo que deve ser desenvolvido pela educação. Os conceitos de individualismo e coletivismo empregados por esses jovens são essencialmente diferentes, o que terá um impacto na forma com se posicionam frente à moral, pois, sem dúvida, expressam sentidos subjetivos distintos.

É interessante que foi o trânsito de um modelo teórico descritivo, associado às características explícitas de uma expressão moral, para um modelo teórico associado ao estudo de elementos implícitos da expressão, o que permitiu a possibilidade de visualizar e significar elementos empíricos que ficaram ocultos ao momento anterior da construção sobre esse material empírico; isto também nos leva a reafirmar o que já comentamos em trabalhos anteriores (1997, 2002): que um momento empírico pode ter infinitos desdobramentos com implicações teóricas diferenciadas em distintos tempos históricos.

O significado da dimensão reflexiva da informação para valorizar seu sentido moral representou uma importante opção para destacar o aspecto qualitativo da moral, em especial naquele momento em que realizamos a pesquisa, quando a tendência à dogmatização da expressão moral e política já era dominante em muitos setores de jovens. Para ter uma idéia dessa tendência, ilustraremos um dos casos de orientação dogmática e irreflexiva; M. S. A. comenta em relação à pergunta 1:

> Como pessoa, João é um individualista que só pensa em seu futuro, não incluindo as necessidades da coletividade. Ernesto é um indivíduo que se

preocupa com os seus companheiros, trata de educá-los de maneira integral, sendo capaz de aconselhar os outros.

Esse pequeno fragmento nos revela a orientação dogmática orientada a rotular a pessoa, a qual passa a carregar todas as conseqüências simbólicas do rótulo que lhe é imposto. Nesse caso, ao ser "individualista" só pensa nele e ignora as necessidades do coletivo, tudo porque é firme na realização de um projeto pessoal.

Muito significativa é a resposta desta jovem à pergunta 2, na qual expressa:

> Essa situação terá ou não uma boa solução na medida em que João seja capaz de interiorizar essa necessidade e dar seu passo à frente com a condição de criar seu próprio interesse. Eu considero que esse companheiro raciocinará e enfrentará essa necessidade, porque ele tem o nível de capacidade necessário para fazer isso.

Podemos observar, em primeiro lugar, na construção dessa resposta, uma linguagem oficial, pouco personalizada. Associado a isso é interessante que, para ela a única e boa solução acontecerá se João se subordinar. Ela não aceita que a posição de João expresse uma opção possível sendo que, para evoluir bem, o jovem deve assumir o comportamento que os outros esperam dele, o qual é uma questão "lógica e evidente", toda vez que se situa em sua capacidade a possibilidade de realizar isso. Nesse trecho, observa-se uma ideologia autoritária focada somente em uma verdade que, mais tarde, passará a ser um dos aspectos que mais dano causaram à subjetividade social de Cuba.

4.3 CONSIDERAÇÕES FINAIS

Neste extenso capítulo, dedicamo-nos a mostrar opções e processos de construção da informação dentro desta perspectiva de pesquisa qualitativa, a qual, precisamente, vem destacar um aspecto polêmico sobre este tipo de pesquisa: saber qual é o lugar da construção e da interpretação no desenvolvimento de uma opção de pesquisa científica. O fato de privilegiar esses aspectos em nossa história de pesquisa me obrigou a construir uma posição epistemológica, explícita no livro *Epistemología cualitativa y subjetividad* (1997), a qual reivindicava a importância da construção teórica permanente como característica definitória da pesquisa qualitativa em psicologia, à qual se uniu, de forma inseparável, a legitimidade do singular como fonte de construção do conhecimento.

Após publicar a mencionada obra – que serviu de fundamento epistemológico ao modelo de pesquisa qualitativa por mim assumido, o qual tem importantes diferenças quanto às outras aproximações ao tema dentro das ciências sociais em geral – desenvolvi, em meu livro *Pesquisa qualitativa em psicologia: caminhos e desafios* (2000), uma primeira proposta coerente e abrangente em relação às diferentes demandas de uma metodologia. Nessa obra, tentei tomar uma posição explícita, primeiro, perante os fundamentos de minha proposta metodológica, e segundo, diante de uma série de questões particulares em relação as quais toda proposta metodológica deve explicitar uma posição, como a questão do projeto de pesquisa, dos instrumentos, da legitimidade da informação, dos processos de sua construção, da generalização dos resultados etc., fato esse que especificou, em termos metodológicos, o caráter de minha nova proposta, orientada sempre à pesquisa da subjetividade na perspectiva complexa e histórico-cultural, perspectiva a partir da qual esse tema avançou em minhas diferentes linhas de pesquisa.

Neste livro, ainda que tenha avançado em minha reflexão sobre problemas epistemológicos e metodológicos gerais, quis aprofundar-me no processo de construção e de interpretação da informação a partir da minha proposta particular nesse campo, pois notei que, apesar das definições e exemplos relacionados ao processo de construção de informação expressos em meu livro anterior, o processo de construção de informação, nesta perspectiva, representa um desafio tão grande às formas tradicionais que tem tomado a interpretação nas pesquisas sociais, que existem muitas dificuldades em sua apropriação pelos pesquisadores. É por essa razão que, no presente livro, tenho enfatizado a apresentação de instrumentos próprios à pesquisa qualitativa e o processo de construção de informação sobre eles, destacando tanto os indicadores como as construções hipotéticas de informações implícitas, assim, como a configuração de modelos teóricos que se vão organizando no curso da construção da informação.

Um fato que considero muito importante e essencial para a formação dos pesquisadores nesta perspectiva é romper com a representação de que o conhecimento representa um caminho que conduz ao descobrimento de algo pronto para ser conhecido, de uma realidade que se apresenta de uma única forma, havendo, portanto, um caminho correto para chegar a ela, quando, na realidade, existem múltiplas alternativas de inteligibilidade e significação na construção de realidades que, como a subjetividade, são complexas. O conhecimento é uma alternativa de inteligibilidade que toma forma no curso da própria pesquisa e, nesse sentido, seu valor dependerá, como se evidenciou nos diferentes materiais apresentados neste capítulo, de manter a viabilidade e o desenvolvimento de um modelo teórico que signifique, progressivamente e em suas múltiplas inter-relações, as formas diferenciadas de expressão da realidade que aparecem na medida em que o próprio modelo em desenvolvimento permite acesso para significar novas expressões empíricas acerca do estudado.

A teoria, a inteligibilidade desenvolvida pelo pensamento humano para produzir um modelo de significação que nos permita construir versões humanas sobre um espaço da realidade, converte-se em uma fonte fundamental para gerar novas práticas em nossas relações com os campos do real que vão aparecendo através da teoria. As teorias não são reflexos, são produções humanas que nos permitem representações possíveis do real.

Esperamos que o livro ajude a romper com representações sobre a teoria que conduzem a coisificar a ordem teórica e a legitimá-la em nome do real, quando sua legitimidade é sempre uma expressão de viabilidade, de produção humana que consegue entrar em contato com aspectos desse real e que se transforma em condição para seguir avançando em novas construções geradoras de sistemas de ação e de novas representações dessa realidade, as quais, por sua vez, se legitimam na medida em que nos levam a novos produtos, conseqüências e alternativas que indicam momentos de contato entre o nosso complexo mundo subjetivo, os sistemas de práticas que nele se geram e uma realidade que se apresenta em novas formas na medida em que atuamos sobre ela.

Bibliografia

ARBESUN, R.; MARTÍN, C. *Psicología política*: identidad y emigración. Montevideo: Graffiti, 1996.
ATLAN, H. Henri Atlan: teórico da auto-organização. In: PESSIS-PASTERNAK, G. (Org.). *Será preciso queimar Descartes?* Lisboa: Relogio d'água, 1993.
BAUMAN, Z. *Modernidade e holocausto*. Rio de Janeiro: Jorge Zahar, 1998.
BECKER, H. The Epistemology of qualitative research. In: JESSOR, R.; COLBY, A.; SHWEDER, R. (Orgs) Chicago: University of Chicago, p. 53-72.
BLEICHMAR, S. Conceptualización de catástrofe social: límites y encrucijadas. In: WAISBROT, D.; WIKINSKI, M. ROLFO, C. *Clínica psicoanalítica ante las catastrofes sociales*: la experiencia argentina. Slucki. D et al. Argentina: Paidos, 2003.
BLOOR, M. Techniques of validation in qualitative research: a critical commentary. In: MILLER, G.; DINGWALL. *Context and metthod in qualitative research*. Londres: Sage, 1997, p. 37-50.
BOURDIEU, P. *O poder simbólico*. Rio de Janeiro: Bertrand Brasil, 2003.
_____; CHAMBOREDON, J. C.; PASSERON, J. C. *El oficio del psicólogo*. México: Siglo Veintiuno, 1975.
BRATUS, B.; GONZÁLEZ REY, F. Las formaciones del sentido y las tendencias orientadoras de la personalidad. In: GONZÁLEZ REY, F. (Org.). *Algunas tendencias teóricas y metodológicas sobre e lestudio de la personalidad*. Havana: Pueblo y Educación, 1982, p. 71-89.
COMTE, A. *Curso de filosofia positiva*. Os Pensadores. São Paulo: Nova Cultural, 1999.
DAZINGER, K. *Constructing the subject*. Nova York: Cambridge University, 1990.
DEUTSCHER, I. *Sentiments and acts*. Nova York: Aldine, 1993.
ELLIOTT, A. *Sujetos a nuestro propio y multiple ser*. Buenos Aires: Amorrortu, 1997.
FELDMAN, M. *Strategies for interpreting qualitative data*. Londres: Sage, 1995.
FERRAROTTI, F. *Una fe sin dogmas*. Madri: Península, 1990.
_____. *On the science of uncertainty*. Nova York: Lexington Books, 2003.

FOLLARI, E. *Sobre la desfundamentación epistemológica contemporánea*. Caracas: Centro de Investigaciones Postdoctorales, 1998.

FREUD, S. Construções em análise. In: *Obras Completas*. São Paulo: Imago, 1972, v. 23, p. 290-304.

GEERTZ, C. *Nova luz sobre a antropologia*. Rio de Janeiro: Jorge Zahar, 2001.

GLASSER, B.; STRAUSS, A. *Discovery of grounded theory*: strategiees for qualitative research. Chicago: Aldine, 1967.

GONZÁLEZ REY, F. *Motivación moral en adolescentes y jóvenes*. Havana: Científico-Técnica, 1982.

_____. *Psicología de la personalidad*. Havana: Pueblo y Educación, 1985.

_____. Personalidad y comunicación: su relación teórica y metodológica. In: GONZÁLEZ REY, F. (Org.). *Investigaciones de la personalidad en Cuba*. Havana: Ciencias Sociales, 1987, p. 151-170.

_____. *Problemas epistemológicos de la psicología*. Ciencias Sociales y Humanidades. México: Universidad Autónoma de México, 1993.

_____. *Epistemología cualitativa y subjetividad*. São Paulo: Educ, 1997.

_____. *Pesquisa qualitativa em psicologia*: caminhos e desafios. São Paulo: Thomson Pioneira, 2000.

_____. *Sujeito e subjetividade*. São Paulo: Thomson Pioneira, 2003.

_____. *O social na psicologia e a psicologia social*: a emergência do sujeito. Petrópolis: Vozes, 2004.

_____; MITJÁNS, A. *La personalidad*: su educación y desarrollo. Havana: Pueblo y Educación, 1989.

GOULDNER. A. *La crisis de la sociología ocidenal*. Buenos Aires: Amorrortu, 1970.

KOCH, S. *The nature and limits of psychological knowledge*. Washington: American Psychologist, 1981, v. 36, n. 3, p. 257-69.

_____. *Psychological science versus the science-humanism antinomy*: intimations of a significant science of man. Washington: American Psychologist, 1961, v. 16, p. 629-39.

LEONTIEV, A. Ecce Homo. Methodological Problems of the Activity Theoretical Approach. Multidisciplinary Newsletter for Activity Theory, n. 11-12, p. 41-4.

MARTINS AMATUZZI, M. Pesquisa fenomenológica em psicologia. In: *Psicologia e pesquisa fenomenológica*: reflexões e perspectivas. In: BRUNS, M. A. T.; HOLANDA, A. F. (Orgs.). São Paulo: Centro de Estudos Avançados de Fenomenologia, 2001.

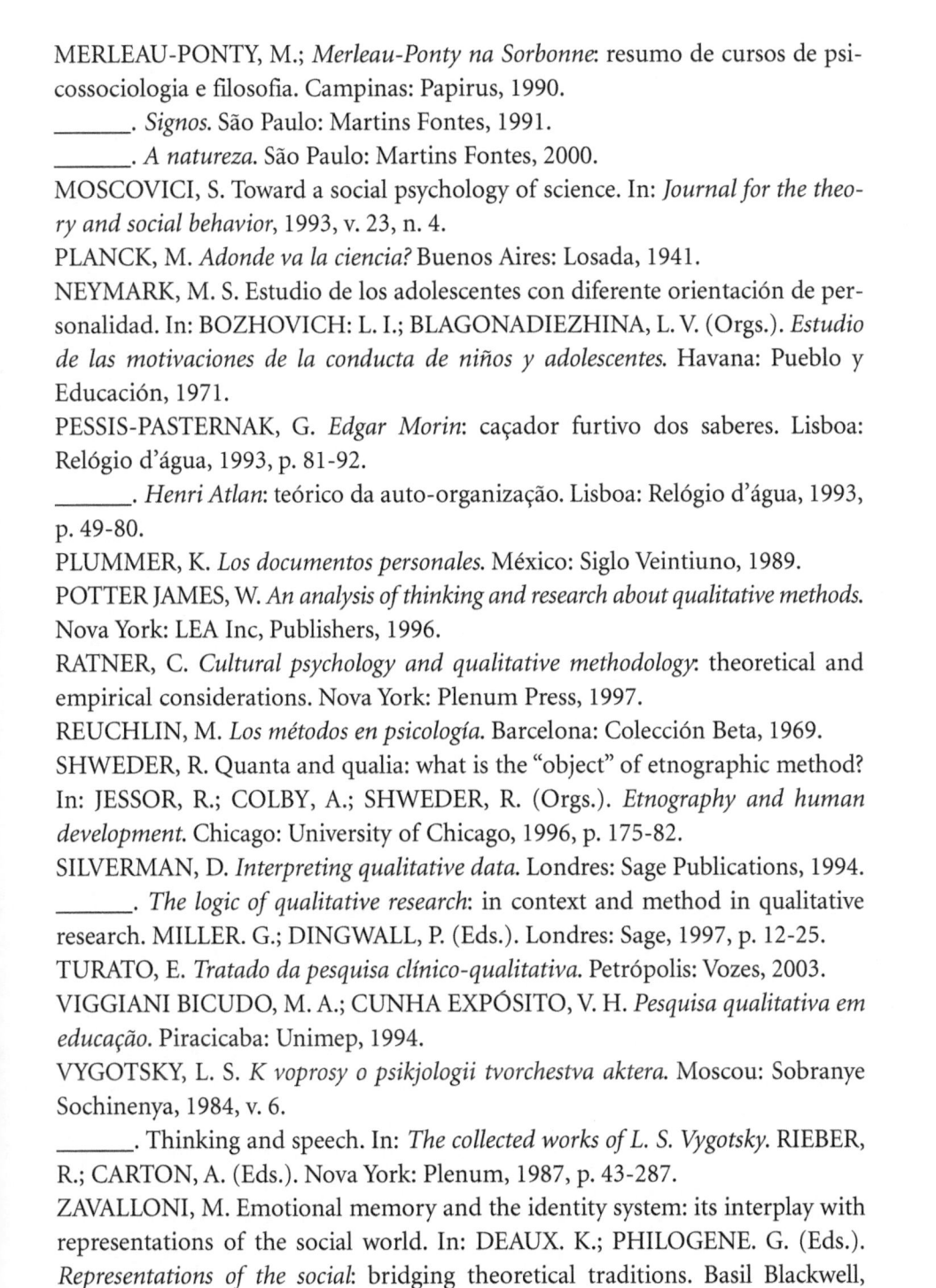

MERLEAU-PONTY, M.; *Merleau-Ponty na Sorbonne*: resumo de cursos de psicossociologia e filosofia. Campinas: Papirus, 1990.
_____. *Signos*. São Paulo: Martins Fontes, 1991.
_____. *A natureza*. São Paulo: Martins Fontes, 2000.
MOSCOVICI, S. Toward a social psychology of science. In: *Journal for the theory and social behavior*, 1993, v. 23, n. 4.
PLANCK, M. *Adonde va la ciencia?* Buenos Aires: Losada, 1941.
NEYMARK, M. S. Estudio de los adolescentes con diferente orientación de personalidad. In: BOZHOVICH: L. I.; BLAGONADIEZHINA, L. V. (Orgs.). *Estudio de las motivaciones de la conducta de niños y adolescentes*. Havana: Pueblo y Educación, 1971.
PESSIS-PASTERNAK, G. *Edgar Morin*: caçador furtivo dos saberes. Lisboa: Relógio d'água, 1993, p. 81-92.
_____. *Henri Atlan*: teórico da auto-organização. Lisboa: Relógio d'água, 1993, p. 49-80.
PLUMMER, K. *Los documentos personales*. México: Siglo Veintiuno, 1989.
POTTER JAMES, W. *An analysis of thinking and research about qualitative methods*. Nova York: LEA Inc, Publishers, 1996.
RATNER, C. *Cultural psychology and qualitative methodology*: theoretical and empirical considerations. Nova York: Plenum Press, 1997.
REUCHLIN, M. *Los métodos en psicología*. Barcelona: Colección Beta, 1969.
SHWEDER, R. Quanta and qualia: what is the "object" of etnographic method? In: JESSOR, R.; COLBY, A.; SHWEDER, R. (Orgs.). *Etnography and human development*. Chicago: University of Chicago, 1996, p. 175-82.
SILVERMAN, D. *Interpreting qualitative data*. Londres: Sage Publications, 1994.
_____. *The logic of qualitative research*: in context and method in qualitative research. MILLER. G.; DINGWALL, P. (Eds.). Londres: Sage, 1997, p. 12-25.
TURATO, E. *Tratado da pesquisa clínico-qualitativa*. Petrópolis: Vozes, 2003.
VIGGIANI BICUDO, M. A.; CUNHA EXPÓSITO, V. H. *Pesquisa qualitativa em educação*. Piracicaba: Unimep, 1994.
VYGOTSKY, L. S. *K voprosy o psikjologii tvorchestva aktera*. Moscou: Sobranye Sochinenya, 1984, v. 6.
_____. Thinking and speech. In: *The collected works of L. S. Vygotsky*. RIEBER, R.; CARTON, A. (Eds.). Nova York: Plenum, 1987, p. 43-287.
ZAVALLONI, M. Emotional memory and the identity system: its interplay with representations of the social world. In: DEAUX. K.; PHILOGENE. G. (Eds.). *Representations of the social*: bridging theoretical traditions. Basil Blackwell, Nova York, 2001.